Christina Müller | Anja Dinter

Bewegte Schule für alle

Modifizierungen eines Konzeptes
der bewegten Schulen für die
Förderschwerpunkte Lernen, geistige,
motorische, emotionale und soziale
Entwicklung, Sprache sowie Hören

2., aktualisierte und erweiterte Auflage

Dieser Titel ist ein Folgeprodukt einer Broschüre der Unfallkasse Sachsen.

Die Deutsche Nationalbibliothek verzeichnet diese Publikation in der Deutschen Nationalbibliografie; detaillierte bibliografische Daten sind im Internet über http://dnb.d-nb.de abrufbar.

ISBN 978-3-89665-880-7 (Print)
ISBN 978-3-89665-881-4 (ePDF)

Onlineversion
Nomos eLibrary

2. Auflage 2020
© Academia – ein Verlag in der Nomos-Verlagsgesellschaft mbH & Co. KG, Baden-Baden 2020. Gedruckt in Deutschland. Alle Rechte, auch die des Nachdrucks von Auszügen, der fotomechanischen Wiedergabe und der Übersetzung, vorbehalten. Gedruckt auf alterungsbeständigem Papier.

Besuchen Sie uns im Internet
www.academia-verlag.de

Inhaltsverzeichnis

Vorwort zur 1. Auflage (2013) 9

Vorwort zur neu bearbeitenden 2. Auflage (2019) 13

1 Bedeutung der Bewegung 15

2 Ein pädagogisches Konzept der bewegten Schule 30
  2.1 Zielstellungen 30
  2.2 Bereiche und Teilbereiche 31

3 Modifizierungen zum Bereich bewegter Unterricht 33
  3.1 Bewegtes Lernen 33
    3.1.1 Förderschwerpunkt Lernen 35
    3.1.2 Förderschwerpunkt geistige Entwicklung 38
    3.1.3 Förderschwerpunkt körperliche und motorische Entwicklung 43
    3.1.4 Förderschwerpunkt emotionale und soziale Entwicklung 46
    3.1.5 Förderschwerpunkt Sprache 52
    3.1.6 Förderschwerpunkt Hören 57
  3.2 Dynamisches Sitzen 62
    3.2.1 Förderschwerpunkt Lernen 64
    3.2.2 Förderschwerpunkt geistige Entwicklung 65
    3.2.3 Förderschwerpunkt körperliche und motorische Entwicklung 69
    3.2.4 Förderschwerpunkt emotionale und soziale Entwicklung 70
    3.2.5 Förderschwerpunkt Sprache 72
    3.2.6 Förderschwerpunkt Hören 73

3.3	Auflockerungsminuten	75
	3.3.1 Förderschwerpunkt Lernen	76
	3.3.2 Förderschwerpunkt geistige Entwicklung	78
	3.3.3 Förderschwerpunkt körperliche und motorische Entwicklung	86
	3.3.4 Förderschwerpunkt emotionale und soziale Entwicklung	92
	3.3.5 Förderschwerpunkt Sprache	94
	3.3.6 Förderschwerpunkt Hören	101
3.4	Entspannungsphasen	103
	3.4.1 Förderschwerpunkt Lernen	105
	3.4.2 Förderschwerpunkt geistige Entwicklung	106
	3.4.3 Förderschwerpunkt körperliche und motorische Entwicklung	111
	3.4.4 Förderschwerpunkt emotionale und soziale Entwicklung	117
	3.4.5 Förderschwerpunkt Sprache	118
	3.4.6 Förderschwerpunkt Hören	123
3.5	Bewegungsorientierte Projekte	125
	3.5.1 Förderschwerpunkt Lernen	126
	3.5.2 Förderschwerpunkt geistige Entwicklung	130
	3.5.3 Förderschwerpunkt körperliche und motorische Entwicklung	135
	3.5.4 Förderschwerpunkt emotionale und soziale Entwicklung	139
	3.5.5 Förderschwerpunkt Sprache	143
	3.5.6 Förderschwerpunkt Hören	146
3.6	Individuelle Bewegungszeiten	150
	3.6.1 Förderschwerpunkt Lernen	151
	3.6.2 Förderschwerpunkt geistige Entwicklung	152
	3.6.3 Förderschwerpunkt körperliche und motorische Entwicklung	152
	3.6.4 Förderschwerpunkt emotionale und soziale Entwicklung	153
	3.6.5 Förderschwerpunkt Sprache	153
	3.6.6 Förderschwerpunkt Hören	154

4	Modifizierungen für den Bereich bewegte Pause	155
	4.1 Förderschwerpunkt Lernen	159
	4.2 Förderschwerpunkt geistige Entwicklung	162
	4.3 Förderschwerpunkt körperliche und motorische Entwicklung	170
	4.4 Förderschwerpunkt emotionale und soziale Entwicklung	174
	4.5 Förderschwerpunkt Sprache	181
	4.6 Förderschwerpunkt Hören	185
5	Modifizierungen für das bewegte Schulleben	189
	5.1 Ganztagsangebote für Bewegung, Spiel und Sport	190
	5.2 Spiel- und Sportfeste, Bewegungs- und Sporttreffs	194
	5.3 Wandertage, Klassenfahrten	199
6	Modifizierungen zur bewegten Freizeit	212
	6.1 Zusammenarbeit mit den Familien	214
	6.2 Kooperationen mit anderen Schulen und mit den Horten	218
	6.3 Gesellschaftliche Integration	222
Bildnachweis		233
Literatur		235
Anhang		251

Vorwort zur 1. Auflage (2013)

Die Forschungsgruppe „Bewegte Schule" arbeitet seit Mitte der 1990er Jahre an der Zielstellung, Kindern und Jugendlichen in der Schule mehr Bewegung zu ermöglichen. Es wurde für Grundschulen und weiterführenden Schulen ein pädagogisches Konzept entwickelt, erprobt und weiterbearbeitet. Überlegungen für Modifizierungen dieses Konzeptes für Schüler mit diagnostiziertem sonderpädagogischem Förderbedarf liegen bisher im Wesentlichen nur für den Förderschwerpunkt Lernen vor.

In Sachsen können sich interessierte Schulen aller Schularten als „Bewegte Schule – Partner für Sicherheit" durch die Unfallkasse Sachsen und die Kooperationspartner Sächsisches Staatsministerium für Kultus sowie die Forschungsgruppe „Bewegte Schule" der Universität Leipzig zertifizieren lassen. Diese Möglichkeit haben in den vergangenen Jahren auch Schulen mit den Förderschwerpunkten Lernen, Sprache, geistige, körperliche und motorische sowie emotionale und soziale Entwicklung erfolgreich genutzt. Dabei wurde ersichtlich, dass viele Ziele, Inhalte und Methoden der bewegten Schule durchaus auch in diesen Schulen umsetzbar sind. Die Lehrkräfte fühlen sich aber nach unseren Erkenntnissen nur bedingt durch ein „allgemeines" Konzept der bewegten Schule angesprochen bzw. erkennen nicht grundsätzlich dessen Bedeutung für die eigene Schulform. Darüber hinaus bestätigt sich die Erwartung der selbstständigen Übertragung von Inhalten auf die Bedürfnisse von Schülern mit Entwicklungsbesonderheiten häufig nicht. Diese Praxiserfahrungen sowie Forschungsergebnisse (Müller, 2006; Müller & Richter, 2007; Dinter, 2011, 2012) zeigen, dass spezifische Modifizierungen von Inhalten und ergänzende didaktisch-methodische Hinweise für eine erfolgreiche Implementation des Konzeptes erforderlich sind. (Dinter & Müller, 2012, S. 240)

Dieses Anliegen versucht das vorliegende Buch zu unterstützen. Zielgruppen sind dabei sowohl Lehrkräfte, die im Zuge der Inklusionsbemühungen (zunehmend) an ihren Schulen Kinder und Jugendliche mit sonderpädagogischem Förderbedarf unterrichten, als auch Lehrer und

Vorwort zur 1. Auflage (2013)

pädagogische Unterrichtshilfen an Förderschulen. In das gesamte Buch gehen die Erfahrungen aus den zertifizierten Einrichtungen mit ein. Da bisher in Sachsen keine Schulen mit den Förderschwerpunkten Hören und Sehen am Projekt teilgenommen haben, fehlen die beiden Förderschwerpunkte in der 1. Auflage dieser Veröffentlichung. An inklusiven Schulen sollten die vorgeschlagenen Modifizierungen nicht zu einer Sonderstellung der betroffenen Schüler führen, sondern als Auswahlmöglichkeiten für ALLE zur Verfügung stehen. Die Broschüre ist kein für sich gestelltes Werk, sondern nur eine Ergänzung zu vorliegenden Materialien (s. Anhang 1), besonders zu den Büchern „Bewegte Grundschule" (Müller, 2010) und „Bewegte Schule" (Müller & Petzold, 2014) sowie zu den Karteikartensammlungen zum bewegten Lernen für die Klassen 1 bis 4 bzw. 5 bis 10/12. Diese müssen von den Lehrern eingesehen werden, um Hinweise nachvollziehen zu können und weitere Praxisanregungen zu erhalten. In den genannten Materialien sind die Beispiele ausführlich dargestellt. In der Broschüre „Bewegte Schule für ALLE" wird nur Bezug darauf genommen. Da Schüler oft sonderpädagogischen Förderbedarf in mehreren Förderschwerpunkten aufweisen, werden in den einzelnen Abschnitten übergreifende Aspekte gekennzeichnet, ebenso aber auch auf förderschwerpunktspezifische Besonderheiten verwiesen. Um Wiederholungen zu vermeiden, werden bestimmte Empfehlungen und Praxisbeispiele speziellen Förderschwerpunkten zugewiesen. Diese sind oftmals jedoch (ggf. mit kleineren Modifizierungen) auf andere Förderschwerpunkte übertragbar. Wir empfehlen den Lesern deshalb, auch nach geeigneten Anregungen in Abschnitten anderer Förderschwerpunkte zu suchen. Die Untergliederung zuerst nach den Teilbereichen der bewegten Schule soll diese übergreifende Sicht erleichtern. Mit Blick auf die enorme Heterogenität von Schülern mit sonderpädagogischem Förderbedarf kann diese Broschüre einführende Hinweise zur Umsetzung der bewegten Schule geben, jedoch nicht die Erwartungshaltung erfüllen, Lösungen für jeden individuellen Einzelfall anzubieten. Dafür ist weiterhin das pädagogische Können der Lehrkräfte gefragt.

Unser Dank gilt den Studierenden, die sich in die Erstellung der Broschüre mit theoretischen Grundlagen und praktischen Beispielen sehr engagiert eingebracht haben. Besonders erwähnen möchten wir: Sophie Brammer (Förderschwerpunkt körperliche und motorische Entwick-

Vorwort zur 1. Auflage (2013)

lung), Philipp Lippert (Förderschwerpunkt emotionale und soziale Entwicklung) sowie Robert Leibiger & Melanie Gerber (Förderschwerpunkt Sprache) und eine Reihe von weiteren Studierenden aus dem Lehramt Sonderpädagogik oder/und mit Erfahrungen in der Arbeit an Förderschulen.

Wir bedanken uns auch bei den Kolleginnen und Kollegen aus den Projektschulen und weiteren Einrichtungen, die uns kritisch beratend sowie mit Beispielen aus den Abschlussberichten zur Seite gestanden haben, besonders aus folgenden Schulen: Förderschulzentrum Flöha, Schule zur Lernförderung Radeberg, Schule zur Lernförderung Leipzig-Grünau, Hans-Fallada-Schule für Erziehungshilfe in Weißwasser, Schule für Erziehungshilfe „Schule im Mülsengrund", Erich Kästner Schule für Erziehungshilfe Aue, Lindenhofschule in Leipzig, Grundschule Liebertwolkwitz, Förderschulzentrum Oelsnitz, Schule für geistig Behinderte Meißen u. a.

Dank auch für die fachliche Beratung durch Prof. Dr. Jürgen Innenmoser, Köln.

Leipzig, September 2013

Christina Müller, Anja Dinter und die Forschungsgruppe „Bewegte Schule"

Vorwort zur neu bearbeitenden 2. Auflage (2019)

Das Konzept der bewegten Schule hat sich zunehmend in vielen Schulen etabliert. Von aktueller Bedeutung ist, dass die gemeinsame und gleichberechtigte Teilhabe für ALLE möglich wird – dies unabhängig von der Schulart. Ansprechpartner für die Autoren sind deshalb einmal die Lehrer[1] und pädagogischen Unterrichtshilfen an Förderschulen, aber vor allem auch Lehrkräfte, die an ihren Schulen Kinder und Jugendliche mit diagnostiziertem sonderpädagogischen Förderbedarf inklusiv unterrichten. Die vorgeschlagenen Modifizierungen dürfen nicht zu einer Sonderstellung der betroffenen Schüler[1] führen, sondern stehen als Auswahlmöglichkeiten für ALLE zur Verfügung.

Wie bereits zur 1. Auflage muss betont werden, dass die Broschüre kein für sich stehendes Werk ist, sondern nur eine Ergänzung zu vorliegenden Materialien (s. Anhang 1), besonders zu den Büchern „Bewegte Grundschule" (Müller, 2010) und „Bewegte Schule" (Müller & Petzold, 2014) sowie zu den Karteikartensammlungen zum bewegten Lernen für die Klassen 1 bis 4 bzw. 5 bis 10/12. Diese müssen von den Lehrern eingesehen werden, um die Hinweise nachvollziehen zu können und weitere Praxisanregungen zu erhalten. In den genannten Materialien sind die Beispiele ausführlich dargestellt. In der Broschüre „Bewegte Schule für ALLE" wird nur Bezug darauf genommen.

Die 2. Auflage entstand in enger Zusammenarbeit mit der Schulpraxis, besonders mit Schulen, die an der Zertifizierung „Bewegte Schule" teilgenommen haben. Hervorzuheben ist, dass durch eine sehr ergebnisorientierte Zusammenarbeit mit der Georg-Götz-Schule Chemnitz, als einer Schule für Hörgeschädigte, alle Abschnitte der 2. Auflage mit dem Förderschwerpunkt Hören erweitert werden konnten. Unser Dank gilt vor allem der Projektleiterin Frau Richter und der stellvertretenden Schulleiterin Frau Wünsche. Für den Förderschwerpunkt geistige Entwicklung hat uns Frau Walter von der Hans-Fallada-Schule in Rietschen,

---

[1] Männliche Personenbezeichnungen (Lehrer, Schüler u. a.) gelten in diesem Buch gleichermaßen für Personen weiblichen Geschlechts.

Vorwort zur neu bearbeitenden 2. Auflage (2019)

einer Förderschule für den Schwerpunkt emotionale und soziale Entwicklung, wertvolle Anregungen und Erfahrungen zugearbeitet. Unterstützt wurden wir auch von Herrn Leibiger vom Institut für Förderpädagogik der Universität Leipzig (jetzt Lehrer am Förderschulzentrum mit dem Förderschwerpunkt Sprache „Käthe Kollwitz" Leipzig) besonders durch Ergänzungen zur Bedeutung der Sprachentwicklung und zu den Förderschwerpunkten körperlich-motorische Entwicklung sowie Sprache. Allen weiteren Beteiligten unser Dank! In der 2. Auflage wurden auch Literaturhinweise, besonders die Internetadressen, aktualisiert und das Bildmaterial teilweise überarbeitet sowie ergänzt.

Wir hoffen, mit der 2. Auflage der „Bewegten Schule für ALLE" eine Reihe von Schulen anregen zu können, den Schulalltag bewegter zu gestalten – und das für ALLE. Es wäre wünschenswert, wenn wir für die weitere Bearbeitung des Konzeptes der bewegten Schule von Ihren Erfahrungen und neuen Ideen Kenntnis erhalten könnten.

Leipzig, November 2019

Christina Müller, Anja Dinter und die Forschungsgruppe „Bewegte Schule" der Universität Leipzig

1 Bedeutung der Bewegung

Durch Bewegung wird die Welt von Menschen erlebt, erfahren, erkannt und gleichzeitig geformt und gestaltet (Grupe, 1982, S. 75). Deshalb ist Bewegung ein fundamentales Grundbedürfnis von Kindern und für die Entwicklung der Heranwachsenden unerlässlich. Nachfolgend soll diese Aussage in Thesen gefasst und mit ausgewählten Argumenten begründet werden, die für Kinder und Jugendliche allgemein gelten (basierend auf Müller, 2010, S. 19–30).

Die im Grundkonzept dargestellten Bedeutungsaspekte der Bewegung treffen natürlich auch für Schüler mit sonderpädagogischem Förderbedarf zu. Für jede These werden deshalb aspekthaft Besonderheiten in der Entwicklung benannt (teilweise auf Basis einer Literaturanalyse von Dinter, 2013). Die jeweils formulierten förderschwerpunktübergreifenden didaktisch-methodischen Empfehlungen bündeln die Aussagen und bilden Ansatzpunkte, die bei Vorschlägen für Modifizierungen im Kapitel 3 in den Blickpunkt gerückt werden.

Bewegung ermöglicht differenzierte Wahrnehmungen und vielfältige Erfahrungen

Wahrnehmung bildet mit Bewegung eine Einheit. Beide treten nicht parallel auf, sondern sind miteinander verschränkt (v. Weizsäcker, 1950, S. 163). Von besonderer Bedeutung für die kindliche Entwicklung ist die Gewinnung von Erfahrungen aus erster Hand. Gerade Spiel- und Bewegungssituationen bieten vielfältige Handlungsgelegenheiten für primäre Erfahrungen, die Heranwachsende „unmittelbar durch und mit ihren Bewegungen und mit und über ihren Körper machen" (Grupe, 1992, S. 27).

Je nach Zielsetzung wird der eigene Körper und seine Bewegung oder die Mit- und Umwelt zum Gegenstand der Erfahrungssituation. So werden zunehmend bewusster körperliche Befindlichkeiten wahrgenommen, Eigenschaften und Verwendungsmöglichkeiten von Gegenständen

1 Bedeutung der Bewegung

in der handelnden Auseinandersetzung mit ihnen erkundet oder Sozialerfahrungen des Miteinanders beim Bewegungshandeln gesammelt. (Müller, 2010, S. 20–21)

Gerade für Menschen mit sonderpädagogischem Förderbedarf hat Bewegung für die Wahrnehmungsförderung eine besondere Bedeutung, da beeinträchtigungsbedingt häufig eine eingeschränkte Wahrnehmung der eigenen Person und der Umwelt vorliegt. Wahrnehmungs- und Sinnesfunktionen selbst oder kompensatorisch agierende Strukturen können durch Bewegungsaktivitäten aktiviert bzw. ausgebildet werden. (Dinter, 2013, S. 73) Deshalb ist es besonders wichtig, diesen Schülern vielfältige beeinträchtigungsspezifische Wahrnehmungs- und Erfahrungssituationen zu ermöglichen – ob im Unterricht, in den Pausen oder im gesamten Schulleben. Die betroffenen Schüler (besonders Förderschwerpunkt Lernen) werden häufig im Beruf handwerklichen Tätigkeiten nachgehen und sollten deshalb umfassende Materialerfahrungen sammeln (Kiphard & Huppertz, 1987, S. 10).

Förderschwerpunktübergreifende didaktisch-methodische Empfehlungen:
- vielfältige (beeinträchtigungsspezifische) Wahrnehmungssituationen in den verschiedenen Teilbereichen der bewegten Schule ermöglichen
- besonders die Analysatoren des inneren Regelkreises ansprechen (Bewegungssinn, Gleichgewichtssinn, aber auch den Tastsinn)
- umfassende Materialerfahrungen verstärkt einbeziehen

Bewegung hilft beim kognitiven Lernen

Begründungen für den Einfluss der Bewegung auf das kognitive Lernen liegen u. a. in folgenden Tatsachen (Müller, 2010, S. 21–23):
- Neugeborene besitzen eine riesige Anlage an Nervenzellen, die nur erhalten bleiben, wenn sie miteinander vernetzt werden. Komplexe motorische Handlungen, wie Kriechen, Schaukeln, Hüpfen, Ballspielen u. v. a. m. können wesentlich zu dieser synaptischen Verschaltung beitragen. Der Drang von Kindern zur Bewegung ist also ein natürliches Bedürfnis zur Erhaltung von Nervenzellen, die im späte-

ren Leben für die geistige Leistungsfähigkeit zur Verfügung stehen. (Dickreiter, 2000, S. 15) Erikson et al. haben 1998 nachgewiesen, dass entgegen der bisherigen Auffassung sich auch bei Erwachsenen Nervenzellen noch vermehren können. „Körperliche Bewegung erwies sich als der stärkste Stimulus zur Neuronenneubildung." (Hollmann et al., 2005, S. 7).

- Ein Lernen mit allen Sinnen kann zur Verbesserung der Wissensspeicherung, zur Erhöhung der Aufmerksamkeit und zur Lernmotivation beitragen (Zimmer, 1995, S. 30). Dem Bewegungssinn sollte zur Informationsaufnahme neben dem akustischen und optischen Sinn eine größere Bedeutung beigemessen werden, z. B. den neuen Buchstaben nicht nur an der Tafel sehen, den Laut hören, sondern ihn mit einem Seil legen und abhüpfen.
- Bei sehr bewegungseinschränkenden Tätigkeiten, wie z. B. dem Sitzen, arbeitet der Ruhenerv verstärkt. Folgen sind Unkonzentriertheit, Unlust, Verlangsamung des Arbeitstempos, Fehlerhäufung u. a. Bereits leichte Bewegungen können helfen diese Erscheinungen zu überwinden, da die Sauerstoffversorgung des Gehirns angeregt wird. Beispiele dafür sind das Einprägen von Grundwissen oder von Vokabeln u. a. beim Gehen durch den Raum, das Lösen von Aufgaben verbunden mit dem Zuwerfen eines Softballes.

Für Menschen mit sonderpädagogischem Förderbedarf sind die aufgeführten Vorteile der Verbindung von Kognition und Bewegung von großer Bedeutung. Probleme im Bereich der Wahrnehmungs- und Sinnesfunktionen sowie häufig auch eine eingeschränkte Konzentrationsfähigkeit führen im Vergleich mit altersorientierten Erwartungen zu veränderten kognitiven Fähigkeiten und einem geringerem Lernvermögen (KMK, 1998, S. 3–4).

Die Grundlage jeglichen Lernens ist ein gut funktionierendes Wahrnehmungssystem (Zimmer & Cicurs, 1993, S. 26). Aus diesem Grund ist die bereits benannte Wahrnehmungsförderung auch für das kognitive Lernen eine wesentliche Unterstützung. Des Weiteren wirkt sich die Nutzung mehrerer verfügbarer Wahrnehmungskanäle positiv auf das Lernen aus – das gilt für alle Kinder und Jugendlichen, für Schüler mit sonderpädagogischem Förderbedarf insbesondere. Deshalb sollte beim Lernen neben dem Hören und Sehen vor allem der Bewegungssinn an-

1 Bedeutung der Bewegung

gesprochen werden. Das wirkliche „Be-greifen" und „Be-wegen", das Erleben von Gesetzmäßigkeiten in (Bewegungs-)Handlungen kann bei Schülern mit Lernproblemen den Lernprozess durch Veranschaulichung und Eigenaktivität positiv beeinflussen. Speziell für Schüler im Förderschwerpunkt geistige Entwicklung sind praktische Handlungen eine unabdingbare Voraussetzung für gedankliches Handeln (Dinter, 2013, S. 76). Für Schüler mit sonderpädagogischem Förderbedarf im sprachlichen Bereich ist ein weiterer Aspekt hervorzuheben. Sprache und Bewegung beeinflussen sich gegenseitig. Durch das motorische Handeln gewonnene Erfahrungen werden mit der Sprache zu Begriffen. Mittels der Sprache können sich die Kinder über ihr Bewegungshandeln austauschen und verständigen (Zimmer, 2006, S. 34).

Die Vorteile der Verbindung von Bewegung und Kognition kommen bei Schülern mit sonderpädagogischem Förderbedarf offensichtlich dann besonders zum Tragen, wenn entsprechende Beispiele bewusst in den unterschiedlichen Teilbereichen der bewegten Schule eingesetzt werden.

Förderschwerpunktübergreifende didaktisch-methodische Empfehlungen:
- Bewegungssinn (kinästhetischen Analysator) intensiv als Wahrnehmungskanal nutzen
- (Bewegungs-)Handlungen verstärkt in das kognitive Lernen einbeziehen (je nach Voraussetzungen) bzw. im Förderschwerpunkt geistige Entwicklung als Hauptvermittlungsform wählen
- Verbindung von Bewegung und Lernen bewusst in den unterschiedlichen Teilbereichen der bewegten Schule wiederholend aufgreifen

Bewegung fördert das soziale Lernen

Bewegungssituationen (z. B. Pausenspiele) sind Gelegenheiten für soziale Begegnungen, erfordern das Zusammenwirken als Paar oder Gruppe und können das Bewusstsein des Zusammengehörigkeitsgefühls fördern. Bewegungs- und Spielsituationen verlangen oft gegenseitige Hilfe und Akzeptanz, Vertrauen und Verlässlichkeit und können für Andersartigkeit sensibilisieren. (Müller, 2010, S. 23–24)

Menschen und speziell Kinder mit Beeinträchtigungen haben es häufig schwerer, soziale Kontakte aufzubauen und zu pflegen. Ihnen fehlen entsprechende Gelegenheiten, auch im Freizeitbereich. Sie sind zum Teil auf Hilfe anderer Personen angewiesen, erleben zu selten, dass sie sich selbst einbringen können. Einige Kinder zeigen teilweise schwer interpretierbare Ausdrucks- und Kommunikationsformen. Wegen ihres evtl. anderen Aussehens und Verhaltens stoßen sie auf geringe Akzeptanz oder gar Ablehnung in der Gesellschaft. (KMK, 1998, S. 3–4)

Für Schüler mit Beeinträchtigungen sind deshalb Bewegungssituationen besonders wichtig, da in deren Rahmen Kontakte aufgenommen und angenommen werden können. Die Wechselseitigkeit und der Aufeinanderbezug von Nehmen und Geben lassen sich bei Bewegungs-Interaktionen durchaus so gestalten, dass sich die Kinder behinderungsentsprechend aktiv gestaltend und selbstentfaltend einbringen können (Teilhabe und Mitbestimmung) und alle die Ansprüche anderer als Wesensmerkmal des sozialen Lernens (Petillon, 1993, S. 83) anerkennen.

Kinder und Jugendliche, die auf Hilfe durch andere Personen angewiesen sind, sollten in Bewegungs-Interaktionen erleben können, dass sie auch anderen Hilfe geben können sowie zum Teil über sehr besondere Fähigkeiten verfügen (Dinter, 2013, S. 78).

Schüler mit Verhaltensauffälligkeiten (teilweise gekoppelt mit Beeinträchtigungen im Lernen und der geistigen Entwicklung) können bei Bewegungsspielen erfahren, dass diese nur für alle zu einem Erlebnis werden, wenn Regeln eingehalten werden.

Bewegung, Spiel und Sport sind aufgrund vielfältiger Kommunikations- und Interaktionsmöglichkeiten insgesamt gesehen „ein geeignetes Handlungsfeld für gemeinsame Aktionen von Menschen mit unterschiedlichen Voraussetzungen" (Rheker, 2002, S. 48) und damit ein Medium „der Zielvorstellung der Inklusion näher zu kommen" (Dinter 2013, S. 81).

Förderschwerpunktübergreifende didaktisch-methodische Empfehlungen:
- Bewegung als bedeutsames Medium der sozialen Interaktion und Kommunikation verstärkt und konsequent nutzen
- nonverbale Kommunikationsmöglichkeiten – aber auch verbale – fördern

1 Bedeutung der Bewegung

- Bewegungssituationen für das gegenseitige Nehmen und Geben schaffen, vor allem bezogen auf die Wechselseitigkeit von Hilfe annehmen, aber auch geben können oder die Aufnahme sozialer Kontakte und die gegenseitige Akzeptanz
- Möglichkeiten zur Demonstration und Vermittlung besonderer Fähigkeiten eines jeden Schülers bieten
- Gruppen so bilden, dass alle Schüler ihre Aufgaben finden (an Förderschulen auch Gruppen, in denen Schüler mit sehr unterschiedlichen Voraussetzungen gemeinsam Aufgaben erfüllen)
- sehr klare Regeln gemeinsam aufstellen und einhalten
- Zusammengehörigkeitsgefühl in Bewegungs-Interaktionen und die Wahrnehmung dafür fördern

Bewegung regt das emotionale Erleben an

Die menschliche Bewegung ist gewiss nicht der alleinige Auslöser emotionalen Erlebens. Es kann aber davon ausgegangen werden, dass grundsätzlich ein positiver Zusammenhang zwischen als befriedigend erfahrenen Bewegungshandlungen und emotionalen Erleben besteht, allerdings stark abhängig von der konkreten Bewegungssituation und deren subjektiver Verarbeitung. Das Spielen an sich, in Verbindung mit dem Ausleben des Bewegungsbedürfnisses insbesondere, ist durch Kriterien wie Spaß, Freude, Vergnügen gekennzeichnet und kann das Gefühl erfüllter Gegenwart vermitteln. Das emotionale Erleben kann außerdem durch Kontrasterlebnisse bei Bewegungshandlungen, wie Sicherheit – Risiko, Mut – Angst, Erfolg – Misserfolg, Spaß/Freude – Ärger, Sieg – Niederlage, erweitert werden.

Bewegung hat nicht nur eine anregende Wirkung, sondern kann auch beruhigen durch den Abbau von Stresshormonen. (Müller, 2010, S. 24–26)

Beeinträchtigungen in unterschiedlichen Bereichen können sich negativ auf die emotionale Entwicklung der Heranwachsenden auswirken. Ursachen sind in einem engen Zusammenhang mit den anderen Bedeutungsaspekten zu sehen. Mangelnde Möglichkeiten zum Ausleben des Bewegungsbedürfnisses, fehlende soziale Anerkennung, häufige Misserfolge o. Ä. können die Gefühlslage negativ beeinflussen. (Dinter, 2013, S. 84–85)

Lern- und Verhaltensprobleme sind häufig auch in geringer Lern- und Schulfreude begründet. Bewegungsaktivitäten können dem möglicherweise entgegenwirken – und wenn es anfänglich nur die Freude auf die Schule wegen des (Tischtennis-)Spiels in der Pause ist.

Bewegung kann helfen, Aggressionen abzubauen, bis hin zum „Rauslassen der Wut" am Boxsack oder mittels Anti-Aggressionsschläger.

Andererseits benötigen viele Schüler mit sonderpädagogischem Förderbedarf verstärkt Ruhe- und Entspannungsphasen. Dazu sind entsprechende zeitliche und räumliche Möglichkeiten zu schaffen, z. B. durch einen Entspannungs- oder Snoezelenraum. (Dinter & Müller, 2011, S. 30)

Förderschwerpunktübergreifende didaktisch-methodische Empfehlungen:
- Bewegungsbedürfnis ausleben lassen
- Lern- und Schulfreude durch Bewegung fördern
- Aggressionen mittels Bewegung abbauen
- Ruhe- und Entspannungsphasen verstärkt ermöglichen

Bewegung ist die Voraussetzung für die motorische und gesunde körperliche Entwicklung

Es gibt zahlreiche physiologische Begründungen für den Einfluss der Bewegung auf die Gesundheit von Kindern und Jugendlichen. Auf einige ausgewählte Aspekte sei besonders hingewiesen (Müller, 2010, S. 26–28):
- Bewegung kann einmal den Hirnstamm anregen (wie bereits dargelegt bei der Überwindung von Müdigkeit), zum anderen kann Bewegung bei Überaktivierung (Stress) beruhigend wirken, auch durch den Abbau von Stresshormonen. Vor Stresssituationen, z. B. vor Klassenarbeiten oder Prüfungen, sollten deshalb Atemübungen, Progressive Muskelentspannung, gegenseitige Massage mit Igelbällen o. Ä. eingesetzt werden.
- Bei der Thematisierung der Bedeutung der Bewegung für eine gesunde körperliche Entwicklung muss auch das Problem der Unfallri-

1 Bedeutung der Bewegung

siken, die ja oft als Folge von Bewegung angesehen werden, diskutiert werden. Unfallversicherungsverbände und Krankenkassen heben immer wieder hervor, dass nicht die Bewegung, sondern Bewegungsmangel und daraus resultierende motorische Defizite Unfallursachen darstellen. So können Kinder oft ihre Bewegungen nicht mit denen anderer Kinder koordinieren, schnell abstoppen oder die Richtung ändern, sich beim Sturz geschickt abfangen u. Ä. (Kunz, 1993, S. 4).

– Bewegungsmangel ist die Hauptursache für Haltungsschwächen und -schäden, aber auch für Koordinations- und Organleistungsschwächen bei Kindern und Jugendlichen. Demzufolge sind vielfältige Bewegungsmöglichkeiten die wirkungsvollste Gegenmaßnahme. Dazu zählen Aktivitäten im Sportunterricht, Sportförderunterricht, Sportarbeitsgemeinschaften ebenso wie Bewegungsmöglichkeiten in den Pausen, im Unterricht in allen Fächern, aber natürlich auch in der Freizeit – selbstständig oder im Verein.

Hinsichtlich der motorischen und körperlichen Entwicklung fällt es besonders schwer, verallgemeinerte Aussagen für Schüler mit individuellem Förderbedarf treffen zu wollen, da, speziell auch innerhalb einzelner Förderschwerpunkte, die Spannbreite von Kindern ohne oder mit geringen körperlich-motorischen Einschränkungen bis hin zu Schülern mit umfänglichen Beeinträchtigungen reicht. Selbst innerhalb des Förderschwerpunktes körperliche und motorische Entwicklung ist die Heterogenität sehr groß. Das Spektrum beginnt bei Schülern mit zum Teil guten motorischen Fähigkeiten, reicht aber auch von Schädigungen des Gehirns und Rückenmarks, über Schädigungen der Muskulatur und des Skelettsystems bis zu chronischen Erkrankungen oder Fehlfunktionen der Organe (Hedderich, 2006, S. 30–32).

Trotz dieser großen Unterschiede ist festzustellen, dass alle Schüler mit sonderpädagogischem Förderbedarf unbedingt mehr Gelegenheiten benötigen, in denen sie Bewegungshandlungen im Rahmen ihrer individuellen Möglichkeiten erkennen, erfahren, festigen und erweitern können (Rischmüller & Sowa, 1996a, S. 57). Diese Situationen sollten in dem begrenzten Umfang der jeweiligen Person erfolgreich eigenaktiv erlebt werden und zu neuen Herausforderungen ermutigen. (Lelgemann, 2010, S. 67, S. 71).

1 Bedeutung der Bewegung

Aufgrund einer häufig eingeschränkten Bewegungsbiografie besteht bei vielen Schülern in der motorischen Leistungsfähigkeit ein niedriges Ausgangsniveau. Das hat aber den Vorteil, dass Bewegungs- sowie Sportangebote verhältnismäßig schnell zu positiven Effekten führen können. Darüber hinaus stellen körperlich-motorische Fähigkeiten eine wichtige Grundlage für die Bewältigung von Alltagsanforderungen und damit die angestrebte Teilhabe am gesellschaftlichen Leben dar (Dinter, 2013, S. 70). Der Verbesserung der Koordination sollte besondere Aufmerksamkeit gewidmet werden. Damit kann auch ein Beitrag zur Bewegungssicherheit geleistet werden. Ein weiterer Schwerpunkt sollte die Verbesserung der Körperhaltung sein. Insgesamt kann durch Bewegung, Spiel und Sport das Wohlbefinden entsprechend der individuellen Beeinträchtigungen gesteigert werden.

Für Schüler mit sonderpädagogischem Förderbedarf sollten meist bewegungsbasierte Therapiemaßnahmen Bestandteil des schulischen Förderplanes sowie im Freizeitbereich sein. Diese zielen häufig auf Verbesserungen in der motorischen und körperlichen Entwicklung. Auch wenn diese Maßnahmen nicht als Bestandteile des Konzeptes der bewegten Schule eingeordnet werden dürfen (sind konzeptunabhängig, müssen verschrieben werden), sind sie aus Sicht der Belastung und Beanspruchung für die jeweiligen Schüler zu berücksichtigen. Nach sinnvollen Verbindungen zwischen der Umsetzung der bewegten Schule und bewegungsbasierten Therapiemaßnahmen sollte gesucht werden, vor allem in der Zusammenarbeit mit den Therapeuten sowie der Nutzung entsprechender Räumlichkeiten. (Dinter, 2012, S. 87–88)

Förderschwerpunktübergreifende didaktisch-methodische Empfehlungen:
- vielseitige motorische Entfaltungsmöglichkeiten entsprechend der individuellen Voraussetzungen anbieten und dadurch auch Wohlbefinden ermöglichen
- koordinative Fähigkeiten sowie die Körperhaltung entsprechend der individuellen Möglichkeiten gezielt schulen

1 Bedeutung der Bewegung

Bewegung unterstützt den Aufbau eines positiven Selbstkonzeptes

Einstellungen und Überzeugungen zur eigenen Person (Selbstkonzept) können durch Bewegungssituationen positiv beeinflusst werden, vor allem durch (Müller, 2009, S. 12):
- Erkennen des Zusammenhanges zwischen eigener Anstrengung und Erfolg
- Gewinnen der Überzeugung, selbst etwas bewirken und verändern zu können
- Erleben schwieriger Situationen als Herausforderung
- Übertragen von positiven Erlebnissen beim Bewegungskönnen und dem daraus resultierenden Selbstvertrauen auf andere Bereiche (Zimmer, 2006, S. 63–64)

Menschen mit spezifischen Beeinträchtigungen haben oft eine verstärkt auf Defizite fokussierte Eigen- und Fremdwahrnehmung. Die Folge ist ein negativ gefärbtes Selbstkonzept.

Bei Bewegung, Spiel und Sport können die (z. B. kognitiven) Einschränkungen etwas in den Hintergrund treten und vorhandene Stärken rücken mehr in die Aufmerksamkeit aller. Schüler mit sonderpädagogischem Förderbedarf können etwas vollbringen, was andere (und evtl. auch sie selbst) ihnen nicht zugetraut haben, z. B. das Skifahren erlernen. Dies lässt sie die Selbstwirksamkeit erleben und stärkt das Selbstkonzept, insbesondere wenn es ihnen und den anderen bewusst gemacht wird. (Dinter, 2013, S. 90) Projekte, Aktivitäten in und für die Pausengestaltung, Klassenfahrten, Sportarbeitsgemeinschaften, (behindertenspezifische) Vergleichswettkämpfe u. Ä. enthalten dafür vielfältige Potenzen. Bewegung und Sport können über das sportliche Handeln auch zur besseren Lebensbewältigung beitragen, so z. B. zur sicheren Teilnahme am öffentlichen Straßenverkehr oder zur zielsicheren Orientierung im örtlichen (Nah-)Raum (Dinter, 2013, S. 91).

Förderschwerpunktübergreifende didaktisch-methodische Empfehlungen:
- Situationen für Bewegung, Spiel und Sport schaffen, in denen die Selbstwirksamkeit erlebt und dadurch das Selbstkonzept gestärkt werden kann
- Stärken eines jeden Schülers hervorheben

– Aufgaben zur Alltagsbewältigung, wie Mobilität und Orientierung im örtlichen (Nah-) Raum einbinden, besonders bei Schülern mit Beeinträchtigungen in der geistigen Entwicklung

Bewegung unterstützt die Sprachentwicklung
(unter Mitarbeit von Mandy Buschbeck, Robert Leibiger, Melanie Gerber)

Die Prozesse der Bewegungs- und Sprachentwicklung laufen nicht nebeneinander ab, sondern beeinflussen sich gegenseitig (Zimmer, 2009, S. 16–17). Weinrich & Zehner (2005, S. 126–127) gehen davon aus, dass entwicklungspsychologisch Grob-, Fein- und Mundmotorik eng miteinander verknüpft sind. Zuerst entwickelt ein Kind die groben Bewegungen wie das Sich-Drehen und Aufsetzen, dann die Feinmotorik wie koordinierte Bewegungen von Händen und Fingern und danach erfolgt die Weiterentwicklung der Mundmotorik, welche letztlich die Lautentwicklung ermöglicht. Die enge Verbindung kann auch bei anspruchsvollen feinmotorischen Bewegungen beobachtet werden, wenn parallel die Zunge arbeitet. Umgekehrt lässt sich daraus schließen, dass gerade Bewegungsspiele der Finger auch die Entwicklung der Mundmuskulatur fördern können. Tietz (2008, S. 119) zieht das Fazit, dass eine gut ausgeprägte Grob- und Feinmotorik eine wichtige Voraussetzung für den Sprech- und Spracherwerb ist, bei in weiten Teilen paralleler Ausdifferenzierung.

Das Sprechen selbst ist eine komplexe motorische Handlung, bei der viele Muskeln aktiviert und koordiniert werden müssen (Zimmer, 2009, S. 66; Zimmer, 2010, S. 145). Des Weiteren wird die Sprachentwicklung gefördert, da Bewegungsanlässe als Motor des Spracherwerbs wirken und Bewegung auch ein Medium der Kommunikation (Gestik und Mimik, Laute und Gebärden, Körpersprache durch Körperhaltung und -bewegung) darstellt (Zimmer, 2012, S. 93; Zimmer, 2009, S. 13).

Das Erlernen und Beherrschen der Sprache kann aber auch die Bewegungsförderung unterstützen, denn Sprache ist das Medium, in dem Bewegungshandlungen organisiert und begleitet, Bewegungserlebnisse mitgeteilt und reflektiert sowie komplexe Bewegungsbeziehungen ausgehandelt werden können (Zimmer, 2012, S. 92–94; Erhorn & Bähr, 2012; Zimmer, 2010, S. 143).

Während in anderen Veröffentlichungen der Leipziger Forschungsgruppe der Spracherwerb mit unter kognitiver Entwicklung gefasst ist, wird der Bedeutung der Bewegung für die Sprachentwicklung in dieser Broschüre ein eigener Abschnitt gewidmet. Begründungen für diese Entscheidung liegen in der großen Bedeutung, die der Spracherwerb und -gebrauch für Menschen mit sonderpädagogischem Förderbedarf hat – bei Querverbindungen zu den anderen Bedeutungsaspekten, so z. B. vor allem zur kognitiven und sozialen Entwicklung. Sprachbeeinträchtigungen sind nicht allein gebunden an den Förderschwerpunkt Sprache, sondern treten auch in den anderen Förderschwerpunkten auf. Vor allem bei Schülern mit Lernproblemen besteht erheblicher Förderbedarf im Bereich Sprache und Kommunikation (Dobslaff, 2007). Aber auch in den Förderschwerpunkten geistige sowie emotionale und soziale Entwicklung liegen häufig sprachliche Auffälligkeiten vor, wenn auch aufgrund zum Teil anderer Ursachen und mit unterschiedlichen Ausprägungsformen. Im Kontext des Bereichs Deutsch als Zweitsprache für Kinder mit Migrationshintergrund eröffnet sich weiterhin ein überaus vielschichtiges Anwendungsfeld sowohl an Förder- als auch an Regelschulen und Kindertagesstätten. Bewegungsorientierte Sprachförderung kann somit als eine Querschnittsaufgabe eingeordnet werden.

Der Erwerb und Gebrauch der Sprache ist ein vielschichtiges System mit verschiedenen Sprachebenen (s. auch Anhang 5). Laut Adler (2006) kann in diesem Zusammenhang zwischen der phonetisch-phonologischen Ebene (Stimmstörungen, Aussprachestörungen u. a.), der syntaktisch-morphologischen Ebene (grammatikalisches Regelsystem u. a.), sowie der semantisch-lexikalische Ebene (Wortschatzdefizite, Sprachproduktionsstörungen sowie Wortfindungs- und Wortabrufungsstörungen u. a.) unterschieden werden. Alle Sprachebenen sind eng miteinander verknüpft und werden durch die pragmatisch-kommunikativen Ebene (Vermeiden von Sprechsituationen, Angst vorm Sprechen im unbekannten Umfeld, Probleme bezogen auf das angemessene Sprechen entsprechend der Kommunikationssituation u. a.) „eingerahmt". In die Betrachtungen beziehen die Autoren der vorliegenden Broschüre Beeinträchtigungen im Bereich der Schriftsprache (LRS) mit ein (Fox, 2005, S. 226–228).

Das Potential einer gezielten, bewegungsorientierten Sprachförderung liegt in der Möglichkeit einer ressourcenorientierten Intervention auf allen Sprachebenen (Zimmer, 2010, S. 149). Hierbei muss jedoch betont werden, dass der Bereich der Sprache, im Sinne einer mehrdimensionalen Entwicklung, nicht losgelöst von benachbarten Förder- und Entwicklungsbereichen gesehen werden darf (Grohnfeldt, 1999; vgl. ebenfalls Firmino, 2014, S. 20–21.). Gerade innerhalb der Diskussion aktueller Bemühungen und Reformen im Bereich der Migration erhält diese bewegungsorientierte Sprachförderung einen zentralen Stellenwert in vorschulischen Settings (Zimmer, 2010, S. 149). Der Transfer des in einigen Bundesländern bereits etablierten Ansatzes auf Ebene der schulischen Bildung liegt demnach nahe und gewinnt ebenfalls vor dem Hintergrund inklusiver Bemühungen an Interesse. Empirisch lassen Erkenntnisse von Zimmer (2014) und Firmino (2014) die Vermutung zu, dass sich eine bewegungsorientierte Sprachförderung, eingebettet in den Alltag von Kindergartenkindern, positiv auf die sprachliche Entwicklung auswirkt. Dies legt die Vermutung nahe, dass eine Förderung der sprachlichen Kompetenzen über das Medium Bewegung auch im schulischen Kontext zu positiven Ergebnissen führen kann. Hieraus ergeben sich Verknüpfungsmöglichkeiten zwischen dem Konzept der bewegten Schule und dem sprachheilpädagogischen Unterricht. In der Literatur (z. B. Reber & Schönauer-Schneider, 2011) wird unterschieden in Maßnahmen der Sprachförderung in unspezifischen als auch spezifischen Bereichen. Unspezifische Sprachförderung beinhaltet Maßnahmen zur allgemeinen Sprachförderung, die von Pädagogen in jeder Bildungseinrichtung durchgeführt werden können. Gerade in diesem Bereich ist eine Verbindung mit Inhalten der bewegten Schule sehr naheliegend. Die spezielle Sprachförderung gliedern Reber & Schönauer-Schneider (2011, S. 13–16) in den Bereich des sprachtherapeutischen Unterrichts ein (Münchner Modell zur Planung sprachheilpädagogischen Unterrichts, siehe Reber & Schönauer-Schneider, 2011, S. 21). Merkmale dieser Unterrichtsform sind eine schülerorientierte, auf Diagnose basierende und individuell umgesetzte Förderung, in denen Lehrer mit differenziertem sprachlichem Wissen aktiv sind. In diesem Bereich können die Ideen der bewegten Schule von ausgebildeten Fach-

1 Bedeutung der Bewegung

kräften für die spezielle Förderung einzelner Schüler oder Schülergruppen adaptiert werden. (Leibiger, 2016)

Übergreifende Ansatzpunkte, die bei Modifizierungen des Konzeptes der bewegten Schule für alle Förderschwerpunkte in den Blickpunkt gerückt werden sollten, sind den nachfolgenden Empfehlungen zu entnehmen.

Förderschwerpunktübergreifende didaktisch-methodische Empfehlungen:
- Wahrnehmungsfähigkeit fördern (Sprachentwicklung baut darauf auf)
- gelenkte soziale Interaktionen und ein kommunikationsanregendes Umfeld schaffen (Herausforderungen gemeinsamen Handelns, Unterstützung der Kommunikation der Schüler untereinander, ebenso zwischen Kindern und Pädagogen)
- phonologische Bewusstheit fördern (Wahrnehmung sprachlicher Einheiten wie Silben, Wörter, Sätze in Verbindung mit Bewegung)
- sprachspezifische motorische Voraussetzungen schulen (Atmung, Mund- und Sprechmotorik)
- Rhythmus ausprägen (Sprach- und Sprechrhythmus)
- Sprache durch Bewegung verdeutlichen (Lautgebärden u. a.)
- Bewegung sprachlich begleiten (aktionsbegleitendes Sprechen, z. B. Tätigkeiten kommentieren, auch über inneres Sprechen); Wortschatzarbeit, Erwerb von morphologischen und grammatischen Fertigkeiten)
- Wortmaterial und Lehrersprache der Zielgruppe anpassen (Gestik und Mimik zur Unterstützung, klare Satzstrukturen, deutliche Aussprache und Artikulation)
- die Bestrebung der Gestaltung eines bewegungs- und sprachimmanenten Unterrichts

Wichtig ist, dass ein motivierender, lustbetonter Kontext geschaffen wird, in dem Bewegungshandlungen sich zwanglos mit sprachlichem Handeln verbinden lassen. Dafür eignen sich alle Teilbereiche der bewegten Schule.

Hinweise für das weitere Lesen in der Broschüre:

Die dargestellten Bedeutungsaspekte der Bewegung sind für die harmonische Entwicklung, d. h. die Ausgewogenheit kognitiver, sozialer, emotionaler und körperlich-motorischer Aspekte der Persönlichkeitsentwicklung, unerlässlich. Wesentlich ist, dass Bedeutungsaspekte der Bewegung in ihren engen Verknüpfungen gesehen werden müssen. So wirken Bewegungshandlungen beispielsweise nicht isoliert nur auf die Verbesserung körperlich-motorischer Fähigkeiten, sondern gleichzeitig auch auf das Selbstkonzept (Selbstvertrauen), die soziale Anerkennung (Platz in der Gruppe), das emotionale Erleben (Erfolg oder Misserfolg) und weitere Bereiche der Persönlichkeitsentwicklung. (Müller, 2010, S. 30)

Wenn in den weiteren Kapiteln Hinweise auf von den Autoren durchgeführte Untersuchungen gegeben werden, so beziehen sich diese auf:
- die enge Zusammenarbeit, einschließlich mündlicher und schriftlicher Befragungen mit zwei Schulen zur Lernförderung im Rahmen der Konzeptentwicklung (Ergebnisse nachlesbar bei Müller, 2006)
- eine schriftliche Befragung in vier ausgewählten Förderschulen für geistig Behinderte nach erfolgreichem Abschluss der Zertifizierungsphase (Dinter, 2012)

2 Ein pädagogisches Konzept der bewegten Schule

Alle nachfolgenden Aussagen beziehen sich auf das Konzept der bewegten Schule in Sachsen (nach Müller, 2010 und Müller & Petzold, 2014).

2.1 Zielstellungen

Das Konzept der bewegten Schule zielt auf eine Bewegungserziehung als umfassende Aufgabe in der Schulprogrammentwicklung, die alle Fächer und auch den außerunterrichtlichen Bereich betrifft.

Hauptzielstellung ist die Befähigung der Schüler zu individueller Handlungskompetenz, die darauf gerichtet ist, durch Bewegung die Umwelt zu erfahren und zu gestalten.

Teilziele sind (Müller, 2010, S. 42–46):
- die Förderung der sinnlichen Wahrnehmung
- die stärkere Einbeziehung des kinästhetischen Analysators (Bewegungssinn)
- die Herausbildung von Sozial- und Selbstkompetenz
- die Erhöhung der Sensibilität für den eigenen Körper und die Verstärkung emotionalen Erlebens
- die Schulung der Koordination
- die Verbesserung der Körperhaltung
- die Förderung der Bewegungssicherheit
- die Sensibilisierung für kulturelle Werte

Es wird von einem Balanceprozess im Spannungsfeld zwischen individuellen Verhaltensweisen und den umgebenden Verhältnissen/Bedingungen ausgegangen. Ziele, die sich jede Schule stellt, müssen sich demzufolge sowohl auf die Veränderung der räumlichen, materiellen und personellen Bedingungen als auch auf das Bewegungsverhalten und die Einstellungen zum Bewegen (bei Schülern, Lehrern, Eltern) sowie entsprechende Kompetenzen richten (Erläuterungen dazu in den Einleitungen zu den einzelnen Abschnitten).

2.2 Bereiche und Teilbereiche

Auf der inhaltlich-organisatorischen Ebene lassen sich Bereiche und Teilbereiche unterscheiden (s. Abbildung 1). Eine enge Verzahnung dieser Strukturen wirkt bei vorliegenden Entwicklungsproblemen offensichtlich besonders fördernd.

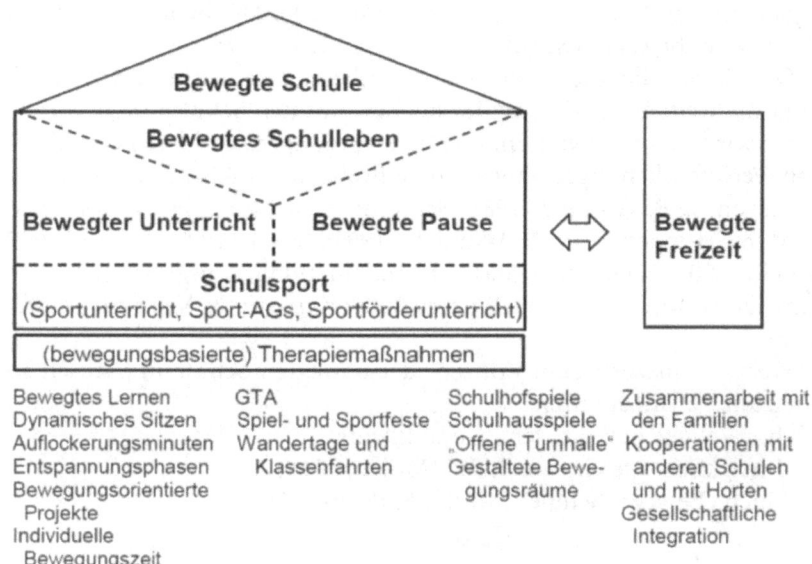

Abb. 1: Bereiche und Teilbereiche der bewegten Schule (Müller & Petzold, 2013; ergänzt mit Therapiemaßnahmen von Dinter, 2013, S. 99)

Für die Übertragung des Konzeptes der bewegten Schule auf Kinder und Jugendliche mit sonderpädagogischem Förderbedarf sollte die Rolle der Therapiemaßnahmen geklärt werden. Diese sind Bestandteil des schulischen Förderplanes sowie im Freizeitbereich. In ihrer Funktion können diese Maßnahmen, auch wenn sie bewegungsbasiert sind, nicht als grundlegender Bestandteil des Konzeptes der bewegten Schule eingeordnet werden. Allerdings müssen Pädagogen im Zusammenhang mit der Planung von Vorhaben im Rahmen der bewegten Schule stets berücksichtigen, dass solche Therapiemaßnahmen eine (zusätzliche) körperliche und kognitive Belastung und Beanspruchung für die jeweiligen Schüler darstellen können – aber auch ein freudvolles Erleben. Nach sinnvollen Verbindungen zwischen der Umsetzung der bewegten Schule und Therapiemaßnahmen und einer abgestimmten Zusammenarbeit von Pädagogen und Therapeuten sollte gesucht werden. An speziell ausgestatteten Förderschulen bieten sich vorhandene Bewegungs- und Therapieräume als besondere ergänzende räumliche Möglichkeiten zur Umsetzung der bewegten Schule an. (Dinter, 2013, S. 99)

Der Unterteilung in Bereiche und Teilbereiche einer bewegten Schule folgt die weitere Gliederung des Buches. Auf den Schulsport als Fundament wird nicht schwerpunktmäßig eingegangen, da hierzu eine Reihe von Veröffentlichungen (aber nur teilweise mit inklusivem Anspruch) vorliegen, z. B. Größing, 1981; Schilling et al., 1982; Haas, 1987; Kiphard & Huppertz, 1987; Winnick, 1995; Sowa, 1997; Schoo, 1999; Scheid, 2002; Sächsisches Staatsinstitut für Bildung und Schulentwicklung, 2004; Rudolph, 2007; Wurzel, 2008; Kapustin & Kapustin-Lauffer, 2009.

Weitere Aussagen zum Konzept der bewegten Schule in Sachsen sowie zum Zertifikat unter:

http://www.bewegte-schule-und-kita.de

Buch „Bewegte Grundschule" (Müller, 2010)

Buch „Bewegte Schule" (Müller & Petzold, 2014)

3 Modifizierungen zum Bereich bewegter Unterricht

Alle Aussagen zu Modifizierungen beziehen sich, wie bereits im Vorwort erwähnt, auf die Bücher „Bewegte Grundschule" (Müller, 2010), „Bewegte Schule" (Müller & Petzold, 2014) sowie die Karteikartensammlungen zum bewegten Lernen (s. Anhang 1). Die Kenntnis der Materialien ist Voraussetzung für das Verständnis der nachfolgenden Ausführungen, denn es werden nicht die einzelnen Beispiele ausführlich beschrieben, sondern nur die Modifizierungen oder auch Einschränkungen.

3.1 Bewegtes Lernen

Bewegtes Lernen ist in unserem Verständnis (Müller, 2010, S. 54–71) eine unmittelbare Verbindung zwischen kognitivem Lernen und Bewegung. Zielstellungen sind die Erschließung zusätzlicher Informationszugänge (1.) sowie die Optimierung der Informationsverarbeitung (2.).

1. Zusätzliche Informationszugänge durch Bewegung

Als Lernkanäle werden hauptsächlich der akustische und optische Analysator genutzt. Über den Bewegungssinn (kinästhetischer Analysator, dessen Rezeptoren sich über den gesamten Körper verteilen), erhält der Schüler zusätzliche Informationen zum Lerngegenstand. Schüler können:
– etwas über Bewegung/über den Körper *empfinden, wahrnehmen, erleben*
– etwas über Bewegung *erfahren, erkennen, begreifen*
– etwas durch Mimik, Gestik, Körpersprache *ausdrücken, mitteilen*
– etwas szenisch *gestalten*
– etwas durch Bewegung *formen, gestalten, verändern*
– etwas durch Unterrichtsgänge *erschließen*

3 Modifizierungen zum Bereich bewegter Unterricht

2. Optimierung der Informationsverarbeitung durch Bewegung

Durch Bewegung kann bereits mit geringer Intensität, wie beim Gehen, die Informationsverarbeitung optimiert werden, da sich die Sauerstoffversorgung des Gehirns verbessert. Psychische Komponenten (nicht mehr still sitzen zu müssen sowie Motivationserhöhung durch eigene Aktivität) tragen dazu bei, das Lernen zu erleichtern und eine Schule zu gestalten, die wirklich vom Schüler (und seinem Bewegungsbedürfnis) ausgeht. So können Schüler:
- *durch Bewegung* Zustimmung oder Ablehnung signalisieren
- *beim Zuwerfen* eines Balles etwas üben, einordnen o. Ä.
- *beim Gehen* durch den Raum Gespräche führen, Aufgaben lösen, sich Informationen einholen oder sich etwas einprägen und am Platz aufschreiben
- *beim Wechseln* der Plätze etwas üben
- *unterschiedliche Arbeitshaltungen* anwenden (Müller, 2010, S. 54–71)

Am Beispiel des bewegten Lernens lässt sich der Balanceprozess im Spannungsfeld zwischen individuellen Verhaltensweisen und den Verhältnissen (s, Abschnitt 2.1) gut verdeutlichen. Mit den Karteikartensammlungen zum bewegten Lernen (s. Anhang 1) liegen für fast alle Fächer eine Vielzahl von Beispielen vor. Ob diese von den einzelnen Lehrkräften auch eingesetzt werden, hängt von deren Einstellungen und Kompetenzen ab. Zentrale sowie schulinterne Fortbildungen können eine Unterstützung geben.

Übergreifende Modifizierungen

- Die konkrete Klassensituation sowie die schulischen Bedingungen sind bei der Auswahl der Vorschläge für das bewegte Lernen zu prüfen und zu berücksichtigen.
- Die Inhalte sind mit den schulart- und teils förderschwerpunktspezifischen Lehrplänen und den vorgesehenen Zeitumfängen abzustimmen.
- Besonders für den Einstieg in das bewegte Lernen sollte ein Grundrepertoire an methodischen Formen als eine Art Fundament gewählt werden, beispielsweise beim Zuspielen eines Balles in unterschiedli-

chen Fächern Grundwissen festigen. Später kann entsprechend der Klassensituation eine größere Vielfalt angeboten werden.
- Die Lehrkraft muss Übungsformen, die Aussagen zur eigenen Familie, zum Selbstkonzept, zur Lebensperspektive u. a. erfordern, mit Feingefühl differenziert einsetzen.
- An geeigneten Stellen sollten Aspekte der realen Lebenswelt von Schülern mit Beeinträchtigungen in Praxisbeispielen zum bewegten Lernen aufgegriffen werden.
- Die Heterogenität der Schülerschaft mit sonderpädagogischem Förderbedarf erfordert sowohl in einem inklusiven Bildungssystem als auch an Förderschulen in verstärktem Maße Differenzierung und Individualisierung. Offene Unterrichtsformen wie Freiarbeit, Stationsarbeit, Wochenplanarbeit, Werkstattarbeit u. a. bieten sich dafür besonders an.
- Gruppen sollten so gebildet werden, dass sich jeder einbringen kann.
- Bei den Beispielen für bewegtes Lernen wurde von einer Schülerzahl von 24 bis 28 ausgegangen. In Integrationsklassen oder bei inklusiver Beschulung sowie in Förderschulen sollte der Klassenteiler geringer sein. Dadurch können die Beispiele hinsichtlich personeller (Schülerzahl, Gruppeneinteilung u. a.), aber auch räumlicher Bedingungen verändert werden.
- Im Sinne der Sprach- und Kommunikationsförderung sollten in allen Förderschwerpunkten Formen des bewegten Lernens mit Sprach- und Sprechanlässen sowie nonverbaler Kommunikation verstärkt eingesetzt werden.
- Formen des bewegten Lernens sollten auch in anderen Teilbereichen wiederholend aufgegriffen werden.

3.1.1 Förderschwerpunkt Lernen

Im Kapitel 1 wurde bereits herausgearbeitet, dass die Gestaltung von Unterricht – ja Schule überhaupt – mit dem profilbildenden Akzent „Bewegung" Kindern und Jugendlichen mit sonderpädagogischem Förderbedarf im Förderschwerpunkt Lernen und häufig auch der emotionalen und sozialen Entwicklung sehr entgegen kommt. Viel Wert muss

3 Modifizierungen zum Bereich bewegter Unterricht

aber darauf gelegt werden, gemeinsam eindeutige Regeln abzusprechen und deren Einhaltung konsequent zu fordern. Nach Formen des bewegten Lernens muss der Übergang zu anderen Methoden ohne Zeitverlust möglich sein und kann durch verhaltensregelnde Symbole o. Ä. unterstützt werden.

Wir ordnen in den Förderschwerpunkt Lernen auch Modifizierungen für Kinder mit AD(H)S ein. Begrenzte Aufmerksamkeitsspannen, leichte Ablenkbarkeit, Impulsivität, Raumorientierungs- und Organisationsstörungen sowie in der Mehrzahl der Fälle Hyperaktivität führen zu Lernschwierigkeiten und Lernproblemen, aber häufig auch zu Verhaltensauffälligkeiten (Farnkopf, 2002). Deswegen sind die Ausführungen im Förderschwerpunkt Lernen im Zusammenhang mit den Vorschlägen in den Abschnitten zur sozialen und emotionalen Entwicklung zu betrachten. Für Kinder mit AD(H)S kann durch das „Ventil" Bewegung ein effektiveres Lernen erreicht werden, da ihr Bewegungsdrang und die daraus resultierende Unruhe in den Lernprozess integriert werden. Bei ihnen muss aber verstärkt darauf geachtet werden, dass ein Bewegungsangebot nicht ablenkt und den eigentlichen Lernprozess überlagert. Sie müssen verstehen, dass nicht die Bewegung, sondern die Mathematikaufgabe oder das Rechtschreibproblem im Mittelpunkt steht. (Schneider, 2008, S. 59) Bewegtes Lernen als Wettbewerbsformen einzusetzen, ist deshalb problematisch.

Aufgrund der psycho-sozialen, kognitiven, körperlich-motorischen Besonderheiten der Schüler müssen beim Einsatz der Beispiele aus den Karteikartensammlungen für das bewegte Lernen in den Klassen 1 bis 4 bzw. 5 bis 9 (s. Anhang 1) bei Schülern mit dem Förderschwerpunkt Lernen neben den übergreifenden Hinweisen in allen Fächern folgende *Vereinfachungen und Differenzierungen* beachtet werden:

Vereinfachungen

- Die vorgeschlagenen inhaltlichen Beispiele sind vielfach zu vereinfachen, z. B. in den Spielanleitungen oder in den Fragestellungen (statt „Sammelfragen" diese splitten). Motorische und kognitive Mehrfachanforderungen müssen entkoppelt werden. Beispiele:

- Mathematik Kl. 1: Die sieben Zwerge; Kl. 2: Formen bilden
- Deutsch Kl. 1: Anfang – Mitte – Ende; Kl. 2: Hüpfende Silben
- Sachunterricht Kl. 1: Ich zeige euch, wer ich bin; Kl. 2: In welchem Monat ist ...; Kl. 3/4: Sehen – Merken – Finden
- Die Beschreibungen der Spiele bzw. Übungsformen sind evtl. sprachlich zu vereinfachen, zu kürzen und klar zu strukturieren (Informationen in leichter Sprache).
- Das Führen von Gesprächen beim Gehen durch den Raum oder das szenische Gestalten können gegebenenfalls durch Frage- und Antwortkarten, durch Tafelbilder mit Schwerpunkten oder Bildern u. a. unterstützt werden, z. B. anhand einer Bildfolge Gedichte bewegt lernen.
- Die Umfänge der schriftlichen Fixierung des gelernten Stoffes müssten reduziert werden. Zur Sicherung der richtigen Schreibweise sollte das Wortmaterial (zumindest am Ende der Übung) zu sehen sein. Beispiele:
  - Mathematik Kl. 3/4: Dreh dich
  - Deutsch Kl. 1: Klangspiel; A, a, a; Kl. 2: Schreiben – einmal anders, Blindes Schreiben, Worthüpfen, Hüpfende Silben; Kl. 3/4: Vergangenheit oder Zukunft
  - Sachunterricht Kl. 3/4: Wie war es früher?

Differenzieren

- Aus der Vielzahl der Anregungen ist eine sinnvolle Auswahl zu treffen und auch differenziert auf Beispiele aus davor liegenden Klassenstufen zurückzugreifen.
- Häufig sind die Schüler überaltert, haben aber teilweise Entwicklungsverzögerungen. Deshalb ist zu bedenken, ob die angeregten Bewegungsaktivitäten und das methodische Vorgehen altersgemäß sind. Teilweise ist ein sehr differenziertes Arbeiten erforderlich.
- Es ist bei Formen des bewegten Lernens, die Körperkontakte oder pantomimisches Gestalten bedingen, kleinschrittig und sensibel vorzugehen, z. B. bei Deutsch Kl. 3/4: Meine Mitschüler pantomimisch darstellen (nicht Mitschüler, sondern Leute allgemein).

3 Modifizierungen zum Bereich bewegter Unterricht

- Die Präsentation von Gestaltungsaufgaben sollte schrittweise angebahnt werden und zuerst vor Kleingruppen erfolgen.
- Für den Erkenntnisgewinn sollten unterschiedliche Wahrnehmungskanäle zur Auswahl angeboten werden, also nicht nur Lernen über Hören und Sehen, sondern wirklich über „Be-greifen" und „Be-wegen". Die in den Karteikartensammlungen unter dem Gliederungspunkt *„Etwas* über den Körper empfinden, wahrnehmen, erleben" vorgeschlagenen Beispiele eignen sich dafür besonders. Andere Beispiele können bei Varianten entsprechend erweitert werden. Dabei sollte das Sammeln unterschiedlicher Materialerfahrungen eine besondere Beachtung finden.

3.1.2 Förderschwerpunkt geistige Entwicklung

Für Schüler mit sonderpädagogischem Förderbedarf im Förderschwerpunkt geistige Entwicklung ist bewegtes Lernen die Hauptzugangsform des Unterrichtens, denn vor allem in der Unter- und Mittelstufe besitzen die meisten dieser Kinder ein großes Bewegungsbedürfnis und freuen sich über eine abwechslungsreiche Gestaltung des Unterrichts. Allerdings sind gerade in diesem Förderschwerpunkt besonders viele Modifizierungen notwendig – und dies bei starker individueller Differenziertheit. Auch ist zu beachten, dass hier die in anderen Förderschwerpunkten auf das bewegte Lernen bezogenen herausgearbeiteten Akzentuierungen aufgegriffen werden müssen, da sie ebenfalls zutreffen – und dann noch verstärkt. So sind noch weitere Vereinfachungen als bei Schülern mit sonderpädagogischem Förderbedarf im Förderschwerpunkt Lernen (s. Abschnitt 3.1.1) notwendig oder auch Bewegungsalternativen (s. Förderschwerpunkt körperliche und motorische Entwicklung, Abschnitt 3.1.3). Die enge Verbindung zu Therapiemaßnahmen und dem entsprechenden Fachpersonal ist unbedingt geboten. Akzentuierungen ergeben sich auch aus dem geringeren Anspruch an das Beherrschen der Kulturtechniken, aus einer notwendigen inhaltlichen Orientierung auf das Handeln in Sinn- und Sachgrenzen, aus dem Lebensweltbezug sowie der Ausrichtung auf den Erwerb alltagspraktischer und sozial-kommunikativer Kompetenzen (Dinter, 2013, S. 103–115).

Als Schwerpunkte sollten bei den Schülern mit Besonderheiten in der geistigen Entwicklung eine angepasste *Reizsetzung* erfolgen, zu den Vereinfachungen zusätzlich *Unterstützungen* gegeben werden und die *Bewältigung von Alltagssituationen* – und dies möglichst häufig im gemeinsamen Handeln – thematisch im Mittelpunkt stehen.

Angepasste Reizsetzung

Reize sind den Wahrnehmungs- und Verarbeitungskapazitäten der Schüler anzupassen, d. h.
- Reizdichte mit Abständen setzen, die den Schülern entsprechende Zeit zum Bearbeiten lassen, aber auch zur Regeneration
- gleiche Reize häufig wiederholen, damit die Verarbeitung verbessert werden kann
- Reize mit starker Intensität und deutlicher Unterscheidung voneinander sowie von der Umwelt verwenden

Wir folgen damit den Vorschlägen von Kröber & Lange (2012) und werden ebenso wie die genannten Autoren ausgewählte Möglichkeiten an wenigen Beispielen verdeutlichen, die dann auf weitere Formen des bewegten Lernens übertragen werden müssen.

Deutsch, Kl. 1: *Neue Buchstaben*
Auf der Karteikarte (Bewegtes Lernen in Klasse 1, s. Anhang 1) werden vorgeschlagen: Buchstaben mit dem Bein/dem Fuß in die Luft/auf den Boden zu schreiben, mit Kreide auf den Schulhof zu malen, auf den Rücken des Partners zu schreiben, mit einem Seil zu legen und zu erfühlen, mit geschlossenen Augen zu schreiben u. a. Diese Formen könnten eine Verstärkung erfahren bei folgenden Reizsetzungen über unterschiedliche Analysatoren, z. B. den neuen Buchstaben ...:
- im Erbsenbad suchen
- in die Sandwanne schreiben
- mit Wollfäden oder Krepppapier großräumig auf Papier kleben
- auf einem Arbeitsblatt mit Hohlbuchstaben in unterschiedlicher Größe diese ausmalen
- mit feuchten Fingern auf die Haut zeichnen

3 Modifizierungen zum Bereich bewegter Unterricht

- mit Fingerfarben/Wachsmalfarben auf Pappe zeichnen
- mit einem Buchstabenstempel drucken
- aus Knete oder Teig formen
- ausgeschnittene Buchstaben aus verschiedenen Materialien (auch ohne Sichtkontakt) erfühlen (Sandpapier, Pappe, Velourspapier, Styropor, Holz u. a.),
(Kröber & Lange, 2012, S. 98)
- mit Balancehalbkugeln legen und abgehen

Ähnlich kann mit Ziffern oder geometrischen Figuren gearbeitet werden.

Mathematik, Kl. 1: *Verborgene Münzen*

Es sollten im Vergleich zur Originalvariante (Bewegtes Lernen in Klasse 1, s. Anhang 1) nur einzelne oder maximal zwei Münzen durch Tasten unterschieden werden. Weitere Reizsetzungen sind möglich durch:
- Münzen in verschiedene Behälter sortieren
- Münzen in Salzteig, Ton oder Knete drücken
- unterschiedliche Schwere der Münzen spüren
- Münzen auf verschiedene Stellen des Körpers des Kindes legen
- Münzen länger in der Hand halten und veränderte Temperatur spüren (Kröber & Lange, 2012, S. 104)

Unterstützungen

Zu den bereits übergreifend sowie im Förderschwerpunkt Lernen vorgeschlagenen Vereinfachungen müssen zusätzlich Unterstützungen gegeben werden, individuell sehr abhängig von den Voraussetzungen. Die Unterstützungen sollten mit den Schülern besprochen werden, denn sie erkennen oftmals sehr gut, welche Hilfen sie brauchen – und welche nicht (LISUM, 2011, S. 21). Es sollten Wahlmöglichkeiten angeboten werden. Die Unterstützungen beziehen sich vor allem auf:
- Visualisierung: Gebärden und Lautgebärden, Körpersprache sowie Gestik und Mimik einsetzen, Bilder bzw. Symbolkarten oder reale Gegenstände zeigen, Elternunterstützung durch Fotos (z. B. zu Wochenenderlebnissen) einholen, Wortmaterial anschreiben, Unter-

schiede farblich kennzeichnen (z. B. die verschiedenen Wortarten), Spiegel nutzen u. a.
- Verbalisierung: Reize lautsprachlich unterstützen, einfache Sprache mit deutlicher Aussprache anwenden, aktionsbegleitendes Sprechen einsetzen u. a.
- Rhythmisierung: Rhythmen vorgeben und nachklatschen beim Zählen, bei der Betonung von Silben, beim Reimen u. a.
- bewegungsführende Hilfe: Hand führen, Anheben von Körperteilen unterstützen, Gegenstände auf Körperflächen legen
- Unterstützung durch Personal oder Mitschüler: Rollstuhl schieben, beim Gehen den Schüler führen oder beim Aufstehen helfen
- Geräteunterstützung: Rollstuhl/Rollator/Rollbrett verbunden mit entsprechendem Platz für Fahrwege, elektronische Hilfsmittel wie Talker oder „Big Mack", Abrollhilfe u. a.
- Wiederholung: bekannte Beispiele in regelmäßigen Abständen und auch in anderen Teilbereichen der bewegten Schule (z. B. in Auflockerungsminuten oder in den Pausen) aufgreifen
- Verbindung zu therapeutischen Unterstützungsformen: z. B. zur „Unterstützten Kommunikation" (ergänzende oder ersetzende Maßnahmen zur Kommunikation über eingeschränkte/nicht mögliche Lautsprache, s. Braun, 1996, S. 341–355) herstellen
- Anwendung von Bewegungsalternativen: individuelle voraussetzungsorientierte Fortbewegungsmöglichkeiten, Bewegungsausführungen und Materialien einsetzen (s. Abschnitt 3.1.3)
- Reduzierungen: Beispiele sinnvoll auswählen, auf das Handeln in Sinn- und Sachgrenzen orientieren, Mehrfachanforderungen vermeiden, eingesetzte Materialien verringern und über einen längeren Zeitraum gleichbleibend einsetzen, statt dem Schreiben oder Legen von Wörtern – Buchstaben in einem Lückentext bzw. -wort ergänzen, auf Wettkampfformen verzichten, den Zeitdruck nehmen und mehr Zeit einplanen, den Zahlenraum individuell einschränken (Dinter, 2013, S. 114–115)

3 Modifizierungen zum Bereich bewegter Unterricht

Bewältigung von Alltagssituationen

Aus der Vielzahl der Beispiele zum bewegten Lernen (besonders der Klassen 1 bis 4) sollten vor allem auch welche ausgewählt werden, die zur Bewältigung von Alltagssituationen beitragen – und dies im gemeinsamen Handeln. Aus den Karteikartensammlungen bieten sich folgende Themenbereiche an:
- Mathematik: Übungen zum Ordnen von Dingen, Orientierung im Raum und Lagebeziehungen, die natürlichen Zahlen (im individuell erarbeiteten Zahlenraum), das Empfinden und Rechnen mit Größen
- Deutsch: Übungen zur Erweiterung des Wahrnehmungsvermögens, die Sicherung und Festigung von Buchstaben und Lauten, das Führen von Gesprächen, das Geben und Aufnehmen von Informationen
- Sachunterricht: Zusammenleben in der Klasse, Gesunde Lebensweise, Begegnung mit Raum und Zeit, Mobil in der Welt (bes. Wahrnehmungsschulung)
- Ethik: Zusammenleben mit anderen, Natur – Mensch – Zeit
- für jüngere Schüler auch Beispiele aus den Broschüren zum bewegten Kindergarten (Müller, 2008, 2015) einsetzen, allerdings alters- und bedarfsorientiert abwandeln
Beispiele aus der mathematischen Bildung: Auf dem Markt, Zahlensuche
Beispiele aus der kommunikativen Bildung: In meiner Freizeit
Beispiele aus der naturwissenschaftlichen Bildung: Obst und Gemüse ordnen, Gesundes Frühstück, Den Körper fühlen, Den Herzschlag spüren

Im Förderschwerpunkt geistige Entwicklung sollten die in den Karteikartensammlungen vorgeschlagenen Beispiele weniger in Spielsituationen, sondern „vor Ort" trainiert werden. So z. B. im Supermarkt: Buchstaben auf Verpackungen suchen, Obst- und Gemüsesorten benennen sowie zeigen und unterscheiden, nach Ansage Dinge im Regal finden (dabei auch Lagebeziehungen üben – wie oben, unten, rechts, links). Auf Unterrichtsgängen können Veränderungen in der Natur mit allen Sinnen wahrgenommen, Orientierungen im öffentlichen Raum und das Verhalten als Fußgänger gefestigt sowie angemessenes Verhalten gegenüber Fremden geübt werden.

(Zuarbeit von Frau Ruttloff, Förderschulzentrum Oelsnitz)

Einschränkungen

Trotz der empfohlenen Modifizierungen ergeben sich für einige Kinder mit Mehrfach- und Schwerstmehrfachbehinderung Einschränkungen bei der Umsetzung der Beispiele aus den Karteikartensammlungen. Es ist auszuwählen, was wirklich sinnvoll ist, zumal bei dieser Schülergruppe weniger die Vermittlung diverser Lerninhalt die Hauptzielstellung ist, sondern die basale Stimulation im Vordergrund steht (Kröber & Lange, 2012, S. 110).

Einschränkungen beziehen sich konkret auf folgende Aspekte:
- Übungen mit geschlossenen Augen oder mit Schreiben auf dem Rücken des Partners sind wegen der fehlenden Anschauung nicht geeignet. Das betrifft die Beispiele mit Fühlen von geometrischen Formen, von Ziffern oder Buchstaben unter einem Tuch oder Spiele wie Stille Post, Ziffern in die Luft, Figuren darstellen.
Auch kann durch das Ausschalten der optischen Kontrolle die Gesamtkoordination beeinträchtigt werden.
- Wegen der erforderlichen Anschaulichkeit und der verringerten Konzentrations- und Merkfähigkeit müssen Lerngegenstände gut sichtbar im Raum und im unmittelbaren Sichtfeld der Schüler zu finden sein (betrifft u. a. die Beispiele: Artikel suchen, Buchstaben-Geburtstag). Aus diesen Gründen eignen sich Beispiele wie Geheime Mengen für die Mehrheit der Schüler nicht.
- Das großflächige Abgehen/Abfahren von Formen, z. B. wenn Buchstaben groß auf den Boden gemalt werden, kann sich wegen Problemen mit der Orientierungsfähigkeit und den Raum-Lage-Beziehungen als ungünstig erweisen. Drehungen sollten weggelassen werden, da diese bei einzelnen Schülern Anfälle auslösen können.
(Dinter, 2013, S. 103–115)

3.1.3 Förderschwerpunkt körperliche und motorische Entwicklung

Die Verbindung von kognitivem Lernen mit Bewegungsformen kann für Schüler mit sonderpädagogischem Förderbedarf in der körperlichen und motorischen Entwicklung zu mehr Mobilität und einem selbstständigeren Fortbewegen, zu mehr Möglichkeiten der Kommunikationsaufnahme und des selbstständigen Handelns beitragen. Sie sollen dabei über Wahrnehmungen und Erfahrungen wichtige Informationen über den eigenen Körper und die eigene Bewegung erhalten. Zudem ist die Bewegung im Unterricht für Schüler dieses Förderschwerpunktes als übergeordnetes Ziel zu formulieren, da die alltägliche Partizipation in Bewegungssituationen auf Grund der Beeinträchtigung vermindert sein kann (Leibiger, 2016).

Aus diesen Gründen sollten im Unterricht mit Schülern aus diesem Förderschwerpunkt bei Beachtung der vorgeschlagenen übergreifenden Modifizierungen (s. Abschnitt 3.1) verstärkt Formen des bewegten Lernens (s. Anhang 1) einbezogen werden. Allerdings muss bezogen auf den einzelnen Schüler und mit ihm gemeinsam sehr genau überlegt werden, wie physische und psychische Überforderungen und daraus resultierende Misserfolge, Schmerzen, Ablenkungen vom eigentlichen Lernstoff u. a. vermieden werden können. Deshalb sind Hilfsmittel und Differenzierungsmöglichkeiten einzusetzen, Stresssituationen wie Zeit- oder Erwartungsdruck zu vermeiden, Mehrfachanforderungen ggf. auf eine Tätigkeit zu beschränken, gegenseitige Unterstützung durch entsprechende Gruppenbildung zu ermöglichen und vor allem sollten Bewegungsalternativen angeboten werden.

Bewegungsalternativen können sich beziehen auf die *Fortbewegungsmöglichkeiten, auf Bewegungsausführungen,* auf den *Einsatz unterschiedlicher Materialien.*

Alternative Fortbewegungsmöglichkeiten

Die Auswahl alternativer Fortbewegungsmöglichkeiten richtet sich natürlich nach der Art der motorischen Beeinträchtigung und ist damit individuell sehr unterschiedlich. Es versteht sich beinahe von selbst, dass bei Bedarf bewegungserleichternde und bewegungsunterstützende Maßnahmen wie (Elektro-)Rollstühle, Orthesen, Rollatoren oder Rollbretter eingesetzt werden sollten. Sie nehmen eigene Bewegungsimpulse auf, verstärken diese und unterstützen eigenaktives und gezieltes Bewegungshandeln. Dafür ist aber ausreichend Platz notwendig. Wenn der Boden von seiner Beschaffenheit geeignet und ausreichend warm ist, können die Schüler alternativ auch kriechen, robben oder auf dem Ge-

säß rutschen. (Brammer, 2011, S. 31) Da in einigen Förderschulen Schwimmbecken für den Sportunterricht vorhanden kann zudem ein Transfer des bewegten Lernens in diese Umgebung als möglicher Lernort genutzt werden. Hieraus ergeben sich umfangreiche Anwendungsmöglichkeiten in Kopplung mit vielfältigen Bewegungserfahrungen, bei denen Auswirkung der Schwerkraft des eigenen Körpers durch die Bewegung im Wasser gemindert wird. (Leibiger, 2016) An Land können für die Bewegungsformen Laufen, Springen, Hüpfen als Fortbewegung alternative Bewegungen mit und ohne Hilfsmittel wie beispielsweise Abfahren bzw. Rollen o. Ä. eingesetzt werden, z. B. bei:
- Mathematik Kl. 1: Rechenreise; Kl. 2: Rechnen mit Spielkarten
- Deutsch Kl. 2: Wanderdiktat, Worthüpfen, Platzwechsel
- Sachunterricht Kl. 3/4: Himmelsrichtungen, Mit dem Kompass üben

Alternative Bewegungsausführungen bzw. alternative motorische Fertigkeiten

Abwandlungen der Beispiele zum bewegten Lernen aus den Karteikartensammlungen sind entsprechend der körperlichen und motorischen Voraussetzungen der Schüler unumgänglich.
- Erfühlen/Ertasten statt mit den Händen mit anderen Körperteilen (auch mit Mund und Lippen) oder mit Hilfe
- statt Laufen am Ort Arm- oder Handbewegungen
- Arbeit in Paaren oder Kleingruppen, damit je nach Beeinträchtigung eine Lösung zumindest durch Aufgabenverteilung erreicht werden kann
- Übungen statt mit den Füßen mit den Händen ausführen bzw. umgekehrt
- Bälle entsprechend der individuellen Voraussetzungen im Stehen, Sitzen oder Liegen statt werfen auf dem Boden/auf dem Tisch rollen
- Bewegungen passiv mit Hilfe eines Partners/der Lehrkraft ausführen
- auf bekannte und teilweise in der Therapie erarbeitete Bewegungsabläufe wie Greif-, Wurf-, Geh- oder Kriechbewegungen zurückgreifen (Brammer, 2011, S. 30)
- Sprünge und andere azyklische Bewegungen, die eine hohe Konzentration und eine schnelle Ausführung erfordern, weglassen (Innenmoser, 2002, S. 41)

3 Modifizierungen zum Bereich bewegter Unterricht

Alternative Materialien

Bei der Auswahl der Materialien ist darauf zu achten, dass sie keine Stresssituationen, Angstzustände oder Schmerzen hervorrufen (Schoo, 2010, S. 41). Es sollten zunächst verschiedene Angebote gemacht werden, die sich in Größe, Gewicht, Form und Material unterscheiden. Der Schüler hat dann die Möglichkeit, daraus das Materialangebot zu wählen, das für ihn passt und mit dem er gut hantieren kann (Rischmüller & Sowa, 1996b, S. 92–93; Brammer, 2011, S. 32). So können beim Zuwerfen eines Balles besser verwendet werden: gut greifbare Softbälle, Noppenbälle, Bohnensäckchen, Knautschbälle, Schaumstoffwürfel, Luftballons, Pezzibälle in unterschiedlichen Größen u. a.

Trotz dieser möglichen Abwandlungen sollte auf Formen des bewegten Lernens, die in einer Lerngruppe nicht zufriedenstellend durchgeführt werden können, eher verzichtet werden (Brammer, 2011, S. 28).

3.1.4 Förderschwerpunkt emotionale und soziale Entwicklung

Bei Schülern mit sonderpädagogischem Förderbedarf im Förderschwerpunkt emotionale und soziale Entwicklung bestehen beim bewegten Lernen (aber auch den anderen Teilbereichen der bewegten Schule) vor allem folgende Probleme: Es gibt zum einen enthemmte (überaktive) Kinder und zum anderen gehemmte Schüler. Des Weiteren sind die Unterschiede im Leistungsverhalten und -vermögen sehr groß. Schüler können durchaus die Lehrplananforderungen der Klassenstufe gut erfüllen, bei anderen liegen (auch durch die Verhaltensauffälligkeiten über einen längeren Zeitraum) Lernbeeinträchtigungen vor. Aus diesen Gründen sind Differenzierung und Individualisierung wesentlich beim methodischen Vorgehen.

Das bewegte Lernen kann viele positive Effekte für alle diese Schüler bieten, allerdings bei Beachtung von einigen Einschränkungen (s. unten). Aus den in den Karteikartensammlungen (s. Anhang 1) vorgeschlagenen Beispielen sollten besonders solche verstärkt zum Einsatz kommen, die *zusätzliche Körper- und Materialerfahrungen, das szenische Gestalten sowie den Aufbau positiver Beziehungen zu anderen* ermöglichen. (Auswahl der Beispiele vorrangig durch Lippert, 2013, S. 54–72, bei Konzentration auf fünf Fächer der Klassen 5–10/12; sinngemäß sind die Beispiele auf andere Fächer sowie auf die Grundschule übertragbar)

Zusätzliche Körper- und Materialerfahrungen

Beispiele, die Körper- und Materialerfahrungen ermöglichen, müssten verstärkt eingesetzt werden, wobei Körpererfahrungen sich auf den eigenen Körper konzentrieren sollten. Das Entdecken des eigenen Körpers kann zum Finden eines positiven Selbstbildes führen (Kiphard, 1993, S. 693–694).

- Biologie: Knochen ertasten, Beuger – Strecker, Wir trainieren die Muskeln, Erste Hilfe bei Krämpfen, Kniesehnenreflex, Mein Tastsinn, Orientierung in der Ebene, Wohin zeigen meine Finger? Der Wald als Bewegungsraum, Pflanzen bestimmen, Bäume durch Blätter erkennen, Pflanzen-Orientierungslauf, Die Geschichte vom wandernden Zucker
- Englisch: How does it feel? Keep fit, The monument
- Deutsch: Gedichte bewegt lernen, Das Auf und Ab im Versmaß, Satzgliedpuzzle, Wortfelder gestalten, Ober- und Unterbegriff
- G/R/W (Gemeinschaftskunde/Recht/Wirtschaft): Geldstrahl, Soziales Netz, Länder der EU, Grundbegriffe
- Mathematik: Aufgaben fühlen, Mathematische Ausdauer, Figuren darstellen, Figuren erfühlen, Verpacken, Lebende Winkel, Memory, Aufgaben-Domino, Quadratzahlen, Magische Quadratzahlen, Figuren aus Seilen, Funktionsexpedition, Sitzverteilung, Wo finden wir geometrische Formen und Körper?

Szenisches Gestalten

In den Materialsammlungen zum bewegten Lernen sind für alle Fächer Beispiele vorgeschlagen unter den Zielaspekten: Etwas durch Mimik, Gestik, Körpersprache ausdrücken und mitteilen sowie szenisch gestalten. Diese Beispiele bieten gute Gelegenheiten, Emotionsäußerungen zu bewirken und die positive Aufmerksamkeit auf sich zu ziehen. Dadurch erhalten enthemmte Schüler Anregungen sich (positiv) darzustellen. Gehemmte Schüler können motiviert und geöffnet werden. Nonverbale Formen (Mimik, Gestik und Körpersprache) sind zu bevorzugen, da in diesem Förderschwerpunkt häufig auch sprachliche Schwierigkeiten vorliegen. Des Weiteren kann Konfliktpotential durch gegenseitige Beleidigungen, Provokationen sowie durch Missverständnisse eingeschränkt werden. (Lippert, 2013, S. 59)

- Biologie: Säugetiere erraten
- Englisch: Pantomime, Go on a journey, Vocabulary mimes, He's walking
- Deutsch: Telefonieren, Am Wochenende, Bewegungsgeschichten, Sportreporter, Imitator, Werbespots, Meine Geschichte (pantomimische Darstellung unterstützt Gefühlsäußerung), Stegreifspiel, Spiel mit Stockpuppen, Pantomime, Schülertheater, Spieler – Gegenspieler
- G/R/W: Ich habe das Recht ..., Nachspielen von politischen Situationen
- Mathematik: Rasender Reporter, Partner gesucht (nonverbal bevorzugt), Selbsterkenntnis (ebenso)

Aufbau positiver Beziehungen zu anderen

Kleingruppenarbeit kann soziale Interaktionen unterstützen. Beispiele aus dem bewegten Lernen sollten auch unter dem Aspekt ausgewählt werden, dass ein Ergebnis nur mit gemeinsamen Absprachen und Anstrengungen erreicht werden kann. Der Arbeit in Kleingruppen ist der Vorrang gegenüber Arbeitsweisen im Klassenverband zu geben und die Beispiele für das bewegte Lernen entsprechend zu modifizieren.

In einer Reihe von Beispielen können die Schüler üben, ihre eigenen Vorstellungen zu äußern, Meinungen auszutauschen und über das Handeln zu reflektieren.

- Biologie: Reporter, Förster spielen, Pro und Kontra, Gesunde oder zerstörte Natur, Geräuschelandkarte anfertigen
- Englisch: Weekend experience, Finding stories, Stories in pictures, Word corners, Leisure games, Newspapers and magazines, Experiencing countries, Planning a trip

- Deutsch: Vier-Ecken-Spiel, Podiumsdiskussion, Werbespots, Spieler – Gegenspieler
- G/R/W: Wie kann ich mich politisch beteiligen? Welche Grundrechte gibt es? Berichterstattung, Radiosendung, Was meinst du?
- Mathematik: Einkaufen, Auf der Bank, Wann fährt unser Zug? Wir besuchen eine Ausstellung, Wie viele passen in …? Kreisbetrieb, Erkläre mit …! Rasender Reporter

Klare Strukturierung

Im Förderschwerpunkt emotionale und soziale Entwicklung sind klare Strukturierungen der jeweiligen Unterrichtsabläufe und -bedingungen notwendig. Das erleichtert das Lernen für die Schüler in diesem Förderschwerpunkt und hilft, feste Handlungsmuster anzubahnen. Dazu gehören für das bewegte Lernen in Anlehnung an Mutzeck (2000, S. 226):

3 Modifizierungen zum Bereich bewegter Unterricht

- Strukturierung der Umgebung: Optimale Raumgröße (zu weitläufige Räume mit zu viel Materialien lenken ab und verunsichern, in zu kleinen Räumen kann sich der Bewegungsdrang nicht entfalten und Berührungsängste werden zusätzlich provoziert)
- Strukturierung des Lernangebots: Klar strukturierte Aufgaben, Auswahl und Gestaltung der Aktivitäten und Materialien sowie Lenkung der Aufmerksamkeit durch Reizverstärkung
- Zeitstrukturen: Kurze Arbeitsphasen sowie Zeitabsprachen dazu, wann die jeweilige Form des bewegten Lernens beginnt und endet
- Strukturierung der (Bewegungs-)Abläufe: Zuerst Frage nennen, dann den Namen aufrufen und erst danach den Ball zu dem Mitschüler rollen, der antworten soll
- Strukturierung der Belohnungsmaßnahmen (Mutzeck, 2000, S. 226): Anwendung von Verhaltensmodifikation und spezifischen Interventionstechniken (Lippert, 2012)
- Strukturierung der Ermahnungen/Sanktionen: An der Lärmampel mit Namensklammern (siehe Foto) den Schülern signalisieren, dass ein Störverhalten vorliegt; klare Regeln vereinbaren, z. B. bei Gelb – Ermahnung (3 x), bei Rot – Sanktion (Walter, 2017)

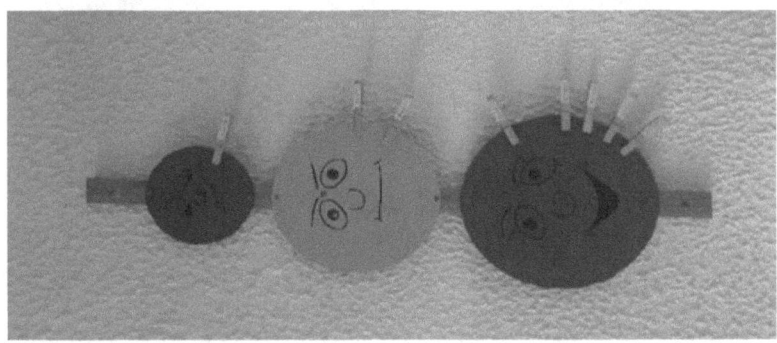

3.1 Bewegtes Lernen

Einschränkungen

Für einige Beispiele aus dem bewegten Lernen ergeben sich je nach den Verhaltensproblemen und -weisen der konkreten Schüler und auch in Abhängigkeit von der Tagesform teilweise Einschränkungen und besonders zu beachtende Aspekte:
- Beim selbstständigen Arbeiten muss der Lehrer unterstützen, korrigieren ggf. disziplinieren.
- Formen, die Unruhe provozieren – z. B. wenn viele Schüler durcheinander reden (Englisch: Boss and secretary), sind nur bedingt einzusetzen – ebenso Wettkampfformen wegen des emotionalen und sozialen Druckes (z. B. Deutsch: Fremdwortlauf; Mathematik: In die Ecke, Eckenrechnen, Rechenstaffel).
- Das Einordnen, Memorieren oder Abfragen von Fachwissen in Verbindung mit dem Zuwerfen eines Balles ist behutsam einzuführen und mit klaren Regeln zu verbinden (nicht zu weit und zu scharf werfen, alle einbeziehen usw.).
- Beispiele, die eine Begegnung mit Passanten oder den unbeaufsichtigten Aufenthalt außerhalb des Schulgeländes erfordern, sollten nicht eingesetzt werden (z. B. Deutsch/ Sprachkultur: Straßenrallye; Sozialkunde: Familien im Wandel).
- Formen mit geschlossenen Augen sind sehr behutsam einzuführen (z. B. Deutsch: Mit geschlossenen Augen; Raumgefühl).
- Beispiele, die die persönliche Familiengeschichte oder „schwierige" Themen bezüglich der Vorgeschichte der Schüler betreffen, sind nicht zu empfehlen (z. B. Deutsch: Meine Geschichte; G/R/W Eltern-Kind-Gespräch).
- Aufgabenformen, bei denen ein stark räumliches Vorstellungsvermögen verlangt wird, sind problematisch (z. B. Mathematik: Räume zeichnen, Spiegelbild – evtl. mit Hilfe; Funktionsball).
- Überflüssige Reize, die nichts mit dem Unterrichtsverlauf zu tun haben, sollten beschränkt werden (z. B. Varianten mit Öffnen der Fenster oder Einbeziehung von Fluren oder Treppen eher nicht einsetzen). (Lippert, 2013, S. 54–75)

3 Modifizierungen zum Bereich bewegter Unterricht

3.1.5 Förderschwerpunkt Sprache

Bewegtes Lernen ist für Schüler mit sprachlichen Problemen besonders entwicklungsfördernd, da in allen Fächern eine enge Verbindung zwischen

dem eigentlichen Lerngegenstand – der Sprache – der Bewegung

erreicht werden kann, was sonst nicht unbedingt gegeben ist. Bewegtes Lernen bietet auch die Möglichkeit, sich teilweise kongruent gegenüberstehende Konzepte zu verbinden. So können beispielsweise für Kinder mit Problemen im Schriftspracherwerb (LRS) symptomspezifische Ansätze, bei denen das Lesen und Schreiben im Mittelpunkt stehen, mit alternativen Förderprogrammen wie Psychomotorik durch das bewegte Lernen sinnvoll verknüpft werden (Huber, 2013, S. 48, Beispiele im Anhang 2)

Kommunikative Sprachanlässe

Bei der Auswahl von Beispielen (und nicht nur für den Schwerpunkt Sprache) sollten verstärkt Formen mit *kommunikativen Sprachanlässen* einbezogen werden. Diese sind in den Materialien zum bewegten Lernen in allen Klassenstufen sowie Fächern (s. Anhang 1) in den Übersichten vor allem zu finden unter:
– Zusätzlicher Informationszugang: Formen des szenischen Gestaltens (diese sind verstärkt einzusetzen und auszubauen)
– Optimierung der Informationsverarbeitung durch Bewegung: Gehen durch den Raum, verbunden mit dem Führen von Gesprächen oder mit dem Austausch von Informationen. (s. Beginn des Abschnittes 3.1.)

Darüber hinaus sollten Formen der Partner- oder Kleingruppenarbeit bzw. entsprechend angegebene Varianten bevorzugt eingesetzt oder solche ergänzend gefunden werden, zum Beispiel in:
– Mathematik Kl. 3/4: Wir kegeln, Geheimschrift, Höchstens 1000, Spüren der Zahlen, Additionsweitwurf, Münzen werfen, Umrechnen, Zeit schätzen, Spiegelsymmetrische Zwillingsstatuen u. a.

- Deutsch Kl. 3/4: Mit der Hand des „blinden Nachbarn" schreiben, Vergangenheit oder Zukunft, Kettenwörter, Wortfamilien, Wörterball, Lustige Sätze u. a.
- Sachunterricht Kl. 3/4: Dem Geräusch folgen, Blind im Dschungel, Zuckball, Unsere Muskelkraft, Balancieren u. a.

Weitere Modifizierungen der Vorschläge zum bewegten Lernen für Schüler mit dem Förderschwerpunkt Sprache können in der zusätzlichen begleitenden *Verbalisierung bzw. Verdeutlichung von Sprache durch Bewegung, in der Rhythmisierung und der schriftlichen Fixierung* liegen.

Begleitende Verbalisierung von Bewegungsaufgaben bzw. der Verdeutlichung von Sprache durch Bewegung

Dabei können Tätigkeiten kommentiert oder eine zusätzliche Verbindung von Sprache und Bewegung hergestellt werden.
  Beispiele aus den Karteikartensammlungen:
- Mathematik Kl. 1: Bewegungsaufgaben; Kl. 2: Springrechnen; Kl. 3/4: Gegenstände betrachten
- Deutsch Kl. 1: Was tu ich?, Tu, was du liest! Buchstaben-/Lauthüpfspiel, Silbenhüpfen, Groß oder klein?; Deutsch Kl. 3/4: Gedichte darstellen
- Sachunterricht Kl. 1: Wasser, Erde, Luft; Kl. 2: Berufe raten (aber Tätigkeiten kommentieren), Wochen-Hüpfkästchen (Wochentage nennen)

Andererseits sollte unter der Sicht der gegenseitigen Beeinflussung aber auch Sprache durch Bewegungen verdeutlicht werden. Hierbei bietet sich der Einsatz von Lautgebärden an, aber auch das Untermalen von sprachlichen Äußerungen durch Schwünge u. a. Beispiele:
Deutsch Kl. 1: ABC-Gymnastik; Deutsch Kl. 2: Wörtermaler

Synthese von Lauten

Aufgabe der Schüler ist es, die Laute M-A, M-I und M-U zu synthetisieren. Sie laufen dazu zwischen den Bänken/Tischen/Stühlen/Hocker entlang und produzieren den Laut, welcher auf der jeweiligen Bank angegeben ist. Blätter mit der Darstellung der Buchstaben auf dem Hindernis dienen zur Visualisierung (evtl. Atempausen geben!).

3 Modifizierungen zum Bereich bewegter Unterricht

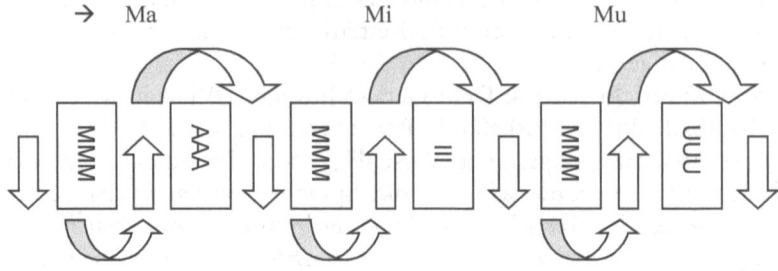

Varianten:
- Synthese von Silben, z. B. MA-LEN
- Im Bereich der Wortschatzerweiterung (s. Anhang 5) kann diese Form zusätzlich zur Anreicherung des Wortlexikons in einem bestimmten Themengebiet genutzt werden,
z. B. Verben: malen, schreiben, hüpfen, kriechen ...(Leibiger & Gerber, 2012)

Verknüpfung sprachliche Anforderungen mit Elementen der Rhythmisierung

Beispiele aus den Karteikartensammlungen:
- Mathematik Kl. 3/4: Summand plus Summand
- Deutsch Kl. 1: Synthesespiel; Deutsch Kl. 2: Hüpfende Silben
- Sachunterricht Kl. 2: Wer will fleißige Handwerker sehen, Es war eine Mutter ..., Laurentia; Kl. 3/4: Wasserstärken, Es klappert die Mühle ...

Silbenspiel

In dieser Übung werden durch die Schüler Verben ausgewählt, welche eine Handlung darstellen. Diese werden rhythmisch in Silben ausgesprochen. Alle Schüler wiederholen mehrfach das vorgegebene Wort und führen die dazugehörige Bewegungsaufgabe aus. (Beispielwörter: lau-fen, krie-chen, ba-lan-cie-ren, mar-schie-ren, tor-keln, dre-hen, schlei-chen usw.) Durch Anwendung von anderen Wortgruppen (Kleidungsstücke, Automarken usw.) oder suchen von Wörtern mit einer Silbe

(Hut), zwei Silben (Lam-pe) usw., wobei jede Silbe von den Schülern gehüpft wird, kann dieses Spiel variiert werden. Bei dieser Übung stehen vor allem das bewusste Aussprechen der einzelnen Laute und die Zerlegbarkeit der Wörter in Silben im Vordergrund. Weiterhin entwickeln die Kinder durch das Zerlegen und wieder Zusammenfügen der Silben ein Sprachgefühl. Bei der Anwendung der Bewegungsverben legen die Schüler bestimmte Strecken zurück, wodurch sie zusätzlich, anhand der räumlichen Erfahrung, ein kurzes oder langes Wort wahrnehmen (Zimmer, 2009, S. 168 – 169.). (Leibiger & Gerber, 2012)

Variante: Spiel mit weiteren Verben: bü-cken, win-ken, klat-schen, stamp-fen, ha-cken, ver-beu-gen, tan-zen, stol-zie-ren, hüp-fen, spa-zieren usw. (Huber, 2013, S. 31).

Rhythmische Reime

Reime lassen sich sehr gut rhythmisch begleiten. Passende Formen sollten von den Schülern zunehmend selbst gefunden werden. Bei rhythmischen Reimen kann, entsprechend einer Zielstellung der bewegten Schule, auch „altes Spielgut" aufgegriffen werden.

Suche den Reim

Auf dem Haus ist ein Dach,
durch das Dörflein fließt ein ... (Bach).
Kinder machen gerne ... (Krach).
Wenn du es errätst, dann ... (lach)!
(Borde-Klein, Arndt & Singer, 1986, S. 49)

Rhythmische Begleitung mit Stampfschritten am Ort o. Ä.

Gegensätze

Eins – zwei – drei	Eins – zwei – drei
alt ist nicht neu,	alt ist nicht neu,
neu ist nicht alt,	arm ist nicht reich,
warm ist nicht kalt,	hart ist nicht weich,
kalt ist nicht warm,	frisch ist nicht faul,
reich ist nicht arm.	Ochs ist kein Gaul.
(Losch, 1957, S. 139)	

Klatschbegleitung:
- Klatschen an der linken Körperseite – auf die Oberschenkel – an der rechten Körperseite, dann widergleich
- eigene rhythmische Begleitungen von den Kindern (auch in Paaren) finden lassen

Beim Umgang mit rhythmischen Reimen sollte der Lehrer folgende Aspekte beachten:
- Verbildlichung/Visualisierung der Reime (Beispiel s. Anhang 7)
- Verwendung bekannter Wörter/Erläutern von unbekannten Wörtern
- Vermeidung zu langer, verschachtelter Reime, kompakte Sätze nutzen
- zur Verdeutlichung der Reime die Reimwörter farbig markieren
- Verwendung von Reimen im Lern- und Unterrichtskontext, z. B. zum Thema Jahreszeiten und deren Merkmale

Die Jahreszeiten (Leibiger & Gerber, 2012)

Im Frühling taut der letzte Schnee,
es blühen Blumen und der Klee.
Der Sommer ist die wärmste Jahreszeit,
wir machen uns zum Baden bereit.

Im Herbst fallen die Blätter von den Bäumen,
die müssen wir vom Schulhof wegräumen.
Im Winter fällt viel Schnee,
zugefroren ist der See.

Varianten:
- Reimsuchspiele: Den Schülern werden vier Bildkarten präsentiert, die Reimpaare sollen gefunden werden, z. B. Maus – Haus – Frosch – Baum
- Dosenwerfen: Dosen mit Reimwörtern werden mit (Soft-)Bällen abgeworfen. Nach dem Öffnen soll das richtige Reimwort/Reimvers gefunden werden.
- eigene Reime erstellen und mit Rhythmen verbinden, evtl. auch hier Bilder vorgeben, aus denen ein Reim konstruiert werden soll
- Gedichte lernen, z. B. ein Begrüßungs- und Verabschiedungsgedicht
- Reimlieder (Leibiger & Gerber, 2012)

Schriftliche Fixierung (oder Verwendung von Graphem)

Einige Beispiele aus den Karteikartensammlungen sollten für bzw. von sprachbeeinträchtigten Schülern zusätzlich schriftlich fixiert werden. Beispiele:
- Deutsch Kl. 1: Buchstaben entdecken, Vogel-V, Gelesen?
- Deutsch Kl. 3/4: Die vier Fälle, Richtig oder falsch (Schreibweise an der Tafel verdeutlichen), Turnende Wörter (anschließend schriftlich fixieren)

Die schriftliche Fixierung oder auch das nonverbale Ausdrücken können als alternative Mitteilungsform bei situationsbedingtem Versagen angeregt und toleriert werden (Meyer, 2009, S. 76). Bei diesen schriftlichen Formen können die Anforderungen je nach sprachlicher Zielsetzung auch sehr gut individuell gestellt werden, z. B. bei Deutsch Kl. 3/4: Wanderaufgaben.

3.1.6 Förderschwerpunkt Hören

Hörgeschädigte Kinder und Jugendliche benötigen für ein erfolgreiches Lernen hörgeschädigtenspezifische Voraussetzungen, u. a. schallgedämmte Decken, Räume mit Teppichböden, das Sitzen im Halbkreis, um das Mundbild zu erkennen, ein hohes Maß an Visualisierung sowie eine ruhige Lernatmosphäre ohne zusätzliche Störgeräusche. Für die

3 Modifizierungen zum Bereich bewegter Unterricht

Einführung wichtiger Unterrichtsinhalte stellt der Frontalunterricht einen unschätzbaren Wert für die Vermittlung schulischen Wissens dar und sollte durch bewegte Unterrichtselemente ergänzt werden.

Durch die Probleme hörgeschädigter Schüler im Spracherwerb und in der Artikulation ist das Unterrichten in Form des bewegten Lernens besonders sinnvoll. Die enge Verbindung zwischen Sprache und Bewegung kann helfen, Sprache zu produzieren, zu verstehen und sie greifbar zu machen. Viele Beispiele aus den Karteikartensammlungen zum bewegten Lernen können mittels kleineren Abwandlungen Anwendung finden. Die im Anhang 8 gegebenen Hilfen und Hinweise zur Kommunikation mit hörgeschädigten Schülern sind zu beachten. (G. Richter, 2018)

Adaptionen

Aufgrund der eingeschränkten auditiven Merkfähigkeit bei hörgeschädigten Schülern ist es sinnvoll, verbale Informationen zu vereinfachen und durch Visualisierungen zu unterstützen.

Verbale Informationen vereinfachen/anpassen
- kurze und prägnante Sätze, eindeutige (Teil-)Aufgaben und Fragestellungen
- deutliche Aussprache mit angemessener Lautstärke, Mundbild erkennbar, nicht gleichzeitig Hören und Schreiben (Lippenlesen ist notwendig)
- klare Strukturierung, ggf. Gliederung in Sinnabschnitte, Beschränkung der Informationen, Regel: Nur einer spricht.
- Wiederholung wichtiger Wörter und deren Visualisierung durch lautsprachbegleitende Gebärden, Einbau von „Denkpausen", Zeitverlängerung
- Nutzung technischer Hilfsmittel wie Funkübertragungsanlagen, Klassenhöranlagen sowie Mittel der Visualisierung (SBI, 2014, S. 15–23)

Visualisierung/Veranschaulichung
- sprachbegleitender Einsatz von Mimik/Gestik und lautsprachbegleitenden Gebärden
- Nutzung der interaktiven Tafel
- Hörtexte auch in schriftlicher Form
- Verdeutlichung/Veranschaulichen prägnanter Wörter/Inhalte durch Bewegung (s. Beispiel Rotkäppchen)

Beispiele aus den Karteikartensammlungen:
Kl. 1–4
- Mathematik Kl. 1: Links oder rechts?; Kl. 2: Rechnen auf dem Zahlenstrahl, Insellauf; Kl. 3/4: Dreh dich!, Geheimschrift, Arme heben!
- Deutsch Kl. 1–4: Gedichte darstellen; Kl. 3/4: Die vier Fälle, Wörtliche Rede – ganz anders, Kuckucksei

Kl. 5–10
- Deutsch: Gedichte bewegt lernen, Das Auf und Ab im Versmaß, Groß oder klein
- Biologie: Weg der Nahrung im Körper, Der Wald auf der Leine
- Englisch: Creating words, Preposition chaos
- Geschichte: Zeitstrahl, Vorher oder nachher?
- Ethik: Ernährungskreis, Feiertage, Meinungslinie
- Geographie: Orientierungsspiel, Ordnen nach Zeitalter
- Chemie: Formelsprache – schwere Sprache, Flüssig – gasförmig – fest
- Physik: Elektronen, Alles dreht sich

Rotkäppchen

Benötigt werden ausreichend Teppichfliesen in verschiedenen Farben. Diese werden auf dem Boden verteilt und jedes Kind setzt sich auf eine. Jede Farbe der Teppichfliesen steht dabei für ein prägnantes Wort, welches im gewählten Text regelmäßig wieder auftaucht. Am Beispiel des Märchens Rotkäppchen könnten das die Wörter Rotkäppchen (rote Teppichfliese), Großmutter (blaue Teppichfliese), Wolf (graue Teppichfliese) und Wald/ Bäume (grüne Teppichfliese) sein. Nun liest die Lehrkraft den Text vor und immer, wenn eines der gewählten Wörter auftritt, stehen die Kinder, die auf den passenden Fliesen sitzen auf und stellen den gelesenen Textinhalt pantomimisch dar. Als Beispiel könnte der Satz „Rotkäppchen läuft durch den Wald" auftauchen: Dann stehen die

Kinder auf den grünen Teppichfliesen auf und stellen Bäume dar, die Rotkäppchenkinder laufen kurz zwischen den Waldkindern entlang.

Diese Spielidee kann auch leicht auf andere Texte, die gerade Thema im Deutschunterricht sind, übertragen werden. Dabei können die Schüler intuitiv und kreativ handeln und die Texte werden vergegenständlicht. (L. Richter, 2014, S. 30–31)

Dialogische Gesprächsanlässe

Für Schüler mit dem Förderschwerpunkt Hören ist der Erwerb von kommunikativen Kompetenzen von großer Bedeutung. Deshalb ist es wichtig, im Unterricht immer wieder Situationen zu schaffen, in denen sie sich zu zweit oder in einer Kleingruppe dialogisch verständigen.

Beispiele hierfür sind vor allem im Deutschunterricht unter der Rubrik des mündlichen und schriftlichen Sprachgebrauchs zu finden (Erzählen und Zuhören, Gespräche führen sowie Informationen geben und aufnehmen). Doch auch in anderen Fächern sind vermehrt Möglichkeiten für dialogische Gesprächsanlässe aus den Karteikartensammlungen auszuwählen.

Beispiele:
Kl. 1–4
- Mathematik Kl.1: Die sieben Zwerge, Mehr als, weniger als, gleich viele?; Kl. 2: Messen – einmal anders; Kl. 3/4: Höchstens 1000
- Deutsch Kl. 1: Grenzgänger, Was machst du heute?; Kl. 2: Märchenrätsel; Kl. 3/4: Haltungen beim Schreiben, Reporter
- Sachunterricht Kl. 1: Wie kann man auf einem Stuhl sitzen?; Kl.2: Individuelle Bewegungsfreiheiten erkunden

Kl. 5–10
- Deutsch: Verkaufsgespräche, Podiumsdiskussion
- Mathematik: Pausenhofgestaltung, Geldumtausch, Einkaufen
- Englisch: Family, Weekend experience
- Biologie: Förster spielen, Pro und Kontra
- Geographie: Reiseleiter, Positionen beziehen
- Geschichte: Kinderspiele im Mittelalter, Geschichte spielen, durch die Hallen wandeln

- G/R/W: Eltern-Kind-Gespräch
- Ethik: Konflikte mit den Eltern
- Physik: Warum ist das so? Grundbegriffe

Sollen dialogische Gesprächsanlässe geschaffen werden, ist es wichtig, die Schüler immer wieder an die Hinweise für die Kommunikation mit hörgeschädigten Schülern (siehe Anhang 8) zu erinnern und auf deren Anwendung zu achten. (L.Richter, 2014, S. 31)

Ebenso wie für kommunikative Sprechanlässe (Abschnitt 3.1.5) sind auch für hörbeeinträchtigte Schüler weitere Beispiele aus den Karteikartensammlungen zu empfehlen, die jeweils eingeordnet sind unter:

Zusätzlicher Informationszugang – Formen des szenischen Gestaltens

Schulung der Phonembewusstheit

Aufgrund der oft verzerrten Hörweise und der dadurch entstehenden schlechteren Diskriminationsmöglichkeiten ist es für hörgeschädigte Schüler besonders wichtig, die Phonembewusstheit zu schulen.

Lebendiges Memory

Zwei Kinder sind die Spieler. Die restlichen Schüler verteilen sich im Raum und stellen die Memory-Karten dar. Sie erhalten jeweils eine Karte mit einem Wort, wobei immer zwei Wörter mit dem gleichen Laut beginnen. Nun wird nach den bekannten Memory-Regeln gespielt. Eines der beiden Spielerkinder beginnt und geht nacheinander zu zwei der Kartenkinder. Diese nennen ihr Wort. Wird ein Paar von Wörtern mit dem gleichen Anlaut gefunden, gehen die zugehörigen Kartenkinder vom Spielfeld und können nun den Spielern helfen. (L. Richter, 2014, S. 32)

Wo klingt es anders?

Die Lehrkraft liest immer zwei Wörter vor, die sich in genau einem Laut unterscheiden (zum Beispiel: Haus – raus). Nun sollen die Schüler entscheiden, an welcher Stelle sich die Wörter unterscheiden. Unterscheiden sich die Laute am Wortanfang so hocken sich die Kinder hin, klingen die Wörter in der Mitte unterschiedlich, strecken sie ihre Arme zur

3 Modifizierungen zum Bereich bewegter Unterricht

Seite und klingt das Wortende unterschiedlich, stellen sie sich auf ihren Stuhl. (L.Richter, 2014, S. 32–33)

Wo hörst du den Laut?

Dieses Spiel funktioniert nach dem gleichen Prinzip wie das vorher beschriebene, nur dass die Lehrkraft hier immer nur ein einzelnes Wort vorliest und die Schülerinnen und Schüler dazu auffordert, ein bestimmtes Phonem zu lokalisieren (zum Beispiel ‚m' in ‚Hammer': Arme zur Seite strecken). (L. Richter, 2014, S. 33)

Weiterführende Medienempfehlungen für die Umsetzung des bewegten Lernens:

Dinter, A. & Müller, C. (2008). *Bewegte Schule gestalten – Ideen aus „Bewegten und sicheren Schulen".* Meißen: Unfallkasse Sachsen.

Köckenberger, H. (2005). *Bewegtes Lernen: Lesen, schreiben, rechnen lernen mit dem ganzen Körper* (6. Aufl.). Dortmund: borgmann publishing.

Lernen konkret (2003). Themenheft: *Lernwelten in Bewegung setzen ... Lernen konkret*, 22(4).

Sowa, M. (Hrsg.). (2000a). *„Das reißt uns vom Hocker!": Lernwelten in Bewegung.* Dortmund: Verlag modernes Lernen.

3.2 Dynamisches Sitzen

Bei der Problematik des Sitzens wird das Bedingungsgefüge zwischen Veränderungen des Verhaltens und der Verhältnisse besonders deutlich (s. auch Abschnitt 2.1). In unserem Konzept bilden verhaltensorientierte Maßnahmen (2.) einen Schwerpunkt, ergänzt durch derzeitig realisierbare Veränderungen der Verhältnisse/Bedingungen (1.). (Müller, 2010, S. 69)

3.2 Dynamisches Sitzen

1. Veränderung der Sitzbedingungen

Die Sitzbedingungen können für die Schüler durch das individuelle Anpassen der Schulmöbel an die Körperhöhe, durch alternative Sitzgelegenheiten (Sitzbälle, Sitzkissen, Teppichfliesen u. a.) sowie durch ergonomische Schülerarbeitsplätze verändert werden.

2. Befähigung zu einem bewegten Sitzverhalten

Die wesentliche Aufgabe besteht in der Befähigung der Schüler, für den Körper ungeeigneten Rahmenbedingungen mit entsprechenden Verhaltensweisen selbstbestimmt und selbstständig zu begegnen. Dynamisches Sitzen bedeutet einen häufigen Wechsel der Sitzpositionen. Die Schüler lernen, dass sie keine konstanten Haltungsmuster einnehmen, dass sie zwischen Sitzpositionen wechseln, Entlastungshaltungen, Sitzvarianten bzw. alternative Arbeitshaltungen anwenden und Entlastungsbewegungen selbstständig ausführen, siehe Abbildungen in den Büchern „Bewegte Grundschule" (Müller, 2010, S. 74–76) bzw. „Bewegte Schule" (Müller & Petzold, 2014, S. 75–89).

Übergreifende Modifizierungen

Ergonomische Schülerarbeitsplätze, bei denen Tische, Stühle und Lehnen höhenverstellbar sind, wären für alle Schüler wünschenswert, für Schüler mit sonderpädagogischem Förderbedarf sind sie aber dringend erforderlich. Denn gerade in Klassen an Förderschulen können das Alter und demzufolge auch die körperliche Entwicklung sehr stark voneinander abweichen. Das Sitzmobiliar muss individuell angepasst sein.

Darüber hinaus ergeben sich für die Förderschwerpunkte Lernen, emotionale und soziale Entwicklung sowie Sprache kaum Notwendigkeiten für Modifizierungen – ganz anders dagegen für die Förderschwerpunkte geistige Entwicklung, körperliche und motorische Entwicklung sowie Hören.

3 Modifizierungen zum Bereich bewegter Unterricht

3.2.1 Förderschwerpunkt Lernen

Diese bereits unter den übergreifenden Modifizierungen erwähnten gravierenden Unterschiede im Körperwachstum sind vor allem auch bei Schülern im Förderschwerpunkt Lernen zu beobachten. Wenn die Ausstattung mit ergonomischen Schülerarbeitsplätzen erst mittelfristig realisierbar ist, müssen kurzfristig in den Schulen zur Lernförderung die Räume mit in Höhen unterschiedlichem Mobiliar ausgestattet werden. Dann sollte auch dem Klassenzimmersystem in allen Fächern, in denen das sinnvoll ist, der Vorrang gegenüber dem Fachraumsystem gegeben werden. Sitzbälle wirken der motorischen Unruhe und den häufig vorhandenen Haltungsschwächen entgegen. Die Bälle sollten aber nach kürzeren Zeitspannen (etwa einer Unterrichtsstunde) in einer abgesprochenen Reihenfolge gewechselt und Regeln für die Benutzung vereinbart werden. Wenn die Bälle zu zusätzlicher Unruhe führen, könnten besser Sitzkissen eingesetzt werden.

Insgesamt gesehen, ergeben sich aber kaum Modifizierungen für den Teilbereich des dynamischen Sitzens. Die Befähigung zu einem bewegten Sitzverhalten erfordert nur ein schrittweises Heranführen an das Wechseln der Sitzpositionen und das Einnehmen von Entlastungshaltungen. Immer wieder sollte das Verantwortungsgefühl angesprochen werden, dass dadurch andere Schüler nicht beim Lernen gestört werden. Ebenso ist zu klären, in welchen Situationen im täglichen Leben ein solches bewegtes Sitzverhalten sinnvoll ist und in welchen nicht.

Bewegt sitzen zu dürfen – ja zu sollen – kann für Schüler mit AD(H)S die Last der andauernden Bewegungsunterdrückung nehmen. Sitzkissen können eine Alternative zu dem Drang nach Kippeln und Zappeln für die „Zappelphilippe" sein. Aber auch hier gilt, dass Bewegungsangebote nicht vom Lernen ablenken dürfen. Plätze in der Nähe des Lehrers, entfernt vom Fenster u. Ä. können helfen, die Reizüberflutung zu reduzieren.

Erfahrung aus der Mittelschule Reichenbach besagen, dass gerade für AD(H)S-Schüler das Zulassen von Bewegung wichtig ist. Wenn sie erfahren, dass Bewegung erlaubt und in einem gewissen Rahmen erwünscht ist, kann ihnen eine große Last genommen werden. Sitzkissen und ergonomische Sitzhocker nutzen diese Schüler gern und arbeiten danach konzentrierter. (Mittelschule Reichenbach, Abschlussbericht 2012/13)

3.2.2 Förderschwerpunkt geistige Entwicklung

Im Förderschwerpunkt geistige Entwicklung sind aufgrund der Voraussetzungen der Schüler für das dynamische Sitzen umfangreichere Modifizierungen notwendig. Davon ausgehend können Möglichkeiten für Änderungen der Verhältnisse und des Verhaltens wie folgt dargestellt werden:

Tab. 1: *Möglichkeiten der Veränderung von Verhältnissen und Verhalten im Förderschwerpunkt geistige Entwicklung (nach Dinter, 2013, S. 117)*

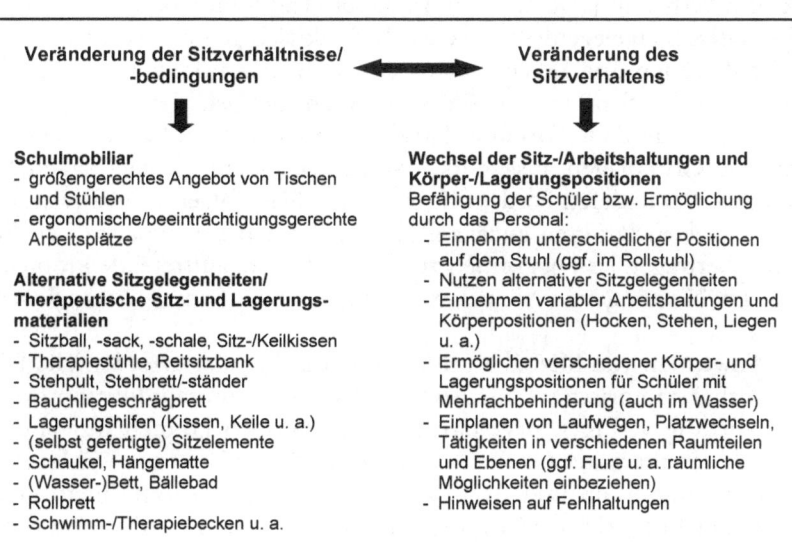

Entsprechend der Tabelle müssen zur Veränderung der Sitzverhältnisse/-bedingungen neben der für alle Förderschwerpunkte zutreffenden Notwendigkeit des individuell anpassbaren Mobiliars alternative Sitzgelegenheiten sowie therapeutische Sitz- und Lagerungsmaterialien einbezogen werden. Die regelmäßige Umlagerung von mehrfach- bzw. schwerstmehrfachbehinderten Schülern ist aus medizinisch-therapeutischen Gründen generell erforderlich und damit nicht explizit ein Teil der bewegten Schule. Allerdings müssen die Belange der Lagerung im

3 Modifizierungen zum Bereich bewegter Unterricht

Teilbereich des dynamischen Sitzens mit berücksichtigt werden. Veränderungen des Sitzverhaltens können erreicht werden durch eine Befähigung der Schüler zum Wechsel von Sitz- und Arbeitshaltungen bzw. zwischen verschiedenen Körper- und Lagerungspositionen (ggf. durch das Personal) für mehrfach- bzw. schwerstmehrfachbehinderte Schüler.

Das Sitzen auf *Sitzbällen* kann für einige Schüler im Förderschwerpunkt geistige aber auch körperliche und motorische Entwicklung aufgrund ihrer Beeinträchtigungen nicht möglich sein. Auch kann die gleichzeitige Konzentration auf den Unterrichtsgegenstand eine Überbeanspruchung darstellen. Teilweise treten bei der Nutzung auch Unruhe und Verhaltensprobleme auf. In diesem Fall sollten bevorzugt andere alternative Sitzgelegenheiten, wie z. B. Sitzkissen genutzt werden.

Erfahrungen und Erkenntnissen aus der Praxis zufolge könnten aber durchaus viele Schüler zum Sitzen auf Sitzbällen befähigt werden, wenn sie langsam an diese Form des Sitzens herangeführt und körperlich-motorische Grundlagen ausgebildet werden. Dies gilt gleichermaßen für Schüler aller anderen Förderschwerpunkte. Nachfolgende Hinweise, die sich in vielen Punkten auch auf andere Formen des dynamischen Sitzens übertragen lassen, können zumindest helfen, auftretende Probleme bei der Nutzung von Sitzbällen zu reduzieren (Dinter, 2013, S. 119–120):

- Anwenden von Sitzbällen mit Schülern, die über erforderliche körperlich-motorische Voraussetzungen zur kontraindikationsfreien Nutzung verfügen bzw. dazu befähigt werden können (für andere Schüler alternativ aus der Palette weiterer Möglichkeiten wählen)
- Heranführen an und Befähigen zur Nutzung von Sitzbällen durch allgemeine Spiel- und Übungsformen zur Kraft-, Koordinations- und Haltungsschulung sowie Übungen auf dem Ball selbst (z. B. im Sportunterricht, in Auflockerungsminuten, in Therapie-/ Förderstunden, im Unterricht des Lernbereiches „Natur und Umwelt"/ Thema „Der eigene Körper")
- (anfängliches) Stabilisieren des Balles durch einen Stabilisierungsring
- Nutzen von Sitzbällen in Fächern, Stunden oder Unterrichtsabschnitten mit geringerer kognitiv-konzentrativer Beanspruchung des Schülers

3.2 Dynamisches Sitzen

- zeitliches Begrenzen der Sitzphasen (kürzere Sitzphasen, Einsatz im Wechsel mit anderen alternativen Sitzgelegenheiten oder Sitz-/Körperhaltungen)
- Bereitstellen von einem Ball (max. zwei Bällen) im Raum, Schüler nehmen/wechseln diesen je nach Voraussetzungen und Bedarf
- Vereinbaren und Durchsetzen von Verhaltensregeln zur Nutzung von Sitzbällen

Ob Pädagogen Sitzbälle mit ihren Schülern im Unterricht nutzen möchten, liegt in ihrem Ermessensspielraum. Jenseits des dynamischen Sitzens können Sitzbälle z. B. im Sportunterricht für Übungen und Spiele zur Koordinations- und Haltungsschulung eingesetzt werden.

Generell sollten die Lehrkräfte Maßnahmen für Haltungswechsel in den Unterricht integrieren. So sind während des Unterrichts für bestimmte Tätigkeiten verschiedene Formen des Stehens, Sitzens, Hockens, Kniens oder Liegens auf dem Boden möglich (bzw. verschiedene Lagerungspositionen für Schüler mit schweren Behinderungen/im Rollstuhl). Die Nutzung des Lernraumes Boden ist für einige Tätigkeiten zu empfehlen (Schwarz, 2000, S. 54–58), z. B. für das Hören eines Liedes im Musikunterricht oder einer Geschichte im Deutschunterricht. Aufgrund der sehr individuellen Situationen in den Schulen lassen sich allerdings kaum verallgemeinerbare Hinweise geben. Die Entscheidung für alternative Sitzgelegenheiten und Haltungsänderungen muss von den Pädagogen sowohl auf Grundlage der Voraussetzungen der Schüler und der räumlichen Bedingungen als auch in Abstimmung auf Unterrichtssituationen und -inhalte getroffen werden. Verursachen Sitzhaltungs- und Materialwechsel beispielsweise Unruhe oder eine Reduzierung der Aufmerksamkeit in Phasen hoher Konzentration, sollten diese eher an geeigneten Übergängen zwischen Lernabschnitten/-inhalten vorgenommen werden. Oder: Formen des dynamischen Sitzens können als kurze Auflockerung zum Einsatz kommen. Ferner sollten in Ergänzung oder bei mangelnder Umsetzbarkeit ausgewählter Möglichkeiten, Haltungswechsel über bewusst in die Unterrichtsorganisation eingeplante Laufwege, Platzwechsel oder Tätigkeiten in verschiedenen Raum-/Gebäudeteilen und Ebenen umgesetzt werden. (Dinter, 2013, S. 124–125)

3 Modifizierungen zum Bereich bewegter Unterricht

Für Schüler im Förderschwerpunkt geistige Entwicklung, aber auch körperliche und motorische Entwicklung, die im Rollstuhl sitzen, ist auf eine korrekte Größe und Einstellung des Rollstuhls sowie eine angemessene Sitzposition im Rollstuhl zu achten. Sitzpositionsänderungen im Rollstuhl sind zu einem gewissen Grad möglich. Hierfür müssen individuelle Lösungsansätze in Zusammenarbeit der Pädagogen mit Therapeuten gefunden werden. Am Rollstuhl angebrachte Arbeitsflächen müssen nach Sowa (2000b, S. 343–344) zur Vermeidung von Asymmetrien ausreichend hoch und stabil sein. Durch eine angepasste Tischhöhe und Sitzschalenposition wird es dem Schüler möglich, nahe genug an bzw. unter den Tisch zu fahren und damit gleichberechtigt am Unterricht teilzuhaben. Gegebenenfalls sind Aussparungen an der Tischplatte erforderlich. Eine geeignete Unterstützungsfläche für Arme und Hände des Schülers stellt die Vermeidung pathologischer Haltungen sicher. Für viele Schüler im Rollstuhl besteht auch die Alternative auf einem Stuhl zu sitzen. Der Stuhl muss in Höhe und Breite geeignet sein. Je nach Voraussetzungen sind Unterstützungsflächen für die Füße sowie eine erhöhte Tischauflage erforderlich, um eine Aufrichtung, stabile Haltung und verbesserte Kopf-/Rumpfkontrolle zu gewährleisten. (Sowa, 2000b, S. 346–349) Individuell angepasste Therapiestühle können die Eltern bei den Krankenkassen beantragen. Generell sollten Schüler den Rollstuhl häufiger verlassen und die erhaltene Bewegungsfähigkeit z. B. bei der Fortbewegung auf dem Boden nutzen (Innenmoser, 2002, S. 34). Schülern im Rollstuhl bzw. mit Mehrfach- bzw. Schwerstmehrfachbehinderung müssen darüber hinaus aus medizinisch-therapeutischer Notwendigkeit verschiedene Körper- und Lagerungspositionen durch Personen ermöglicht werden, um Sekundärschäden zu vermeiden, Einschränkungen auszugleichen und Bewegung im Rahmen individueller Möglichkeiten zu eröffnen (Rischmüller & Schmitt, 1996, S. 67, 70). Durch angepasste Lagerungen auf dem Boden oder einem Rollbrett können z. B. Schüler mit cerebralen Bewegungsstörungen in bestimmte Aktivitäten des bewegten Unterrichts einbezogen werden. (Dinter, 2013, S. 122–123)

Zu Fragen des dynamischen Sitzens und Lagerung von Schülern im Förderschwerpunkt geistige Entwicklung ist eine Zusammenarbeit der Pädagogen mit Ärzten, Physiotherapeuten und weiteren Fachkräften dringend notwendig. Hierüber können pädagogische und therapeutische Kenntnisse „in ein gemeinsames Konzept einfließen" (Rischmüller & Sowa, 1996a, S. 62). Es bieten sich schulinterne oder -externe Fortbildungen u. a. mit diesem Themenschwerpunkt an. Dabei empfiehlt sich auch die Berücksichtigung der Haltungsschulung und des rückengerechten Arbeitens des Personals, da die Arbeit mit Schülern in diesem Förderschwerpunkt zum Teil besondere körperliche Beanspruchungen bereithält. (Dinter, 2013, S. 123)

Die Anfertigung einfacher alternativer Sitzgelegenheiten oder Tischauflagen könnte ein geeignetes Projektthema für unterschiedliche Lernbereiche im Förderschwerpunkt geistige Entwicklung darstellen (s. Abschnitt 3.5.2). Dies ist eine Möglichkeit, die Schüler an der Veränderung von Sitzverhältnissen an der Schule zu beteiligen. Die Ausrichtung auf den Erwerb praktischer Fertigkeiten sowie berufsvorbereitender Kenntnisse und Arbeitstechniken bieten an dieser Stelle Verknüpfungspunkte des Konzeptes der bewegten Schule mit Zielen und Aufgaben des Förderschwerpunktes. (Dinter, 2013, S. 122)

3.2.3 Förderschwerpunkt körperliche und motorische Entwicklung

Beim dynamischen Sitzen müssen die gravierenden Unterschiede in Bezug auf die Voraussetzungen der Schüler beachtet werden. Schüler mit Beeinträchtigungen in der körperlichen und motorischen Entwicklung haben in vielen Fällen bereits orthopädisch angepasste Stühle oder Rollstühle. Ist dies nicht gegeben, dann muss das Sitzmobiliar individuell und behindertengerecht gestaltet werden. Wichtig ist zum Beispiel, dass der Tisch von Rollstuhlfahrern leicht zu unterfahren und die Tischplatte schräg zu verstellen ist (Leyendecker, 2005, S. 175). Der Einsatz von Sitzbällen kann in Abhängigkeit von den individuellen Voraussetzungen ungünstig sein, da viele Ausgleichsbewegungen notwendig sind und die Muskulatur verkrampfen kann. Alternativen können ein Sitzkissen oder ein eiförmiger Sitzball (Egg Ballon) sein. (Rogg, 2008, S. 9; Kranzin, 2008, S. 53)

Eine wichtige Aufgabe für die Lehrkräfte ist, dass sie den häufigen Wechsel von Sitzpositionen zulassen bzw. unterstützen und dass sie die Schüler langsam an verschiedene Möglichkeiten des Sitzens heranführen. Besonders für Kinder und Jugendliche im Rollstuhl ist der regelmäßige Wechsel der Sitzpositionen wichtig, um die Wirbelsäule zu entlasten, Haltungsschäden vorzubeugen und Druckgeschwüre zu vermeiden. (Brammer, 2011, S. 37) Auch der Einsatz von Lagerungsmaterialien wie Keilkissen, Schaumstoffwürfeln oder Lagerungskissen kann zum Gelingen des Positionswechsels im schulischen Alltag beitragen. Der Einsatz eines Stehständers zur Anregung des Kreislaufs und Entlastung des Rückenbereichs bietet zudem die Möglichkeit das Unterrichtsgeschehen aus einer neuen Perspektive wahrzunehmen. (Leibiger, 2016) Veränderungen sind möglich durch das Arbeiten an normalen Sitzmöbeln, durch das Sitzen auf einem Schalenstuhl, einem Sitzsack oder weiteren Sitz- und Lagerungsmaterialien (s. Tabelle im Abschnitt 3.2.2). Die Befähigung zu einem bewegten Sitzverhalten ist immer abhängig von den individuellen Beeinträchtigungen. Wichtig sind dafür Absprachen der Lehrkräfte mit den Therapeuten und behandelnden Ärzten.

Viele der im Abschnitt 3.2.2 getroffenen Aussagen zum dynamischen Sitzen, speziell für (mehrfach- bzw. schwerstmehrfachbehinderte) Schüler im Rollstuhl, zu Lagerungen, zu Möglichkeiten der eventuellen Heranführung an die Nutzung von Sitzbällen sowie zur Notwendigkeit der Zusammenarbeit von Therapeuten und Pädagogen, treffen auf den Förderschwerpunkt körperliche und motorische Entwicklung gleichermaßen zu. Deshalb wird an dieser Stelle lediglich auf die dortigen Ausführungen verwiesen.

3.2.4 Förderschwerpunkt emotionale und soziale Entwicklung

Dynamisches Sitzen kann Therapieverfahren, besonders zum Abbau von Verspannungen, sinnvoll ergänzen. Bei Schülern mit emotionalen und sozialen Entwicklungsproblemen ist durch nervliche Anspannung der Muskelapparat vermehrt verspannt. Dies kann zu körperlichem Unwohlsein beitragen. Da durch häufige Überalterungen größere Unterschiede in der Körperhöhe auftreten, ist die Individualisierung der Sitzmöbel wichtig.

Für den Förderschwerpunkt emotionale und soziale Entwicklung sind für den Teilbereich des dynamischen Sitzens nur wenige Modifizierungen notwendig, die sich vor allem auf die Befähigung zum bewegten Sitzverhalten beziehen. Die Vermittlung und Reflexion von Entlastungshaltungen sowie Entlastungsstellungen ist empfehlenswert. Die unterschiedlichen psychodynamischen Auswirkungen von emotionalen und sozialen Entwicklungsbeeinträchtigungen auf den Einzelnen (Überaktivität oder Hemmung) erfordern aber notwendige Differenzierungen. Vor allem für enthemmte Schüler sind aktive Entlastungsbewegungen (Müller, 2010, S. 77) und besonders der Einsatz von Sitzbällen weniger geeignet, da die körperliche Unruhe noch verstärkt werden kann (Lippert, 2013, S. 63, 66). Empfehlenswerter sind Sitzkissen mit Noppen, die gleichzeitig ein Therapiermittel zur Gleichgewichtsschulung sind. Werden diese unterschiedlich stark aufgepumpt, dann können auch Arbeitshöhen reguliert werden. Kippelnde Schüler erhalten beim Verlagern des Körperschwerpunktes durch die Noppen neue Reize, was ihre Aufmerksamkeit aktiviert. Sitzkissen können auch gut zu Gleichgewichtsübungen bzw. in Entspannungsphasen eingesetzt werden.

Für alle Schüler sind liegende Arbeitshaltungen weniger günstig. Bei gehemmten Schülern würde das pathologische Übergewicht des Parasympathikus noch unterstützt und so das Aufmerksamkeitsdefizit verstärkt werden. Bei enthemmten Schülern kann der fehlende Augenkontakt mit der Lehrerperson und dadurch die ungewohnte Perspektive Störverhalten provozieren und Ablenkung hervorrufen (Lippert, 2012).

3.2.5 Förderschwerpunkt Sprache

Bei sprachbeeinträchtigten Kindern und Jugendlichen sind häufig körperliche Verspannungen und Haltungsfehlleistungen zu beobachten. Eine verbesserte Körperhaltung ist aber eine wichtige Voraussetzung, um neu erworbene Funktionsabläufe der Atmung, Stimmgebung und Lautbildung zu automatisieren. (Schulze, 1994, S. 283)

Vor allem stotternde Kinder haben oft Fehlsteuerungen beim Muskeltonus. Ihnen fehlen die muskulären Voraussetzungen für das längere Sitzen, z. B. auf einem Sitzball oder einem Sitzkissen. Deshalb sollte der Einsatz alternativer Sitzgelegenheiten sensibel und anfangs nur kurzzeitig erfolgen. (Meyer, 2009, S. 81)

Insgesamt gesehen sind im Teilbereich dynamisches Sitzen kaum Modifizierungen des Konzeptes erforderlich. Allerdings sollten den Schülern mit Problemen bei Sprach- oder Schriftspracherwerb sehr regelmäßig das Lernen in unterschiedlichen Arbeitshaltungen sowie Entspannungsformen ermöglicht werden. Gezielt sind diese Schüler zum regelmäßigen und selbstständigen Wechseln ihrer Arbeitshaltung zu befähigen. Wechsel können auch bewusst in die Unterrichtsgestaltung einbezogen werden.

Lesen

Beim Lesen eines Buches können verschiedene Sitzpositionen eingenommen werden. Beim leise Lesen kann der Lehrer ein Buch mit vielen kurzen Kapiteln auswählen und nach jedem Kapitel sollen die Schüler ihre Körperhaltung verändern. Dadurch erhält der Pädagoge eine Rückmeldung über das Arbeitstempo seiner Klasse. Weiterhin kann auch im Klassenverband laut gelesen werden und alle Schüler verändern bei einem Lesefehler ihre Sitzposition. Danach ist das nächste Kind mit laut Lesen an der Reihe.

Varianten:
- Partnerlesen
- Verlagerung des Unterrichts nach draußen (Leibiger & Gerber, 2012)

3.2.6 Förderschwerpunkt Hören

Für hörgeschädigte Schüler ist es sehr wichtig, dass sie einen guten Blick- und Hörkontakt zur Lehrkraft und den Mitschülern haben. Deshalb wird das Unterrichten im Halbkreis empfohlen. Wenn die Schülerarbeitsplätze in drei Reihen stehen und ein bis zwei Schüler mit Hörschädigung in der Klasse sind, dann sollte deren Tisch in der Fensterreihe vorn stehen. Je nach Platzangebot und in Abhängigkeit von der Hörbeeinträchtigung kann der Tisch parallel zum Fenster stehen. Ansonsten empfiehlt sich ein Drehstuhl, um dem hörgeschädigten Schüler ein schnelleres Umdrehen zu ermöglichen, damit Unterrichtsbeiträgen von Klassenkameraden besser gefolgt werden kann. (Foto: Sitzordnung an der Schule für Hörgeschädigte Chemnitz)

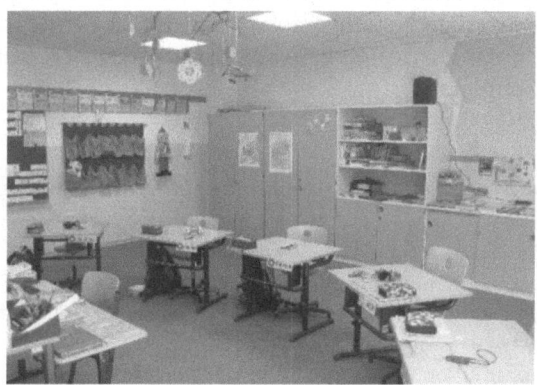

Der Halbkreis ist erfahrungsgemäß an Schulen für Hörgeschädigte aufgrund der geringeren Schülerzahl gut realisierbar. Es könnte auch in einem Kreis gearbeitet werden. Steht der Lehrer auf dem Kreisbogen, dann kann sein Mundbild gut betrachtet werden.

Die Nutzung alternativer Sitzgeräte darf nicht zu zusätzlichen Störgeräuschen führen. Deshalb eventuell statt Sitzbälle lieber Hokkis verwenden. (G. Richter, 2018)

3 Modifizierungen zum Bereich bewegter Unterricht

Das Wechseln der Arbeitshaltung muss in den Klassen so geübt werden, dass möglichst wenige Nebengeräusche auftreten. Bei Beachtung dieser Hinweise kann das dynamische Sitzen ähnlich realisiert werden wie für alle anderen Schüler.

Weiterführende Medienempfehlungen für die Umsetzung des dynamischen Sitzens:

Deutsche Gesetzliche Unfallversicherung (2009). *Lehrerbriefe zur Sicherheits- und Gesundheitsförderung (Primarbereich)*. DGUV 57.2.423. (enthält Anregungen zum Bau alternativer Sitzgelegenheiten)

Sowa, M. & Rischmüller, A. (Hrsg.). (1996). *Schule in Bewegung: Zusammenarbeit von Therapie (KG/BT) und Pädagogik an Schulen für Körper- und Geistigbehinderte*. Dortmund: Verlag modernes Lernen.

Stöppler, R. & Koos, A. (2002). „Winni, die Wirbelsäule": Prävention von Haltungsschäden bei Kindern und Jugendlichen mit kognitiven Beeinträchtigungen. *Praxis der Psychomotorik*, 27(4), 225–231.

3.3 Auflockerungsminuten

Unter Auflockerungsminuten verstehen wir eine kurzzeitige (ca. drei Minuten) Unterbrechung des Unterrichtes mit teilweise angeleiteten, zunehmend aber auch selbst ausgedachten Bewegungsübungen. Es kommt dominant zu einer Aktivierung des Sympathikus (Erregungsnerv), dadurch zur Anregung des Herz-Kreislauf-Systems und damit verbunden zu einer besseren Energieversorgung des Körpers. Ermüdungserscheinungen kann somit vorgebeugt werden.

Motorische Übungen mit Einbeziehung der Finger, der Füße oder der Gesichtsmuskulatur erweisen sich als besonders aktiierend (Dickreiter, 1997, S. 16). Gymnastikformen mit Kissen, Zeitungen, auf oder an den Stühlen, mit Korken oder Luftballons sind weitere Möglichkeiten zur Auflockerung; ebenso Bewegungsgeschichten oder -lieder.

Rhythmisch-musikalische Bewegungsformen und kurze Varianten aus dem darstellenden Spiel eignen sich zur Auflockerung ebenfalls gut.

Die Mehrzahl der ausgewählten Übungen kann einen Beitrag zur Koordinationsschulung leisten, wenn zielgerichtet variiert wird. (Müller, 2010, S. 87–137)

Die Schüler sollten sich zunehmend in die Gestaltung der Auflockerungsminuten einbringen können. Entsprechende Bedingungen zu schaffen, bedeutet notwendige Zeitfenster dafür einzuräumen und gemeinsam geeignete Materialien (Korken, Tücher, Pappdeckel u. Ä.) zu sammeln.

Übergreifende Modifizierungen

- die Inhalte auf das Alter und die Interessen sowie die Besonderheiten der Schüler abstimmen und differenziert einsetzen, Wahlmöglichkeiten bieten
- rhythmisch-musikalische Bewegungsformen verstärkt anwenden
- Auflockerungsminuten ruhig beenden
- Vereinfachungen vornehmen
- unterschiedliche Erfahrungen mit (Alltags-)Materialien ermöglichen
- Bewegungssituationen so gestalten (möglichst offen), dass sich jeder Schüler mit seinen Stärken einbringen kann und Erfolge erlebt

3 Modifizierungen zum Bereich bewegter Unterricht

- Verbindungen zu weiteren Teilbereichen der bewegten Schule herstellen, z. B. bei Bewegungsgeschichten oder dem darstellenden Spiel zum bewegten Lernen oder bei rhythmisch-musikalischen Bewegungsformen zur Pausengestaltung

3.3.1 Förderschwerpunkt Lernen

Beim Einsatz von Auflockerungsminuten können Probleme entstehen, wenn die Schüler teilweise ihre motorische Unruhe noch steigern und dann schwer zum ruhigen Arbeiten zurückfinden. Das gilt besonders bei Schülern mit AD(H)S mit ausgeprägtem Symptom der Hyperaktivität. Deshalb ist das Absprechen und Gewöhnen an klare Regeln notwendig. Empfehlenswert ist auch, die Auflockerungen ruhig zu beenden, um den Übergang zum konzentrierten Arbeiten zu erleichtern (z. B. den Antistressball, mit dem gespielt wurde, zur Selbstmassage nutzen). Damit die Unruhe nicht noch gesteigert wird, sind die Zieh- und Schiebewettkämpfe nur bedingt einsatzfähig und das „Grimassen schneiden" (s. Buch zur bewegten Grundschule, Müller, 2010) nicht empfehlenswert. *Erfolgserlebnisse sind abzusichern und Rhythmusformen sollten vereinfacht werden.*

Erfolgserlebnisse sichern

Die Auflockerungsminuten sind so zu gestalten, dass Erfolgserlebnisse für jeden Schüler möglich sind. Deshalb sollten die kleinen Kunststücke vom Schwierigkeitsgrad differenziert abgestuft und als Wahlmöglichkeit angeboten werden. Übungen mit geschlossenen Augen bedürfen einer längeren Vorbereitungszeit. Vergleiche untereinander sind weniger sinnvoll.

Bei einigen Formen der spielerischen Gymnastik sollten einfachere Varianten mit zur Auswahl angeboten werden. So z. B. bei den kleinen Kunststücken (Müller & Petzold, 2014, S. 98):
  Wer kann …?
- sich gleichzeitig mit der linken Hand an die Nase und mit der rechten an das Ohr fassen (im Wechsel)?

– mit der einen Hand auf den Tisch klopfen, mit der anderen über den Tisch streichen?

Beim darstellenden Spiel kommen das Figurenspiel (Fingerpuppen, Stockpuppen u. a.) sowie das Verstecken hinter einer Maske den Möglichkeiten zur Rollenübernahme und Selbstpräsentation von Schülern mit Lernbeeinträchtigungen entgegen, ebenso der Einsatz von Lichteffekten (Schwarzlichttheater). Sie sollten langfristig angebahnt werden. Eine Verbindung mit dem Unterrichtsstoff ist sinnvoll. Bei Scharaden, Pantomime und Szenenspiel ist eine dem Verständnis der Schüler entsprechende Auswahl zu treffen.

Bewegungsgeschichten dürfen nicht zu lang sein, sondern sollten lieber kurze Sätze enthalten und dafür wiederholt werden. Es ist günstig, wenn der Inhalt mit dem Erfahrungsumfeld der Schüler oder mit Unterrichtsstoff in Verbindung steht. Die Bewegungsaufgaben sollten bei den Geschichten und Liedern anfänglich deutlich vorgezeigt werden. (s. auch Förderschwerpunkt geistige Entwicklung)
Bewegungsgeschichten fördern die Kreativität der AD(H)S-Schüler. Bei entsprechender Gestaltung der Geschichten erhalten die Schüler die Möglichkeit, sich in Gefühle (Freude, Wut, Trauer) hinein zu versetzen und Handlungsstrategien zu entwickeln. (Schneider, 2008, S. 61).

Rhythmusformen vereinfachen

Rhythmisch-musikalische Bewegungsformen sind mit einfachen und gleichmäßigen Rhythmen zu beginnen und oftmals zu wiederholen. Schüler mit Rhythmusschwierigkeiten müssen die Möglichkeit erhalten, sich an den Bewegungen der Lehrkraft zu orientieren. Die motorische Rhythmuswiedergabe kann durch Sprechrhythmen oder Gesang unterstützt werden. Die Rhythmusspiele im Buch „Bewegte Schule" (Müller & Petzold, 2014, S. 109–117) dürfen nicht mit Ausscheiden oder Pfandabgabe gespielt, sondern höchstens als gemeinsam zu lösende Aufgabe erfüllt werden („Wie lange schaffen wir die Aufgabe als Gruppe?"). Mehrfachanforderungen (Kopplung von Fuß- und Handrhythmen) und längere Tanz- oder Aerobicfolgen müssen stark vereinfacht werden. Vor allem für die älteren Schüler sollte die Möglichkeit bestehen, aktuelle Titel selbst mitzubringen (s. Abschnitt 3.3.4).

Weitere Beispiele für Vereinfachungen (bezogen auf Beispiele bei Müller & Petzold, 2014, S. 111–113):

Spielformen	Vereinfachung
Kommando Pimperle	Anzahl der unterschiedlichen Kommandos am Anfang gering halten
Are you ready	in kleineren Gruppen spielen
Klatschen	zur besseren akustischen Unterscheidung statt klatschen – auf den Tisch klopfen, z. B. mit der flachen Hand, mit den Fingerknöcheln, mit den Fingernägeln oder mit der Faust

3.3.2 Förderschwerpunkt geistige Entwicklung

Für Auflockerungsminuten bei Schülern mit dem Förderschwerpunkt geistige Entwicklung ist mehr Zeit als die drei bis fünf Minuten einzuplanen, da für einige Schüler u. a. Hilfeleistungen oder langsamere Bewegungsfolgen erforderlich sind. Ausgewählte Formen sollten mehrfach wiederholt und regelmäßig aufgegriffen werden. Besonders zu empfehlen sind *rhythmisch-musikalische Bewegungsformen.*

Kleine Kunststücke und weitere gymnastische Spielformen sind zu vereinfachen (s. auch Förderschwerpunkt Lernen). Übungen zur *Aktivierung der Finger und Hände sowie der Füße* sollten verstärkt einbezogen werden. Dies kann mit zunehmendem Alter der Schüler auch in Verbindung mit anderen Formen der Auflockerung bzw. Teilbereichen der bewegten Schule erfolgen (Beispiele s. u.). *Bewegungsgeschichten* sind je nach Voraussetzungen der Schüler zu modifizieren (s. u.). Formen des darstellenden Spiels sind nur bedingt geeignet, da nicht alle Schüler über die Voraussetzungen zur Umsetzung verfügen. Sie erfordern größere Zeitfenster, z. B. im Rahmen von Projekten. (Dinter, 2013, S. 133)

3.3 Auflockerungsminuten

Rhythmusschulung als Schwerpunkt und fächerübergreifendes Prinzip

Die Durchführung von rhythmisch-musikalischen Bewegungsspielen, Bewegungsliedern und einfachen Tänzen hat sich unseren Untersuchungen (Dinter, 2012) zufolge für den Förderschwerpunkt besonders bewährt und sollte im Rahmen der Auflockerung, aber ebenso im gesamten Schulalltag, einen Schwerpunkt bilden. „Musik – Tanz – Rhythmik" ist aufgrund seiner zentralen Bedeutung für Schüler im Förderschwerpunkt geistige Entwicklung ein eigens ausgewiesener Lernbereich des fachorientierten Unterrichts und ein fächerübergreifendes Prinzip, das sich u. a. über Auflockerungsformen umsetzen lässt. Entsprechende Elemente fördern das Selbstgefühl, bieten Möglichkeiten für individuelle Erfahrungen sowie Ausdrucksformen (speziell für Schüler ohne aktive Sprachentwicklung) und „... berühren sehr direkt den sozialen und emotionalen Bereich und können schon auf basaler Ebene sowohl Impulse zum Handeln als auch emotionale Entwicklung geben." (Sächsisches Staatsministerium für Kultus, 1998, S. 193).

Tanz, Musik und rhythmische Körperarbeit können dazu beitragen (Gündel, 1999, S. 7):
- die Kontaktaufnahme zu Schülern mit Beeinträchtigungen und Verhaltensauffälligkeiten zu verbessern
- ihre Kommunikationsbereitschaft und Ausdrucksfähigkeit zu stimulieren
- das wichtige Vestibularsystem anzuregen
- über das Trommeln auf verschiedene Körperteile die taktile Diskriminierung zu verbessern und den Aufbau des Körperschemas zu unterstützen
- durch das Überkreuzen der Hände beim Trommeln, die Bilateralität auszubilden
- über das Artikulieren von Silben und Wörtern unter Begleitung von Mitteln des Körpers wie Fußstampfen, Händeklatschen oder mit Rhythmusinstrumenten (Klanghölzer, Bongos, Kongas, Djemben) die Sprachentwicklung zu fördern
(Dinter, 2013, S. 124–126)

3 Modifizierungen zum Bereich bewegter Unterricht

Für Auflockerungsformen aus dem rhythmisch-musikalischen und tänzerischen Bereich sind Varianten zu nutzen, in die Schüler mit unterschiedlichen Bewegungsbeeinträchtigungen sowie Rollstuhlfahrer eingebunden werden können. Eine solche Option ist die Umsetzung von Sitztänzen (Beispiel s. Abschnitt 3.3.2), bei denen tänzerisch-rhythmische Bewegungsformen von allen in der Sitzposition und – je nach Voraussetzungen der Schüler – über Bewegungen der Arme, Hände, des Oberkörpers und der Beine verwirklicht werden. Zur Begleitung können Handgeräte und Materialien, wie Tücher oder Klang- und Rhythmusinstrumente sowie Musik, Klatschen und Gesang zum Einsatz kommen (John & Theis, 2003, S. 10–11). Partner- und Gruppenformen bieten die Möglichkeit, Schülern mit eingeschränkter Willkürmotorik eventuell benötigte Bewegungsunterstützungen zu geben (z. B. „Lenkung" der Bewegungsrichtung, Heben der Arme, Klatschen). (Dinter, 2013, S. 126)

Tanzformen sollten altersspezifische Bewegungs- und Musikinteressen berücksichtigen (z. B. moderne Songs). Ergänzende hilfreiche Hinweise zu rhythmisch-musikalischen Bewegungsformen können dem Abschnitt 3.3.3 entnommen werden.

Aktivierung der Finger, Hände und Füße

Motorische Übungen unter Einbeziehung der Finger, der Füße oder der Gesichtsmuskulatur wirken besonders aktivierend (Dickreiter, 1997, S. 16), da diese Körpergebiete einen ausgedehnten Umfang an Feldern der motorischen Hirnrinde einnehmen (Müller, 2010, S. 87). Mit Gesichtsgymnastik ist im Förderschwerpunkt geistige Entwicklung vorsichtig umzugehen, da diese teilweise als „albern" angesehen werden (Dinter, 2013, S. 128). Bei Übungen für Finger und Hände ist der Fokus auf die Hände, weniger auf die gezielte Ansteuerung einzelner Finger zu legen. Mehrfachanforderungen sind nach Bedarf zu entkoppeln, wie z. B. nicht gleichzeitig Bewegen und Hören oder Sprechen. (Dinter, 2013, S. 129)

Durch die teilweisen Überschneidungen der motorischen Zentren für Sprache, Finger-, Fuß- und Zehenbeweglichkeit auf dem Kortex kommt Finger- und Fußübungen bei Schülern mit Sprachstörungen eine besondere Bedeutung zu (Kesper & Hottinger, 2002, S. 135). Tägliche Fingerübungen können eine deutliche Verbesserung der Sprach- und Graphomotorik bewirken; eine verbesserte Fußmotorik besitzt Einfluss auf die Bewegungssteuerung und Gleichgewichtsreaktionen (ebd.).

Fingerspiel: *In dem Wald, da steht ein Baum*
(nach Hemming, 2011, S. 17)

In dem Wald, da steht ein Baum, so groß und stark, man glaubt es kaum.	*angewinkelten Arm mit geballter Faust zeigen*
Die Äste wiegen sich geschwind im Morgen- oder Abendwind.	*Finger ausstrecken und hin und her wiegen*
Der Baum hat einen Mantel um, der schützt ihn immer rundherum.	*mit der anderen Hand um den aufrechten Arm streichen*
Es ist die Rinde, mal glatt, mal rau,	*am Arm entlang streichen und kratzen*
ihr könnt sehen, schaut ganz genau.	*Hand über die Augen halten*

Hinweis: Das Beispiel kann u. a. als Auflockerung passend zu Unterrichtsthemen im Lernbereich „Natur und Umwelt" angewendet werden, um so eine für die Schüler sinnvolle Verbindung zwischen Unterrichtsinhalten und Auflockerungsminuten herzustellen. Für die Durchführung können alternative Körper-/Arbeitshaltungen eingenommen werden (z. B. im Stehen, Sitzen oder Hocken auf dem Boden).

Straßenverkehr

Mit Seilen wird auf dem Boden (oder Tisch) ein Straßennetz gelegt/eine entsprechende Matte verwendet. Knöpfe werden vorsichtig durch die Straßen geschnipst, so dass keiner die Straßen verlässt.

3 Modifizierungen zum Bereich bewegter Unterricht

Schnipsfußball

Auf einem Tisch werden von zwei Schülern die gegenüber liegenden Tore (mit Radiergummis o. Ä.) sowie eine Mittellinie markiert. Ein „Ball" (Knopf, angefeuchtete Papierkugel, Geldstück o. Ä.) wird abwechselnd geschnipst. Ist ein Treffer im gegnerischen Tor erzielt, erfolgt der Anstoß wieder von der Mittellinie.

Autorennen

Ein Spielzeugauto oder ein anderer Gegenstand wird an einen langen Faden/eine Schnur gebunden. Wem gelingt es, diese Schnur (möglichst schnell) um ein Stöckchen/ein Lineal aufzuwickeln?

Eisbahn

Auf einem Pappteller („Eisbahn") werden Murmeln („Schlittschuhläufer") über Handbewegungen am Rand des Tellers entlang gerollt.
(modifiziert nach Dinter, 2013, S. 272; in Anlehnung an Kohtz, 2013)

Stationen mit Handgeschicklichkeitsübungen

Ideen für Stationen:
- Schrauben und Muttern zusammen schrauben
- Tennisball mit Augen und „Mundschlitz" versehen, der durch seitlichen Druck auf den Ball geöffnet werden kann und hierüber „Monster" mit kleinen Gegenständen füttern
- Gegenstände mithilfe einer Grillzange o. Ä. aus einem Behälter in den anderen transportieren
- kleine Handmotorikspiele ausführen

(modif. nach Dinter, 2013, S. 273; in Anlehnung an Kohtz, 2013)

Mit meinen Füßen kann ich ...
- ... einen Stift/Lineal/ Papiertaschentuch o. Ä. vom Boden aufheben
- ... Seiten in einem Buch umblättern
- ... einen Stift fassen und meinen Namen auf ein am Boden liegendes Blatt Papier schreiben
- ... einen Gegenstand zum Nachbarn weitergeben
- ... einen Ball oder anderen Gegenstand in einen Behälter/auf eine markierte Fläche spielen bzw. transportieren

3.3 Auflockerungsminuten

... ein Zeitungsblatt zerreißen
... aus einem Zeitungsblatt einen Knüllpapierball formen
Was kannst du noch?

Motorische Übungen unter Einbeziehung der Finger, Hände und Füße sollten nach Dinter (2013, S. 123–133) in unterschiedliche Formen der Auflockerungsminuten sowie in weitere Teilbereiche der bewegten Schule einbezogen werden. Dadurch ist vor allem für ältere Schüler der kindliche Charakter der von Müller (2010, S. 87–137) für die Grundschule vorgeschlagenen Spielformen zu umgehen.

Beispiele:

Rhythmusübungen:	– Klatschen mit den Händen/einer Hand/ einzelnen Fingern auf den Tisch
	– Stampfen mit Füßen/einem Fuß auf den Boden
Darstellendes Spiel/ Bewegungsgeschichten:	– Spiel mit Finger- oder Handpuppen
	– Gangarten variieren (auf Zehenspitzen, Fersen)
Wahrnehmungsübungen:	– Fühlen unterschiedlicher Materialien (Werkstoffe, Naturmaterialien) und Formen
	– „Was krabbelt da?" (s. Abschnitt 3.4.2)
Entspannungsphasen:	– Selbst- oder Partnermassage (speziell auch Massage der eigenen Hände oder der Hände eines Mitschülers)
Bewegtes Lernen:	– Kneten/Falten von kleinen Gegenständen – passend zum Unterrichtsthema
	– Abtasten von Formen, Buchstaben, Zahlen u. a. (s. auch Wahrnehmungsübungen)
	– Werfen und Fangen oder Rollen eines Balles verbunden mit der Festigung von Unterrichtsinhalten (z. B. Aufsagen der Wochentage)
	– rhythmisches Begleiten beim Artikulieren von Silben und Wörtern mit Fingern/ Händen/Füßen (s. o.)

3 Modifizierungen zum Bereich bewegter Unterricht

	– Stationen mit Handgeschicklichkeitsübungen (s. o.)
	– Fingerspiel: In dem Wald da steht ein Baum (s. o.)
Bewegte Pause:	– Fußfühlpfad
	– Bewegungsparcours (Laufen auf Seilen, Balancierhalbkugeln mit unterschiedlichen Oberflächen etc.)
Schulsport/ Bewegtes Schulleben:	– Transportieren/Weitergeben von Gegenständen mithilfe von Klammern, Kochlöffeln u. a. (ggf. als Wettbewerb oder eingebunden in eine einfache Geschichte)
	– Bewegungsparcours/Fußfühlpfad (s. o.)
	– Wassertreten (Kneippen)
	– einfache Jonglageformen, wie das Hochwerfen und Fangen eines Chiffontuches mit der gleichen Hand/der gegenüberliegenden Hand
	(Dinter, 2013, S. 123–133)

Modifizierung von Bewegungsgeschichten

Speziell für Schüler mit Beeinträchtigungen der geistigen Entwicklung, aber durchaus auch für Schüler in anderen Förderschwerpunkten, sind folgende didaktisch-methodische Hinweise für die Umsetzung von Bewegungsgeschichten zu geben (Dinter, 2013, S. 126–127):
- Einsetzen einfacher und expressiver Sprache (kurze Sätze, einfacher Handlungsstrang, Betonung, Variation der Lautstärke, Mimik und Gestik, langsames Sprechen u. a.) sowie Einbauen von ausreichenden Pausen zur akustischen Verarbeitung (Lambe & Hogg, 2011, S. 22) und motorischen Umsetzung
- Umsetzen einfacher und kurzer Geschichten (max. 15 Sätze), um das Verständnis zu erleichtern sowie der Aufmerksamkeitsspanne und Aufnahmekapazität zu entsprechen (Penne & Maes, 2011, S. 66)
- Einbauen von Wiederholungen innerhalb der Geschichte sowie regelmäßiges Wiederholen der Geschichte selbst in identischer Form

zur Sicherung des Verständnisses (ebd.) sowie zum Wiederkennen und Festigen von Inhalten und Bewegungsformen
- Ausrichten des Inhaltes auf die Lebenswirklichkeit der Schüler, d. h. Einbinden von den Schülern bekannten Personen, Namen, Gegenständen, Orten, zeitnahen Geschehnissen, Lebenssituationen und Bewegungsaktivitäten aus dem unmittelbaren Alltag und Umfeld, um Identifikation und ein Hineinversetzen zu gewährleisten bzw. zu erleichtern
- Mitmachen/Vorzeigen denkbarer Bewegungsformen durch Personal und/oder Mitschüler als Orientierungshilfe
- Durchführen in Partnerarbeit zur gegenseitigen Unterstützung
- Auswählen/Erfinden von Geschichten, die zum Bewegen hin zu bestimmten Objekten im Raum oder im Schulgebäude und/oder Bewegen mit konkreten Gegenständen und Materialien anregen
- Einbeziehen mehrerer Sinne und Wahrnehmungskanäle im Verständnis des Multi-sensory Storytelling über das auf den Inhalt abgestimmte Zeigen von Bildern oder Gegenständen, Erzeugen von Geräuschen, Ermöglichen von Tasterfahrungen etc.
(u. a. Lambe & Hogg, 2011, S. 18–22; Fornefeld, 2011b, S. 41–62; Grove, 2011, S. 123–140)
- ggf. Aufgreifen vorangegangener (und nachfolgender) Unterrichtsthemen, um die Stunde für Schüler nachvollziehbar fortzuführen und Umstellungsanforderungen zu reduzieren
- Thematisieren/Erarbeiten inhaltlicher Anregungen bzw. der Geschichten im Unterricht in Abstimmung auf die Fähig- und Fertigkeiten der einzelnen Schüler (aus dem Alltag erzählen, Wünsche/ Ideen formulieren, Szenen malen oder Stichworte/Texte verfassen, Materialien herstellen)

Ausflug zur Reittherapie (Dinter, 2013, S. 270)

Es ist Donnerstag. Wir machen unseren Ausflug zur Reittherapiestunde. A, B, C (Schüler) steigen in den Schulbus und wir fahren nach X (*Bild des schuleigenen Busses oder Modell eines Autos zeigen, Einsteigen und Autofahrt über Bewegung durch den Raum imitieren, ggf. Fahrgeräusche imitieren*). Dort angekommen gehen wir auf die Weide (*Laufen über Gras, Betasten von Gras, Zeigen eines Fotos einer Weidefläche, auf dem sich Schüler an besagtem Ort befinden*). Auf der Weide steht schon unser Therapie-

3 Modifizierungen zum Bereich bewegter Unterricht

pferd Y, zu dem wir hingehen, um es zu begrüßen (*Bild mit diesem Pferd in Zimmerecke anbringen, alle Schüler bewegen sich in die Ecke; ggf. als Ersatz oder in Ergänzung Stofftier verwenden*). Das Pferd trampelt mit den Hufen (*über Fußstampfen oder Klatschen imitieren*). Bevor unsere Stunde beginnt, streicheln und füttern wir Y (*entsprechende Bewegungen ausführen, ggf. Gras oder Plastikgemüse bereithalten*). Dann gehen wir zum Pferd und steigen auf (*zum Stuhl gehen, „aufsitzen", Reitbewegung/Füße stampfen*). Unsere Therapiestunde beginnt (*Auflockerung an dieser Stelle beendet und Unterricht wird fortgesetzt; ggf. noch einfache weitere Übungen auf dem Stuhl, z. B. Arme in Seithalte*).

3.3.3 Förderschwerpunkt körperliche und motorische Entwicklung

Auflockerungsminuten erfordern eine große Breite an Differenzierungsmöglichkeiten, da die körperlichen und motorischen Einschränkungen die Schüler in diesem Förderschwerpunkt sehr unterschiedlich betreffen. Deshalb sind offen gestaltete Formen, in die sich die Kinder und Jugendlichen entsprechend ihrer individuellen Voraussetzungen kreativ und mit freien Bewegungen einbringen können, besonders geeignet. Dies trifft vor allem zu für *Bewegungsgeschichten, rhythmisch-musikalische Bewegungsspiele und Formen des darstellenden Spiels.*

3.3 Auflockerungsminuten

Offene Formen von Bewegungsgeschichten und des darstellenden Spiels

Bei Bewegungsgeschichten und dem darstellenden Spiel sollte darauf geachtet werden, dass sich alle Schüler im Rahmen ihrer eingeschränkten Motorik beteiligen können. Durch offene Formen sowie durch die entsprechende Aufbereitung der angebotenen Inhalte und Themen, sollte die Lehrkraft versuchen, die individuell unterschiedlichen Bewegungs- und Ausdrucksmöglichkeiten aufzugreifen und herauszulocken (dazu auch die Modifizierungen von Bewegungsgeschichten im Abschnitt 3.3.2 beachten!). Der Kopf wird wahrscheinlich bei allen eine große Bewegungsfreiheit besitzen. Deshalb sollte die Kopfmotorik angesprochen werden (nicken, gähnen, neigen, schütteln u. a.). Der Inhalt sollte aus der Erfahrungswelt der Schüler stammen und mit positiven Assoziationen verknüpft sein. Es können auch Klanginstrumente zum Einsatz kommen. (Brammer, 2011, S. 34; Rogg, 2008, S. 11) Eine Verbindung mit den aktuellen Unterrichtsinhalten ist sinnvoll.

Bewegungsgeschichte: *Quer durch die Tierwelt* (Müller, 2010, S. 109)

Ergänzung durch:
- Schildkröten, die sich aus ihrem Panzer heraus umschauen
- Affen, die einen Arm nach einer Banane ausstrecken (Brammer, 2011, S. 34)

Weitere Tiere und deren Bewegungsformen finden lassen, Varianten aufgreifen, die für alle Schüler ausführbar sind

Bewegungsgeschichte: *Der König der Tiere* (Joachimmeyer, 2013)

Tom ist auf dem Weg in den Zoo. Er hat gehört, dass die Löwen auch „Könige der Tiere" genannt werden, weil sie so groß und mächtig sind. Das möchte Tom nun selbst herausfinden. Schon gleich am Eingang sieht er die **Giraffen**. Sie *ragen mit ihren langen Hälsen bis hinauf* in die Baumspitzen. „Siehst du nicht, wir sind die Könige der Tiere! Wir sind *die größten!*" Die Giraffen *recken ihre Hälse* und zeigen Tom, wie sie selbst von den obersten Zweigen der Bäume fressen können.

   Tom ist beeindruckt und schaut sich weiter um. Er erschrickt ein wenig, als direkt über ihm ein **Adler** *angeflogen* kommt und ihm zuruft: „Von hier oben kann ich alles überblicken! Nur wir Vögel können *flie-*

3 Modifizierungen zum Bereich bewegter Unterricht

gen, deswegen sind wir die Könige der Tiere!" Der Adler *breitet seine Flügel aus und fliegt davon.*

„Hey!" piepst es neben Tom auf dem Boden „ich bin so *winzig klein*, das mich niemand bemerkt und ich mich überall *verstecken* kann. Das kann sonst auch niemand!" Da hat die **Maus** Recht, denkt sich Tom und merkt schon, dass seine Suche ziemlich schwierig wird, weil anscheinend jedes Tier etwas richtig gut kann.

Wie zum Beweis flitzen zwei **Eichhörnchen** an ihm vorbei und *klettern* den Baum hinauf. „Wir sind die *besten Kletterer!*" rufen sie Tom noch zu.

Da hört Tom ein lautes Brüllen: „Alle wissen, dass ich der König der Tiere bin! Ich bin der Stärkste und der Schönste!" ruft der **Löwe**, *schüttelt seine wilde Mähne* und *zeigt seine Muskeln*. Aber Tom ist inzwischen nicht mehr überzeugt, er will noch weiter suchen und sehen, was die Tiere Erstaunliches können.

Fast hätte er es übersehen, doch auf einem grünen Blatt entdeckt er ein ebenso grünes **Chamäleon**. „Und ich kann nicht nur meine Farbe ändern", erzählt es ihm, „ich habe auch von allen *die längste Zunge*, mit der ich super Fliegen fangen kann, ohne mich zu bewegen."

Tom ist erstaunt. Da sieht er einen großen Teich mit vielen **Fischen**. „Schau mal, wir können den ganzen Tag *schwimmen und planschen*, ohne dass wir müde werden! Wenn wir einmal los schwimmen kommt uns keiner hinterher!" Und schon taucht der Fisch den Anderen nach.

„Wir sind dafür die lustigsten Tiere!" hört Tom von der Seite rufen und entdeckt eine **Affen**familie. „Wir bringen alle zum Lachen, wenn die Leute sehen, wie wir uns *bewegen mit unseren langen, schleifenden Armen.*" „Außerdem können wir super *Grimassen schneiden!*" ergänzt das Affenkind und legt gleich los. Da muss Tom wirklich laut *loslachen*. Das ist eine der besten Eigenschaften findet er!

Tom ist fast am Ende des Zoos angelangt, als er oben in den Bäumen etwas Pelziges hängen sieht – ein **Faultier**. „Hey, du!" ruft Tom hinauf, „was kannst du denn eigentlich? Alle Tiere können doch etwas Besonderes, aber du machst den ganzen Tag ja gar nichts!" Ganz *verschlafen* öffnet das Faultier die Augen und lächelt. „Ich kann am besten die Zeit genießen, mich *ausruhen* und einfach nur *entspannen*. Probier's doch auch mal!" Es *seufzt tief* und *schließt die Augen*. Das lässt sich Tom nicht zweimal sagen, macht auch die Augen zu und träumt von seinem König der Tiere.

Bewegungsgeschichte: *Die Zeitmaschine* (Joachimmeyer, 2013)

Wollt ihr heute mit durch die Zeit reisen? Dazu brauchen wir eine Zeitmaschine, doch die steht seit Ewigkeiten unbenutzt im Keller und muss erst einmal wieder aufgewärmt und eingefahren werden!

Wir klopfen die Maschine also vorsichtig von oben bis unten ab.

Vorsichtig mit flachen Händen an Wangen und Gesicht klatschen (evtl. nur abtasten; mit weichem Schwamm o. Ä. unterstützen)

Durch den vielen Staub, der abfällt, müssen wir *niesen*.

Doch das Klopfen zeigt seine Wirkung: Die Maschine beginnt sich zu *recken* und zu *strecken* und *gähnt* geräuschvoll.

Wir klopfen die Maschine nun weiter ab und klatschen ein wenig fester, damit wir bald starten können. *Brust, Bauch, Arme, Oberschenkel abklatschen; an unempfindlicheren Körperteilen stärker klopfen*

Die Zeitmaschine ruckelt ein paar Mal *hin und her (wackeln)*.

Nun ist sie startklar. Einsteigen und *anschnallen* nicht vergessen!

Wir legen den ersten Gang ein und so langsam nehmen wir Fahrt auf. *Gangschaltung nachahmen*

Wir werden immer schneller und schalten in den zweiten und dritten Gang. *Klatschen auf Oberschenkel (oder Tisch) wird immer schneller und kräftiger (evtl. Unterstützung mit Rassel o. Ä.)*

Neben unserem Kopf befindet sich ein Schalter. Hier können wir einstellen, wie viele Jahre wir in die Zukunft oder in die Vergangenheit reisen wollen. *Kopf zur Seite neigen (bzw. auch nicken oder Kopf drehen); einige Male wiederholen, bis „gewünschtes" Jahr erreicht (weiter auf Beine klatschen)*

Wir legen den Turbo ein, doch da beginnt die Maschine zu rattern und zu ruckeln!

Wir schalten lieber einen Gang runter. *Körper ruckelt hin und her, klatschen*

Doch es wird nicht besser, jetzt wackelt schon die ganze Maschine! *Körper beginnt zu stocken*

Wir müssen schnell wieder den Zeitschalter auf Heute zurückstellen, sonst kommen wir nicht wieder zurück! *Schalten, weiter klatschen und wackeln; Kopf zur anderen Seite neigen (Anzahl wie oben)*

Geschafft, jetzt noch das letzte Stück aushalten, vielleicht können wir ja noch mal ein bisschen schneller werden. *Schneller und fester klatschen, seufzen, zurücklehnen*
Und endlich angekommen, zum Glück ist noch mal alles gut gegangen! *Hände und Arme ausschütteln, entspannen*

Modifizierung von rhythmisch-musikalischen Bewegungsformen

Rhythmisch-musikalische Bewegungsformen spielen für Schüler mit einer körperlich-motorischen Beeinträchtigung eine tragende Rolle, denn „durch die besondere Struktur des rhythmischen Bewegens (...) werden Handlungsfolgen erreicht, wie sie kaum in anderen psychomotorischen Programmen zu verwirklichen sind." (Zuckrigl & Helbling, 1994, S. 32) Nur sind entsprechend der individuellen Voraussetzungen Modifizierungen notwendig, die folgende Aspekte berücksichtigen sollten:
- Rhythmusformen offen gestalten, in die sich entsprechend der individuellen Möglichkeiten eingebracht werden kann
- Geschwindigkeiten an die Möglichkeiten der Schüler anpassen
- Orientierungen an den Bewegungen der Lehrkraft ermöglichen
- Bilder, Zeichnungen o. Ä. zur Veranschaulichung einsetzen
- Rhythmus zumindest passiv (gemeinsames Mitwippen, Klatschen u. a.) erlebbar machen, wenn keine eigene motorische Umsetzung möglich ist
- Bewegungen der Beine (wenn notwendig) auf die Arme oder umgekehrt übertragen lassen
- Hilfsmittel wie Trommeln oder Klangstäbe einsetzen
- Anforderungen bezüglich der Raumorientierung reduzieren, indem beispielsweise der Kreis als Aufstellungsform beibehalten wird
- Varianten für Rollstuhlfahrer anbieten
- Tänze als Sitztänze von allen ausführen lassen (s. auch Abschnitt 3.3.2)
 (Rogg, 2008, S. 11–12; Brammer, 2011, S. 34–35)
- Verbindungen zur bewegten Pausengestaltung, zu bewegungsorientierten Projekten u. a. herstellen

3.3 Auflockerungsminuten

Sitzboogie

Alle Schüler sitzen auf dem Boden oder auf Stühlen/in Rollstühlen o. a. und bewegen sich frei nach einem Boogie/nach Rockmusik. Bewegungsfolgen, die für alle möglich sind, sollten aufgegriffen und gemeinsam eine Tanzfolge daraus gestaltet werden. Dabei sollten die Bewegungen zuerst über 8 Zählzeiten (später evtl. über 4 Zählzeiten) ausgeführt werden.

Wenn den Schülern die Ideen ausgehen, können aus den nachfolgenden Bewegungsformen für alle ausführbare Übungen ausgewählt werden:
- Klatschen in die Hände/auf die eigenen Oberschenkel/gegen die Hände des Partners (auf den Boden/auf den Tisch)
- Trommeln mit den Fäusten auf den Boden/den Tisch/den Rollstuhl
- Tippen/Fassen an die Nase oder das Ohr/die Schulter (möglichst auch der entgegensetzten Seite)
- Überkreuzen der Unterarme, diese auch umeinander drehen
- „Flügelschlagen" mit den Oberarmen (wie beim „Ententanz")
- Aufsetzen der Ellbogen auf die Oberschenkel/den Tisch
- Winken mit den Armen

Rollstuhltanz

Rollstuhlfahrer und „Fußgänger" kooperieren rhythmisch und interaktiv miteinander. Es sollten keine zu starren Choreografien vorgegeben werden, sondern offene Formen angestrebt werden, bei denen sich die Schüler kreativ einbringen können. Es eignen sich Klatschformen (s. o.) oder auch Bewegungen von Kopf, Oberkörper und Arme. Die Bewegungsabläufe können durch Singen, Sprechen und Klatschen begleitet und eventuell mit Pyramiden verbunden werden.

Beispiele für Tänze könnten sein: „Ententanz" oder für ältere Schüler „Macarena" (ohne Sprünge und Drehungen).
Es sollte auch zu Themen tänzerisch improvisiert werden, z. B. „Cats", „Karneval der Tiere".

Weitere Hinweise zu dem Einsatz von Auflockerungsminuten:

Die Auflockerungsminuten sollten evtl. von allen im Sitzen/ggf. im Stand ausgeführt werden. Es sollten griffige und nicht zu kleine Materialien eingesetzt werden. Je nach den Gegebenheiten bieten sich Übungen zur Links-Rechts-Unterscheidung, zum Aufstehen und Hinsetzen, zum Erkennen von Körperteilen oder zum Treffen von Zielen an. Zieh- und Schiebewettkämpfe sind eher nicht geeignet.

3.3.4 Förderschwerpunkt emotionale und soziale Entwicklung

Der Einsatz von Auflockerungsminuten im Förderschwerpunkt emotionale und soziale Entwicklung ist für alle entsprechenden Schüler wichtig, sollte aber differenziert betrachtet werden. In diesem Teilbereich der bewegten Schule kommt besonders zum Tragen, dass die Ausprägung von Kindern mit Gefühls- und Verhaltensauffälligkeiten nach Kiphard (1994, S. 267) in zwei Richtungen gehen kann:
- in Richtung enthemmter Schüler (z. B. aggressives Verhalten, Deliquenz)
- in Richtung gehemmter Schüler (Depression, Unsicherheit, Rückzug u. a.)

Den gehemmten Schülern können Auflockerungsminuten helfen, Hemmungen und Ängste abzubauen und aus ihrer Zurückgezogenheit die Barriere zur Außenwelt zu durchbrechen. Bei den enthemmten Schülern dagegen besteht die Gefahr von negativen Wirkungen, weil die ohnehin vorhandene motorische Unruhe noch gesteigert wird. Deswegen müssen besondere Aspekte im *Differenzierungen*, aber auch im *Kooperieren und Kommunizieren* liegen. Rhythmisch-musikalische Übungen, besonders über *moderne Rhythmen*, sollten verstärkt eingesetzt werden.

Differenzieren und Kooperieren/Kommunizieren

Aus den oben genannten Gründen muss die Lehrkraft in der jeweiligen Klasse den Einsatz von Auflockerungsminuten sehr sensibel abwägen und ruhig (evtl. mit entsprechender Musik) beenden. Klare Regelabsprachen sind notwendig. Vergleiche untereinander sowie Zieh- und Schiebewettkämpfe sind weniger sinnvoll.

Beim darstellenden Spiel kann dem erhöhten Aufmerksamkeitsbedürfnis der überaktiven Schüler auf positivem Wege Ausdruck verliehen werden. Aber auch für gehemmte Schüler ist darstellendes Spiel, besonders Pantomime, geeignet, auch wenn sie mehr Zeit brauchen, um sich auf die darstellenden Formen einzulassen. (Lippert, 2012)

Übergreifend bestehen durch Auflockerungsminuten aber Chancen zur Förderung der sozialen Interaktion. Deshalb sollten Partner- und Gruppenformen erweitert werden – bei freier Partnerwahl. Außerdem ist für die (oft überalterten) Schüler ein entsprechender Lebensweltbezug herzustellen, z. B. bei den Bewegungsgeschichten, dem darstellenden Spiel oder den Rhythmusformen (s. unten). Beim darstellenden Spiel sind nonverbale Kommunikationsformen verstärkt einzusetzen.

Moderne Rhythmen

Rhythmisch-musikalische Übungen sollten auch in diesem Förderschwerpunkt verstärkt zum Einsatz kommen. Rhythmus und Melodie bieten eine unmittelbare und unanfechtbare Bezugsnorm, an der sich die Schüler orientieren müssen. Freie Gestaltungsaufgaben sollten die Kreativität herausfordern. Alle Spiel- und Bewegungsformen auch laut und temperamentvoll ausführen lassen (Ventilfunktion), zum Ende hin aber immer langsamer, vorsichtiger und leiser (Training der inneren Bremskräfte). (Lippert, 2012)

Aktuelle Songs

Die Schüler bringen abwechselnd einen aktuellen Song mit. Als kurze Auflockerung kann sich nach der Musik frei bewegt werden, dabei sollten nur ein oder zwei Bewegungsformen gefunden werden. Es können sich auch kleinere Gruppen bilden, in denen abwechselnd eine Bewegungsidee gezeigt und von den anderen aufgegriffen wird. Gegen Ende des Titels wird die Musik leiser. Als Regel ist abgesprochen, dass dann alle auf ihre Plätze zurückkehren und langsam ihre Bewegungen „einfrieren".

Varianten:
- Musik aus den Charts, Filmmusik, Werbemelodien, Percussionsklänge u. a.
- kurz besprechen, woher die Musik ist, welcher Interpret u. a.
- Bewegungsformen erweitern, z. B. durch das Auslegen von Karten mit Bewegungsideen, die auch ergänzt werden können (s. Anhang 4)
- HipHop-Formen, Raps usw. nutzen

3.3.5 Förderschwerpunkt Sprache

Die im Konzept der bewegten Schule vorgeschlagenen Inhalte für Auflockerungsminuten enthalten sehr wichtige Aspekte für die Sprachförderung. Es sollten vor allem die Übungen zur Gesichtsgymnastik, die Bewegungslieder, die rhythmisch-musikalischen Spiele sowie das darstellende Spiel zum Einsatz kommen. Interessante Modifizierungen ergeben sich auch bei den Formen zur Auflockerung durch die Verknüpfung mit sprachtherapeutischen Ansätzen, so durch Übungen zur *Mundmotorik* (einschließlich Zungenmotorik), durch die sprachliche Begleitung von Bewegungsaufgaben sowie die Untermalung von gesprochenen oder gesungenen Texten durch (rhythmische) Bewegungen. Die in beiden Büchern (Müller, 2010; Müller & Petzold, 2014) ausgewiesenen Beispiele für Gehirngymnastik (Brain Gym), insbesondere die Überkreuz-Bewegungen, sollten bewusst in die beschriebenen Formen der Auflockerungsminuten integriert werden. Die *Rhythmusübungen sind zu erweitern* sowie mit Sprach- und Sprechrhythmen zu verbinden. Beim *darstellenden Spiel* können durch Spiele mit Figuren oder Masken Sprachängste abgebaut werden.

Mundmotorische Übungen

Die gymnastischen Formen in den o. g. Büchern, besonders die „Gesichtsgymnastik", sowie die Bewegungsgeschichten sollten durch mundmotorische Übungen ergänzt werden.

Kannst du das?
Der Spielleiter gibt die Bewegung vor, alle führen sie aus.
 Variante: Bewegung anhand von Bildern vorgeben

Lippen lecken,	Mit der Zunge an die Nase tippen,
Zunge rausstrecken,	so und nun versteckt die Lippen!
Kussmund machen,	Lippen aufeinander legen,
ganz breit lachen!	nun ganz leise nicht bewegen.

(Lentes & Thiesen, 2004, S. 155)

Korkensprechen

Ein Schüler nimmt einen Korken in den Mund und hält ihn mit den Schneidezähnen/mit den Lippen fest. So fordert er seinen Partner auf: „Steh bitte auf!", „Gehe zum Papierkorb!" usw. Der Partner führt die Bewegungsanweisung aus, anschließend wird gewechselt. (Ehrlich, 2011, S. 195)

Strohhalm und Erbsen

Mit einem Strohhalm werden Erbsen (oder Papierschnipsel) angesaugt und in einen Becher gefüllt.
 Varianten:
- Mit dem Strohhalm werden die Erbsen (oder Murmeln) in ein bestimmtes Ziel auf dem Tisch bewegt (Lentes & Thiesen, 2004, S. 46) – auch unter Zeitdruck.
- „Postboote": Kleine Notizzettel mit Unterbegriffen werden an der „Poststelle" mit dem Halm angesaugt und zu den Tischen („Häusern") mit den entsprechenden Oberbegriffen transportiert.
- Papierbälle werden von der flachen Hand über den Tisch/ am Boden entlang gepustet

3 Modifizierungen zum Bereich bewegter Unterricht

Bewegungsgeschichte: *Geschwister Ober- und Unterlippe – Partner fürs Leben*

Die Geschwister Oberlippe und Unterlippe sind seit Anfang an miteinander verbunden. Sie halten sich immer fest (*Ober- und Unterlippe zusammenpressen*) – auch bei leichtem Wind (*Lippen spitzen und pusten*). Sie halten sich immer fest (*Ober- und Unterlippe zusammenpressen*). Trotz dieser leichten Brise (*leicht pusten*) fliegen an diesem Tag viele Flugzeuge (*Lippen flattern lassen*) und einige Ballons (*Wangen aufpusten*) am Himmel. Auf dem See rudert währenddessen ein Boot (*Lippen nach vorn schieben und nach hinten ziehen*) und im Wasser schwimmen bunte Fische (*Fischmund*). Am Ufer beobachten die Geschwister einige ältere Leute (*Lippen über vordere Zähne schieben*), welche Tauben füttern. Aber auch junge Pärchen, die sich umarmen und küssen (*Kussmund*). Durch die leichte Brise (*leicht pusten*) schwankt das Boot nach links und rechts (*Mundwinkel nach links und rechts*). Zunehmend weht der Wind immer stärker (*Wangen aufblasen und Luft langsam und schnell entweichen lassen*), sodass sich die Geschwister Ober- und Unterlippe noch fester aneinander halten müssen (*Lippen zusammenpressen*). (Leibiger & Gerber, 2012)

Bewegungsgeschichte: *Tierlaute*

Der Lehrer stellt einen Spaziergang durch den Zoo dar, welcher durch Bilder oder einen Zooplan visualisiert werden kann (Zeichnung s. Anhang 3). Die Schüler imitieren die vom Lehrer vorgegebenen Tierlaute und schulen somit ihre mundmotorischen Fähigkeiten. In den Klassenstufen eins und zwei wird zusätzlich der lexikalische Bereich angesprochen. Neue sowie bereits bekannte Tiernamen werden durch die Bewegung mehrfach kodiert. Dies begünstigt die Vernetzung im semantischen Lexikon. (Leibiger & Gerber, 2012)

Varianten:
- Besuch auf einem Bauernhof (Zeichnung s. Anhang 2)
- Beobachten von Fahrzeugen: Auto, Flugzeug, Lokomotive, Dampfer, Fahrrad(-klingel), Moped

3.3 Auflockerungsminuten

Rhythmisch-musikalische Bewegungsspiele/-formen

Die in den Büchern angegebenen rhythmisch-musikalischen Bewegungsspiele/-formen sollten durch weitere Rhythmusübungen u. a. ergänzt werden. Sprechrhythmen und Überkreuz-Bewegungen sind bewusst zu integrieren.

Klatschen und Schnipsen

In einem vom Spielleiter vorgegebenen Rhythmus wird mit der linken Hand an das rechte Knie, mit der rechten Hand auf das linke Knie geklatscht (Überkreuz-Bewegung). Danach wird zweimal geschnipst. Die Abfolge wird wiederholt. Sprachlich wird die Bewegungsaufgabe begleitet durch Zählen (1–2–3–4) oder durch rhythmisches Verbalisieren der Tätigkeiten („klatsch-klatsch-schnips-schnips").
 Variante: Ähnliche mit den Füßen ausführen als Stampfen und Tappen („stamp-tap")

Klatschspiele

Reime, Abzählverse, Nonsens-Verse o. Ä. werden von Kindern oft mit Vergnügen als Klatschspiele durchgeführt. Dabei ist der Inhalt weniger wichtig. Sie können als Auflockerungsminuten oder in den Pausen gespielt werden. Zum Erfinden eigener Verse sowie zum Verändern der Bewegungsformen (auch Patschen, Stampfen, Springen u. a.) sollte angeregt werden. (Beispiele bei der bewegten Pause im Abschnitt 4.5)

Liegende Acht

Bewegungen über die Körpermittellinie (wie die „Liegende Acht" oder das Klatschen auf Schulter, Knie oder Oberschenkel der anderen Körperseite) können nach Dennison & Dennison (1991) Lernblockaden lösen und Verbindungen zwischen beiden Gehirnhälften herstellen, wodurch das gesamte Lernpotenzial besser ausgeschöpft werden kann.
 Es könnten beim Singen von Liedern (z. B. „Hänschen klein") mehrere große Achten vor dem Körper in die Luft gemalt werden.

Variante: Schüler malen die vorgegebene Acht ihrer Mitschüler in der Luft nach

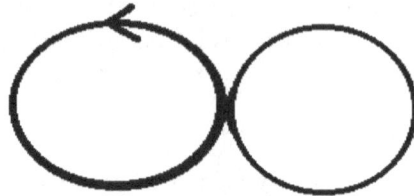

Bei einer Reihe weiterer vorgeschlagener gymnastischer Übungen (an Stühlen, mit Tüchern u. a.) sollten Formen eingebaut werden, bei denen beim Klatschen, beim Stampfen usw. mit einer Hand/einem Fuß die Körpermittellinie überschritten wird.

Singspiele

Für jüngere Schüler können Singspiele sehr ansprechend sein. Dazu zählen auch die Darstellungsspiele, bei denen zu den Texten entsprechende Handlungen nachgeahmt werden (Texte und Beschreibungen in Döbler & Döbler, 2003).
  Beispiele:
- Die fleißigen Handwerker, Die fleißigen Waschfrauen
- Die Zipfelmütz, Dornröschen, Hänsel und Gretel u. a.

Kinderlieder: *Auf der Mauer, auf der Lauer (überliefert)*

Einige Kinderlieder basieren auf dem Prinzip des Lückentext-Liedes. Im Verlauf des folgenden Liedes wird dabei pro Strophe von den Worten „Wanze" und „tanzen" jeweils ein Laut entfernt, bis schließlich eine Pause gemacht werden muss. Dies kann an der Tafel visualisiert werden.

3.3 Auflockerungsminuten

Auf der Mauer, auf der Lauer
sitzt 'ne kleine Wanze.
Auf der Mauer, auf der Lauer
sitzt 'ne kleine Wanze.
Seht euch nur die Wanze an,
wie die Wanze tanzen kann!
Auf der Mauer, auf der Lauer
sitzt 'ne kleine Wanze.

Auf der Mauer, auf der Lauer
sitzt 'ne kleine Wanz.
Auf der Mauer, auf der Lauer
sitzt 'ne kleine Wanz.
Seht euch nur die Wanz an,
wie die Wanz tanz kann!
Auf der Mauer, auf der Lauer
sitzt 'ne kleine Wanz. usw.

Bewegungslieder: *Fliegerlied*

Tim Toupet: So ein schöner Tag (Fliegerlied)
   Musik und Text: Zugriff am 06.06.2013 unter http://www.songtexte.com/songtext/tim-toupet/so-ein-schoner-tag-fliegerlied-43e9ef7f.html
   (Bewegungen entsprechend des Textes)
   Weiteres Bewegungslied, z. B. in Englisch: Head shoulders knees and toes (s. Anhang 4)

Tanzspiele und Tänze

Die im Buch „Bewegte Grundschule" vorgeschlagenen Tanzspiele „Laurentia", „Labada" sollten im Förderschwerpunkt Sprache unbedingt *gesungen* werden. Ergänzend können Tänze zum Einsatz kommen. Es sollten vor allem Tänze ausgewählt werden, bei denen mit den Beinen oder Armen die Körpermittellinie überkreuzt wird. Beispiele sind: Sirtaki oder Formen des Line Dance (Beschreibung bei der bewegten Pause im Abschnitt 4.5)

Sprachförderndes darstellendes Spiel

Ferngesteuerte Fahrzeuge

Die Schüler nehmen die Rolle eines Fahrzeugs ein, welches durch eine andere Person gesteuert wird. Der Spielleiter (Lehrer/später Schüler) produziert in unterschiedlichen Tonlagen und Rhythmen verschiedene Motorgeräusche. Je nach Tonlage und Rhythmus fliegt das Flugzeug hoch und tief bzw. schnell und langsam. Wird beispielsweise ein „Aaaa" sehr hoch produziert, fliegt das Flugzeug hoch (Schüler läuft aufrecht).

Wird jedoch das „Aaaa" tief wiedergegeben, so muss sich der Teilnehmer in einer gebückten Haltung fortbewegen. Durch diese Übung wird die stimmliche Vielfalt den Kindern verdeutlicht und die Modulationsfähigkeit der eigenen Stimme geschult. (Zimmer, 2009, S. 161).
 Varianten:
- Rhythmuswechsel
- Partnerarbeit

Lachinsel

Die Schüler fahren mit einem „Schiff" und werden auf einer Inselkette (durch Seile o. Ä. gelegt) abgesetzt. Auf jeder Insel herrscht eine andere Stimmung, welche es gilt zu imitieren. Beispielsweise wird auf der Schlafinsel geschnarcht, auf der Lachinsel gelacht, auf der Pfeifinsel gepfiffen usw. Die Teilnehmer haben die Aufgabe, die verschiedenen Inseln zu besuchen und die Stimmung der Insel nachzuahmen. Dabei ist es sinnvoll, wenn ein Inselbewohner dauerhaft auf seiner Insel wohnt, so dass die Schüler wissen um welche Insel es sich handelt. Mit dem nochmaligen vorbeikommen des Schiffes werden alle Kinder wieder eingesammelt und die Rollen der „dauerhaften" Bewohner und der Reisenden kann gewechselt werden. Die Schüler üben sich bei diesem Spiel in der Modulation und Artikulation sowie in der Lautbildung und -differenzierung.
 Variante: Erfinden neuer Inseln, z. B. Heulinsel, Meckerinsel, Trauerinsel, Weininsel, Kicherinsel, Brumminsel (Leibiger & Gerber, 2012)

Pantomime

In diesem Spiel soll der Schüler Dinge aus einem vorgegebenen Themenbereich mit Hilfe seinen Körpers und dem Einsatz der Stimme darstellen. Wird der Inhalt von der Klasse richtig erraten, so ist der nächste an der Reihe. Beispielsweise kann zur Weihnachtszeit das Thema „Wunschmaschine" aufgegriffen werden, bei dem die Schüler ihren Wunsch für Weihnachten pantomimisch darstellen, z. B. einen Hund (kriechen auf allen Vieren und bellen), ein Fahrrad (in die Pedale treten und klingeln) usw.
Variante: Festigung von Vokabeln im Englischunterricht

3.3.6 Förderschwerpunkt Hören

Die Schüler dieses Förderschwerpunktes ermüden schneller, da sie sich auf auditive Stimuli konzentrieren müssen. Deshalb sind Auflockerungsminuten mit Impulsen für den Sympatikus (Arbeitsnerv) für sie wichtig.

Gymnastik für Gesicht, Hände und Füße

Übungen für Hand-, Fuß- und Gesichtsmuskulatur rufen eine besonders aktivierende Wirkung hervor. (Müller, 2010, S. 94) Diese können auch mit einer „Hörpause" und nonverbale Kommunikation verbunden werden. Dann werden die Nebengeräusche reduziert. Viele dieser Übungsformen sollten im Stand (evtl. auch auf einem Bein) ausgeführt werden, da Hörbeeinträchtigte teilweise Gleichgewichtsprobleme haben.

Beispiele: Grimassen schneiden, Hund und Katze, Die Zunge turnt, Die Finger turnen, Die Füße turnen, Der Schatten (Müller, 2010, S. 94–98) oder Schauspielunterricht, Mimisches Szenenspiel, Karussell (Müller & Petzold, 2014, S. 93–96)

Hörschädigung ist häufig verbunden mit sprachlichen Problemen. Deshalb sollten auch unter dem Förderschwerpunkt Sprache vorgestellte Ideen Berücksichtigung finden, z. B. mundmotorische Übungen.

Rhythmisch-musikalische Bewegungsformen

Viele Schüler mit dem Förderschwerpunkt Hören haben ein eingeschränktes rhythmisches Empfinden (SBI, 2014, S. 30). Deshalb sollten rhythmisch-musikalische Bewegungsformen verstärkt eingesetzt werden. Bewegungslieder (Müller, 2010, S. 119–124) und bekannte Lieder (aus dem Musikunterricht) sollten zur Auflockerung eingefügt und motorisch begleitet werden. Das sollte mit Bewegungen geschehen, die wenig Nebengeräusche erzeugen. (geräuscharme Bewegungen: Winken, Arme schwingen (senkrecht oder waagerecht als „Scheibenwischer"), „Dirigieren"/Taktieren, in den Knien federn, mit den Zehen wippen,

3 Modifizierungen zum Bereich bewegter Unterricht

hocken und strecken, mit dem ganzen Körper nach vorn/hinten/zur Seite neigen (Gleichgewichtsschulung!). (G. Richter, 2018)

Weitere Beispiele: Sprechverse rhythmisch gestalten (Müller, 2010, S. 117) oder beliebige Wörter, Rechtschreibregeln, Sprichwörter, Werbeslogans, Gedichte rhythmisch sprechen und mit Körperbewegungen unterstützen (Müller, 2010, S. 115). In höheren Klassenstufen können Raps entwickelt werden oder Rhythmusspiele (Wendeltreppe, Clap-Burger) sowie Formen der Körperpercussion (Swing-Klatscher, Zimmermann-Klatscher) zum Einsatz kommen (Müller & Petzold, 2014, S. 109–111, 112–114). Sollten dabei die Klatschformen zu viele Nebengeräusche hervorrufen, dann kann auf eine leise Berührung der Hände des Partners reduziert werden.

Bewegungsgeschichten
(Müller, 2010, S. 108–112, Müller & Petzold, 2014, S. 103–105)

Vor allem aufgrund der geringeren Hörmerkspanne sollte beachtet werden:
- einfache und expressive Sprache verwenden
- einfachen Handlungsstrang mit kurzen Sätzen wählen
- nonverbale Gestaltungsmittel (Mimik, Gestik) einsetzen
- lautsprachbegleitende Gebärden zur Absicherung des Sinnverständnisses
- auf angemessene Betonung und Variation der Lautstärke achten
- wenige Geschichten auswählen, diese aber öfter wiederholen
- begleitende Bewegungen anfangs langsam vorgeben, zunehmend Ideen der Kinder berücksichtigen (L.Richter, 2014, S. 34)
- Bewegungsgeschichten mit Rhythmen verbinden
- evtl. erst eine Sequenz hören, dann in Bewegung umsetzen
- Geschichte visualisieren (Beispiele: Quer durch die Tierwelt, Badeausflug (Müller, 2010, S. 109–110, 277–287) oder Spaziergang durch den Zoo, Auf dem Bauernhof (Anhang 3)

Formen des darstellenden Spiels (Müller, 2010, S. 130–137 bzw. Müller & Petzold, 2014, S. 118–123) sollten bei adressatengerechter Auswahl vielfältig zum Einsatz kommen

Weiterführende Medienempfehlungen für die Umsetzung von Auflockerungsminuten:

Deister, M. & Horn, R. (2011). *Streichelwiese: Ganzheitliche Körpererfahrung für Kinder. Geschichten, die mit den Fingern erzählt werden* (28. Aufl.). Lippstadt: Kontakte Musikverlag.

Engel, A. & Hehemann, C. *(2009). Fördern erleichtern mit Ritualen* (3. Auf.). Offenburg: Mildenberger Verlag.

Erkert, A. (2010). *Alle Straßenschilder hüpfen fröhlich in die Höh': Spiele, Lieder und Aktionen zur Förderung von Wahrnehmungs-, Koordinations- und Reaktionsfähigkeit rund um Lieder von Volker Rosin.* Münster: Ökotopia.

Fornefeld, B. (Hrsg.). (2011). *Mehr-sinnliches Geschichtenerzählen. Multi-sensory Storytelling.* Berlin: Dr. W. Hopf.

Harrison, K., Layton, J. & Morris, M. (1991). *Tolle Ideen: Tanz und Bewegung.* Mülheim a. d. Ruhr: Verlag an der Ruhr.

Hoefs, H., Götzenberg, M. & Loss, H. (o. J.). *Vom Frühstückssong zum Abschiedsgong.* Audio-CD. Mühlheim: Verlag an der Ruhr.

Horn, R., Mölders, R. & Schröder, D. (Hrsg.). (o. J.). *Klassenhits – das Original.* CD-Paket. Lippstadt: Kontakte-Musikverlag.

Horn, R. & Zimmer, R. (o. J.). *Singen und Bewegen mit Kindern.* Fortbildungs-DVD. Lippstadt: Kontakte-Musikverlag.

John, B. & Theis, E. (2003). *Sitztänze zu Melodien aus aller Welt: Klassiker, Schlager und Folklore.* Boppard/Rhein: Fidula.

Lehmkuhle, J. (2007). *Förderung von Menschen mit geistiger Behinderung durch Bewegung und Tanz.* Münster: Waxmann Verlag.

Probst, W. & Vogel-Steinmann, B. (1983). *Musik, Tanz und Rhythmik mit Behinderten* (2., korr. Aufl.). Regensburg: Bosse.

3.4 Entspannungsphasen

Bei Entspannungsphasen wird die eigentliche Lerntätigkeit ebenfalls kurzzeitig (ca. 3 bis 5 Minuten) unterbrochen. Bewegung wird hierbei zur Beruhigung und zum Stressabbau eingesetzt. Bewegungsaktivitäten sollen den Parasympathikus aktivieren und die Gedanken auf Personen oder Gegenstände, auf den eigenen Körper bzw. auf geistig vorgestellte Phänomene lenken. Dies ist möglich durch Entspannungsübungen, wie Atemübungen, Anspannen – Entspannen, Massagegeschichten oder

3 Modifizierungen zum Bereich bewegter Unterricht

Formen der Selbst- bzw. Partnermassage sowie durch Entspannungsgeschichten oder Yogaübungen. Der Einstieg dazu sollte über Kennlern- und Kontaktspiele sowie über ruhige Spiele oder Konzentrationsspiele erfolgen. (Müller, 2010, S. 139) Kinder und Jugendliche müssen lernen, ihre Aufmerksamkeit auf den eigenen Körper zu richten und die wohltuende Wirkung von Entspannungsübungen zu genießen. Eine angenehme Atmosphäre kann geschaffen werden durch leise Hintergrundmusik, durch das Abdunkeln des Raumes, oder durch ein weitgehendes Ausschalten von ablenkenden Geräuschen u. a.

Übergreifende Modifizierungen

Für Schüler mit sonderpädagogischem Förderbedarf besitzen Entspannungsphasen eine besondere Bedeutung. Sie sollten möglichst oft mit einer Wahrnehmungsschulung verbunden werden.

Formen der Entspannung sollten zur Rhythmisierung des Schultages in allen Bereichen der bewegten Schule umgesetzt werden, nicht nur im Unterricht. Zum Erreichen eines tatsächlichen Entspannungseffektes sind zum Teil längere Durchführungszeiträume einzuplanen. Neben bewegungsorientierten Entspannungsformen müssen stärker Bedingungen eingeräumt werden, bei denen die Schüler tatsächlich auch zu (weitgehender) körperlicher Ruhe finden (z. B. Snoezelen, Schaukeln in einer Hängematte, Musik oder Entspannungsgeschichte hören). Die Kinder und Jugendlichen sind in kleinen Schritten an Entspannungsverfahren heranzuführen. Im Sinne eines Balanceprozesses zwischen Verhältnissen/Bedingungen und Verhaltensweisen sind Kompetenzen zu entwickeln, damit sie bevorzugte Formen finden und mit zunehmender Selbstständigkeit anwenden können. Die Auswahl muss nach den jeweils zeitlich-organisatorischen, räumlich-materiellen und individuellen Voraussetzungen getroffen werden. Es wird empfohlen, sich auf ausgewählte gleichbleibende Entspannungsrituale zu konzentrieren, die wiederholt und regelmäßig durchgeführt werden (Petermann & Menzel, 1997, S. 242). (Dinter, 2013, S. 145)

3.4.1 Förderschwerpunkt Lernen

Entspannungsphasen sind für Kinder und Jugendliche mit dem Förderschwerpunkt Lernen besonders wichtig. Dadurch können Konzentrationsschwierigkeiten, motorische Unruhe, Probleme bei der Verhaltenssteuerung u. a. positiv beeinflusst werden. Sie sollten deshalb regelmäßig in den Unterrichts- und Tagesablauf einbezogen werden.

Bei Kindern mit AD(H)S sollte der Lehrer während der Entspannungsphasen in ihrer Nähe stehen und eventuell zur Beruhigung seine Hand auf deren Schulter legen. Rituale können ihnen helfen, Sicherheit zu erlangen und zu entspannen.

In den nachfolgenden Abschnitten zu weiteren Förderschwerpunkten sind eine Reihe von Beispielen enthalten, die durchaus für den Schwerpunkt Lernen ebenso von Bedeutung sind, z. B. die Hinweise bezüglich Snoezelen im Abschnitt 3.4.2 oder die Verbindung zur Wahrnehmungsschulung in den Abschnitten 3.4.3 und 3.4.5.

Besondere Aspekte für den Förderschwerpunkt Lernen ergeben sich dadurch, dass *Kontakt- und Distanzprobleme zu beachten und klare Regelabsprachen* zu treffen sind.

Beachtung von Kontakt- und Distanzproblemen

Kontakt- und Distanzprobleme von Schülern sind zu beachten. So sollten Kontaktspiele bei der Einführung auf dem Prinzip der Freiwilligkeit beruhen und die Kinder vorsichtig herangeführt werden. Selbstmassage und die Massage mit Noppenbällen sind als Einstieg und für Schüler mit Distanzproblemen günstig. Statt die Atmung beim Partner zu spüren, sollten sie sich auf den eigenen Körper konzentrieren.

Regelabsprachen

Es sind klare *Regelabsprachen* zu treffen, z. B. bei den entspannenden Spielen. Atemübungen können helfen, dass sich die Schüler eine ruhige und entspannte Atemtechnik angewöhnen, die bei aufkommender Nervosität und Gereiztheit bewusst eingesetzt werden kann. Bei einigen

3 Modifizierungen zum Bereich bewegter Unterricht

Atemübungen ist es notwendig, dass die Lehrkraft vor Beginn klare Anweisungen gibt (niemanden anpusten u. a.). An Massageformen sind die Schüler schrittweise heranzuführen. Massageregeln sollten vor Beginn öfters wiederholt und evtl. schriftlich an der Tafel fixiert werden (langsam beginnen und enden, keine ruckartigen Bewegungen, die Wirbelsäule aussparen u. a.).

Der Einsatz von Entspannungsgeschichten ist abhängig von der konkreten Klassensituation. Zu Beginn sollten die Geschichten nicht zu lang sein und lieber Pausen im Text und Wiederholungen beinhalten. Ruhige Musik kann sehr unterstützend wirken. Ein Bezug zu Unterrichtsinhalten ist nach Möglichkeit herzustellen.

3.4.2 Förderschwerpunkt geistige Entwicklung

Die im Abschnitt 3.4.1 für den Förderschwerpunkt Lernen gegebenen Hinweise zu den Entspannungsphasen sind weitgehend auch für die hier behandelten Schüler mit Beeinträchtigungen in der geistigen Entwicklung von Bedeutung. Modifizierungen im Förderschwerpunkt geistige Entwicklung beziehen sich vor allem auf *Vereinfachungen* und die *Wahrnehmungsschulung*, besonders des taktilen Analysators.

Vereinfachungen

Kennlern- und Kontaktspiele und *Entspannende Spiele*, die von beiden Partnern mit geschlossenen Augen durchzuführen sind oder die hohe Ansprüche an die Reaktionsfähigkeit, Motorik, das Vorstellungs- und Abstraktionsvermögen stellen bzw. „Schreckensmomente" enthalten, sind für Schüler mit dem Förderschwerpunkt geistige Entwicklung eher ungeeignet (z. B. Aura, Denkmal bauen, Steifer Mann, Kreisel, Anschleichen). Je nach Voraussetzungen der Schüler müssen die vorgestellten Bewegungsformen auf die Fähigkeiten abgestimmt, Mehrfachanforderungen entkoppelt und eventuell erforderliche Differenzierungen und Visualisierungen vorgenommen werden (Hennig, 2009, S. 37).

Stilleübungen sollten sich auf solche Formen beschränken, bei denen die Schüler ihren motorischen und kognitiven Voraussetzungen ange-

3.4 Entspannungsphasen

passte Bewegungen in Stille durchführen (z. B. Mandala legen, s. Abschnitt 4.2) oder im Stillsein in angenehmer Position entspannenden Geräuschen, Geschichten oder Musik zuhören. Vorschläge, die anspruchvollere kognitive Aufgaben, ein Richtungshören oder Erkennen von Geräuschen mit geschlossenen Augen beinhalten, stellen eine mögliche Überforderung dar oder tragen nicht zur beabsichtigten Entspannung bei (z. B. Geräusche erkennen, Richtungshören, Was ist anders?). Auch auf Kontrasterfahrungen sollte u. a. aufgrund schneller Anforderungswechsel und einem eher geringen Entspannungseffekt verzichtet werden. Stilleübungen können im Förderschwerpunkt geistige Entwicklung in Verbindung zu Unterrichtsinhalten angeboten werden, wie z. B. thematische Bildbetrachtungen oder kurze Filmsequenzen zu ruhiger Musik (Wagner, 2004, S. 28). Damit kann zur Reduzierung von Umstellungsanforderungen auf „gänzlich neue" Situationen beigetragen werden. Bei Bedarf bietet sich diese Variante auch zur Gestaltung von Stundenanfänge bzw. -enden in stiller Atmosphäre an. (Dinter, 2013, S. 139–140)

Bei Atemübungen ist auf Formen zu verzichten, die eine bewusste Konzentration auf innere Prozesse beim Atmen oder das Durchführen von Bewegungsfolgen im festgelegten Rhythmus von Ein- und Ausatmung erfordern. Es sollten Praxisvorschläge bevorzugt werden, bei denen die Ein- und Ausatmung stärker über eigene Aktivität und eine Aufmerksamkeitsrichtung nach außen angeregt wird (z. B. Kerze auspusten, Auf Laute ausatmen). Allerdings müssen die Vorschläge nicht über vorgestellte, sondern tatsächliche Tätigkeiten, wie dem Aufblasen eines Luftballons oder Fortbewegen kleiner leichter Gegenständen auf dem Tisch durch Pusten umgesetzt werden (s. Pustefußball). Zum Bewusst machen und Kontrollieren der Atmung kann mit Schülern im Förderschwerpunkt geistige Entwicklung das sogenannte Tönen, Summen und Produzieren von Lauten in der Ausatmung genutzt werden. Solche Übungen helfen, die Länge der Atmung zu beeinflussen, fördern die Mundmotorik und haben eine entspannende Wirkung durch die entstehende Vibration (Doetsch, 2010, S. 75, 105). (Dinter, 2013. S. 138)

3 Modifizierungen zum Bereich bewegter Unterricht

Pustefußball
Materialien: Watte, Tesakrepp
Auf dem Boden wird ein Spielfeld markiert. Ein Ball aus Watte wird in die Mitte gelegt. Abwechselnd versuchen die Schüler, die Watte über die Torlinie des Gegenübers zu pusten.
Varianten:
- Spielform auch auf dem Tisch möglich
- Watte entlang vorgegebener Linien/Wege oder in Richtung vorgegebener Ziele (z. B. auf Blatt Papier) pusten
(Dinter, 2013, S. 274, modif. nach Sowa, 2000d, S. 79–80)

Die Progressive Muskelentspannung ist im Förderschwerpunkt geistige Entwicklung wegen mangelndem Körperschema, Problemen bei der Aufgabenumsetzung u. a. weniger geeignet.

An *Massageformen* sollten die Schüler über Kennlern- und Kontaktspiele allmählich herangeführt werden. Für die Einführung oder bei Schülern mit ablehnender Haltung gegenüber starkem Körperkontakt (z. B. in der Pubertät) können gegenseitige Handmassagen oder Selbstmassagen durchgeführt werden. Das Nutzen von Massagebällen, Massagekraken oder anderen Materialien kann helfen, den direkten Körperkontakt zu reduzieren. Außerdem entsprechen solche Materialien unter Umständen besser den handmotorischen Voraussetzungen einzelner Schüler.

Für *Massage- und Entspannungsgeschichten* sollten Hinweise für den Einsatz von Bewegungsgeschichten (s. Abschnitt 3.3.2) übertragen werden. Diese sind vor allem gekürzt, vereinfacht und inhaltlich weniger komplex anzubieten sowie nach Möglichkeit zu visualisieren. Zur Veranschaulichung von Bewegungsformen empfiehlt sich das Einkleiden der Massage in bekannte Handlungsmuster (Müller, 2010, S. 162). Bei Schülern der oberen Schulstufen sind direkte, einfache Anleitungen für die Massage möglicherweise besser geeignet als Geschichtenformen.

Auf den ersten Blick erscheint vielen Pädagogen die Entspannungstechnik *Yoga* bei Schülern mit dem Förderschwerpunkt geistige Entwicklung weniger praktikabel. Wird das zunächst komplexe System des Yoga jedoch an die Bedürfnisse und Fähigkeiten der Schüler angepasst, eignet sich diese Form der Entspannung durchaus. Dafür muss nach Doetsch (2010, S. 61–63) auf motorisch anspruchsvolle Asanas, komplexe Atemtechniken oder tiefe Meditationen verzichtet werden. Asanas werden stattdessen vereinfacht und in Teilbewegungen zerlegt, Hilfsmittel zur Veranschaulichung eingesetzt und zur Atemkontrolle z. B. Laute produziert. Da viele gängige Körperhaltungen des Yoga Tiere oder Naturerscheinungen imitieren, ist eine spielerische und anschauliche Umsetzung gut möglich. Das Nachahmen von Geräuschen bietet Gelegenheiten zur Schulung der Atmung (Doetsch, 2010, S. 75, 101). Yoga lässt sich als Wahlpflichtkurs, Arbeitsgemeinschaften, Projekt, zur Entspannung und Auflockerung im Unterricht, als Teil des Sportunterrichts oder Therapien, als Ritual im Morgenkreis oder in Freizeitangeboten anbieten. Für die erfolgreiche Umsetzung von Yoga im Förderschwerpunkt geistige Entwicklung ist eine langfristige Heranführung, regelmäßige Durchführung und Wiederholung sowie eine Qualifikation der Pädagogen auf diesem Gebiet erforderlich (Doetsch, 2010, S. 94, 98–101). Neben Entspannungseffekten kann Yoga bei den Schülern zur Verbesserung der Koordination, der Konzentration, Wahrnehmung, Atmung und zur Entwicklung der Persönlichkeit beitragen (Doetsch, 2010, S. 55–87). Über Yoga-Angebote in der Schule können sich Möglichkeiten für gemeinsame Vorhaben mit den Familien ergeben und eine freizeitrelevante Bewegungsaktivität erlernt werden. (Dinter, 2013, S. 140–141)

Wahrnehmungsschulung

Entspannungsformen sind im Förderschwerpunkt geistige Entwicklung verstärkt mit der Wahrnehmungsschulung, besonders des taktilen Analysators zu verbinden. Es ist empfehlenswert, als Stilleübungen auch in Ruhe durchgeführte Spiel- und Übungsformen zur Schulung der Wahrnehmung aufzunehmen. Möglichkeiten dafür sind z. B. das selbstständige oder passive Fühlen von Materialien auf der Haut (ggf. passend zum Unterrichtsinhalt) oder Spiel-/Geschichtenformen zur Entspannung und Wahrnehmungsschulung, z. B. Was krabbelt da? (Dinter, 2013, S. 271).

3 Modifizierungen zum Bereich bewegter Unterricht

Was krabbelt da?
Ich merke in meiner Hand ein feines Kribbeln. Es geht hin und her (*mit zwei Fingern die andere Handfläche kitzeln*). Jetzt fühle ich, wie es den Arm hinauf geht (*mit zwei Fingern den Arm hinauf krabbeln*), immer höher (*weiter hoch kitzeln*), den Hals entlang (*den Hals kitzeln*), bis zum Ohrläppchen (*leicht über das Ohrläppchen streichen*). Was mag das sein? Es knabbert am Ohr, hinter dem Ohr (*über das ganze Ohr streichen*), ob es ein Mäuschen ist? Ich sitze ganz still und spüre, wie das unbekannte Etwas vorsichtig über den Kopf läuft (*mit zwei Fingern über den Kopf kraulen*), und nun das andere Ohr entdeckt (*über das andere Ohr streichen*). Nach einer Weile kitzelt es wieder auf meinem Kopf (*wieder mit zwei Fingern über den Kopf kraulen*), läuft zurück, wie es gekommen ist, tapst über das Ohr (*über das Ohr streichen*) und saust schnell den Arm hinab, bis in meine Hand (*mit dem Zeigefinger den Arm hinab streichen, bis in die Handfläche*). Ich möchte zu gern wissen, was da kribbelt und krabbelt. Ganz langsam und vorsichtig schließe ich die Hand, und jetzt habe ich das geheimnisvolle Wesen fest umschlossen und weiß, was es ist (*die Hand umschließt die Finger der anderen*). Keine Maus! – Meine zweite Hand!
(Dinter, 2013, S. 271–272, leicht modif. nach Deister & Horn, 2011, S. 30–31)

Für die Arbeit mit Kindern mit sonderpädagogischem Förderbedarf hat sich das Snoezelen bewährt (Mertens, 2006, S. 427–436). Dies trifft vor allem auf den Förderschwerpunkt geistige Entwicklung zu, weshalb Ausführungen zum Snoezelen an dieser Stelle eingeordnet werden.

Snoezelen
(Dinter & Müller, 2011, S. 39–40; Dinter, 2013, S. 142–143)
Snoezelen bedeutet Dösen, Schlummern, Schnuppern, Schnüffeln, sich Wohlfühlen (Theunissen, 2005, S. 151). In einem speziell gestalteten und ausgestatteten Snoezelenraum werden über Klang-, Ton- und Lichtelemente, Aromen und Musik Sinnesempfindungen ausgelöst. Diese wirken auf unterschiedliche Wahrnehmungsbereiche sowohl entspannend als auch aktivierend. Das Hauptanliegen des Snoezelens ist das Erreichen eines positiven Ruhezustands und eines allgemeinen Wohlbefindens. (Mertens, 2006, S. 423–429). Darüber hinaus bieten die

3.4 Entspannungsphasen

speziellen Sinnesangebote u. a. bei entwicklungsverzögerten, hyperaktiven, geistig behinderten und autistischen Menschen Möglichkeiten der Entwicklungsförderung, der verbesserten Kommunikation und der Verhaltensänderung (Mertens & Verheul, 2004; Mertens, 2006).

Nach Kuckuck (2002, S. 42–43) empfehlen sich zur Einrichtung und Ausstattung eines Snoezelenraumes nachfolgende Gegenstände und Materialien:

- taktiler Bereich: weiche Böden (Matratzen, weiche Bodenbedeckungen); Wandverkleidungen aus Kork, Teppich o. Ä.; Wasserbett, unterschiedliche Tastobjekte, Fühlbehälter, Tastwände, Temperatur- und Luftobjekte (z. B. Ventilator, Föhn), Ballbad, Wippen, Schaukeln, Hängematten
- auditiver Bereich: Musikanlage, kombinierte Tast- und Klangobjekte, Kopfhörer, Mikrofon
- visueller Bereich: dimmbare Beleuchtungsanlage, kombinierte Tast- und Lichtobjekte, Lichtorgel, Projektor, Spiegelkugel, Blasensäulen, Farbleuchten, Spiegelwand
- Geruch/Geschmack: Düfte aller Art (z. B. Kräutersäckchen), Geschmacksformen nach Belieben
- Bewegungsfreiheit: Bewegungsflächen ohne Hindernisse und Barrieren, die u. a. ein Rollen, Kriechen und Krabbeln ermöglichen

3.4.3 Förderschwerpunkt körperliche und motorische Entwicklung

Zwischenzeitliche Ruhephasen und physische sowie psychische Entspannung sind für Schüler mit sonderpädagogischem Förderbedarf im Förderschwerpunkt körperliche und motorische Entwicklung besonders wichtig, da viele feinmotorische Arbeiten wie das Schreiben oder Schneiden, eine hohe Belastung darstellen. Inhalte der Entspannungsphasen können ihnen aber auch sehr wertvolle Förderungsmöglichkeiten im Wahrnehmungsbereich bieten, z. B. bei Erkundungsreisen durch den Körper oder auch bei entsprechender Gestaltung von Massage- oder Entspannungsgeschichten (s. unten). Manche Kinder mit diesem sonderpädagogischem Förderbedarf haben ein hohes Sicherheitsbedürfnis oder ein gestörtes Nähe-/Distanzempfinden, was Beachtung finden muss.

3 Modifizierungen zum Bereich bewegter Unterricht

Sicherheit geben

Um Schülern Sicherheit zu geben und Distanzprobleme überwinden zu helfen, sollten Schreckreaktionen vermieden werden, z. B. ist das Spiel „Anschleichen" weniger geeignet. Bei Vertrauensspielen und Entspannungsgeschichten können die Augen geöffnet bleiben. Massageformen sollten (zumindest anfänglich) statt mit unmittelbaren Körperkontakt zwischen den Partnern mit sinnvollen Gegenständen ausgeführt werden, z. B. mit Massagebällen oder Spielzeugautos. Körperkontakte können über spielerische Formen (z. B. „Stille Post") angebahnt werden. Selbstmassage entsprechend der individuellen Möglichkeiten ist günstig. Damit keine ungewollten Reflexe ausgelöst werden, sollte der Kopf in Mittelposition gehalten werden. Wegen Gleichgewichtsschwierigkeiten und Problemen bei der Muskelanspannung sind Yogaübungen sowie die Progressive Muskelanspannung für viele der betroffenen Kinder nur nach entsprechender Vorbereitung geeignet. Es sollte genügend Zeit eingeplant werden, andererseits Stilleübungen u. a. nicht zu lang ausgedehnt werden.

Massage- und Entspannungsgeschichten verbunden mit Wahrnehmungsschulung

– Massage- und Entspannungsgeschichten sehr bewusst mit akustischen, visuellen, taktilen Wahrnehmungen oder dem Geruchssinn verbinden (evtl. einen Snoezelenraum nutzen, s. Abschnitt 3.4.2)
– Wahrnehmungsbereiche ansprechen, in denen Schwächen oder auch Stärken der einzelnen Kinder liegen
– jedem Schüler seine Massageform überlassen, bei der er Wohlbefinden spürt, z. B. Selbstmassage (s. u.), Partnermassage, Verwendung von Gegenständen zur Massage
– mögliche entspannte sowie gelenkschonende und schmerzfreie Positionen/Lagen einnehmen, dazu auch den Rollstuhl verlassen
– auf unterschiedlichen Materialien sitzen/liegen/lagern, z. B. Knautschsäcke, Wabbel- oder Weichstoffmatten, Kissen, Decken, Hängematten, Schaukeln

- geeignete Übungen aus der Therapie einbeziehen, z. B. entsprechende Atemübungen oder gezielte Stimulanz von Körperregionen
- Fühl- und Anschauungsmaterialien nutzen (Vogelfedern, kleine Felle)
- Entspannungsformen mit Musik oder Tönen/Lauten aus der Natur verbinden
- Gegenstände zur Massage variieren (Noppenbälle mit unterschiedlicher Größe und Härte, Kugeln aus Holz oder Plaste, harte oder weiche Bürsten, raue oder glatte Gegenstände, kleine Säckchen mit Kirschkernen, Erbsen, Bohnen oder Granulat)
- Formulierungen abwandeln, bei denen Wahrnehmungen beschrieben werden, die z. B. rollstuhlabhängige Kinder nicht kennen können. Beispiel zum „Wolkenflug" (Müller, 2010, S. 165): Statt zu laufen – eine Wiese überqueren, statt an den Füßen das Gras zu spüren – den Wind an den Wangen spüren" (Brammer, 2011, S. 36)
- bei Geschichten an Tiererlebnisse erinnern
- sich am Schluss auch einmal austauschen, wie die Massage empfunden wurde

In diesen Abschnitt wurden Hinweise von Brammer, 2011; Kranzin, 2008; Rogg, 2008 eingearbeitet.

Selbstmassage

Entsprechend der individuellen Möglichkeiten können die Schüler z. B. im Sitzen ein Bein mit kreisenden Bewegungen von den Füßen bis zum Oberschenkel massieren oder mit den Händen von den Füßen bis zum Kopf wie ein „Marienkäfer" über den eigenen Körper krabbeln. Auch das Klopfen auf Körperteile ist möglich, z. B. verbunden mit afrikanischer Trommelmusik. Die Handflächen können mit dem Handballen gerieben oder der Handrücken mit dem Daumen ausgestrichen werden. Die Ohren werden geknetet. Auf Nacken, Stirn und Wangen wird leicht gedrückt oder mit der flachen Hand geklopft. Dazu kann auch ein Massageball o. Ä. verwendet werden. Ein Igelball kann auf dem Tisch mit den Händen oder dem Fußboden mit den Füßen hin und her gerollt werden.

Massagegeschichte: *Im Garten* (Joachimmeyer, 2013)
(Die Gegenstände in den Klammern sind mögliche Vorschläge zur Umsetzung, falls die Hand- bzw. Fingermotorik des massierenden Kindes eingeschränkt ist. Auch als Selbstmassage z. B. auf den Oberschenkeln möglich.)

Wir wollen heute nach draußen in den Garten gehen und das Beet neu bepflanzen. Dazu müssen wir zunächst die Erde auflockern.

Hände bilden eine Schaufel und „graben" (kleine Plastikschale)

Zwischen den dicken Erdklumpen kommen verschiedene Tiere zum Vorschein. Ein Regenwurm schlängelt davon und ein Käfer krabbelt schnell und versteckt sich wieder unter der Erde.

Finger oder Handkante schlängelt über den Rücken. Zwei Fingerkuppen krabbeln über den Rücken bis z. B. hinter die Schulter (Bürste).

Um die groben Erdstücke zu zerkleinern, nehmen wir eine Hacke und hacken das Beet damit durch.

Die Fingerknochen der geballten Faust hin und her drücken (Holzkugel). Den Rücken leicht kneten.

Nun können wir mit dem Rechen gerade Bahnen ziehen, sodass die Erde gut durchgelockert ist und eine glatte, ebene Fläche entsteht

Die auseinandergespreizten Fingerspitzen ziehen von oben nach unten und von links nach rechts (Lineal).

Jetzt können wir die Samen aussäen. Dazu streuen wir die Samen gleichmäßig über die Erde.

Fingerkuppen tippen leicht auf den Rücken.

Hinterher drücken wir die Erde platt, damit die Samen nicht vom Wind verweht werden.

Mit flacher Hand drücken (Toilettenpapierrolle rollen).

An einigen Stellen graben wir mit den Händen kleine Löcher und legen Tulpenzwiebeln hinein. Diese müssen wieder komplett mit Erde bedeckt werden.

Mit den Fingern beider Hände graben imitieren und mit Unterkante der geballten Faust drücken; beide Hände streichen über den Rücken (Wollknäuel rollen).

Wir holen die Gießkanne und begießen das Beet mit Wasser.

Fingerspitzen tippeln hoch und runter (Igelball).

Wenn jetzt die Sonne scheint, können die Samen bald wachsen.

Hände auf den Rücken legen und wärmen (Kissen).

Doch vorher müssen wir aufpassen, dass nicht zu viele Vögel kommen, die die Samen wegpicken oder Schnecken die frischen Blätter fressen.
Zeigefinger und Daumen imitieren picken (Wäscheklammer). Die flache Hand langsam über den Rücken schieben.
Aber wir haben Glück gehabt: nach und nach sprießen die ersten Halme und werden zu einem bunten Blumenbeet.
Finger kreisen über den Rücken (weicher Ball).

Entspannungsgeschichte: *Der Zauberteppich* (Joachimmeyer, 2013)
Stell dir vor, du liegst ganz bequem auf einem großen Teppich. Dein Körper wird ganz schwer und du spürst die weichen Teppichfransen an deiner Haut. Doch es ist nicht irgendein Teppich: Es ist ein Zauberteppich! Ganz langsam und vorsichtig hebt er vom Boden ab. Du liegst sicher auf dem Teppich und bist gespannt, wo er dich heute hinbringt. Er fliegt mit dir durch das offene Fenster hinaus nach draußen. Du spürst den Wind in deinem Gesicht und die warmen Sonnenstrahlen auf deiner Haut. Du bist ganz entspannt und atmest tief ein – und aus – ein – und aus...

Während der Teppich weiter fliegt, wird alles unter dir immer kleiner. Die Schule, die Straßen und die Stadt sind bald kaum noch zu erkennen. Auf deinem Flug hinauf in die Wolken wirst du bald von einigen Vögeln begleitet, die ruhig neben dir und deinem Teppich mitfliegen. Du fühlst dich genauso leicht wie sie. Um euch herum tauchen immer mehr weiße Wolken auf, sie sehen ganz weich aus, wie Zuckerwatte. Über den Wolken angekommen wird es ganz still. Der Lärm und die Geräusche von der Erde sind ganz weit weg.

Langsam senkt sich der Teppich wieder und fliegt mit dir über Berge, Wälder und Wiesen. Überall siehst du grüne Landschaften und bunte Felder. Du fliegst noch ein wenig tiefer. Es riecht nach frischem Gras und blühenden Pflanzen. Vorsichtig fliegt der Teppich mit dir in den Wald hinein. Hier ist es ganz still und dunkel. Du liegst entspannt auf deinem Teppich und lauschst den Geräuschen des Waldes. Du kannst einen Kuckuck in der Ferne hören und unter dir flitzen zwei Hasen in ihren Bau. Ganz ruhig fliegt der Teppich weiter. Du hörst einen Bach plätschern und siehst ein paar Enten baden. Auch sie genießen die Ruhe des Waldes. Langsam dringen die ersten Sonnenstrahlen durch die

Baumkronen. Sie scheinen warm auf deine Haut. Ihr kommt auf eine riesige Blumenwiese, auf der Blumen in allen Farben blühen, die herrlich duften. Es summt und brummt in der Luft, während du von deinem Teppich aus Bienen und Käfer beobachten kannst. Der Zauberteppich erhebt sich wieder in die Lüfte und ihr lasst das bunte und geschäftige Treiben der Wiese hinter euch. Du spürst den leichten Wind und wirst noch einmal ganz still. Während ihr der Schule langsam wieder näher kommt, hörst du noch mal auf deinen eigenen Herzschlag und atmest tief ein und aus. Ihr fliegt durch das geöffnete Fenster wieder zurück in die Klasse. Du bist gut erholt und ganz entspannt von deiner Reise auf dem Zauberteppich. Während du noch einmal an deine Erlebnisse zurückdenkst, öffnest du langsam die Augen und reckst und streckst dich.

Entspannungsgeschichte: *Floßfahrt* (Joachimmeyer, 2013)

Stell dir vor, du befindest dich auf einem Floß. Es ist aus stabilem Holz gebaut, damit es nicht kippt, und so groß, dass du dich gut darauf ausbreiten kannst. Du hast eine Decke dabei und machst es dir richtig bequem. Hinter dir hörst du noch die Quelle plätschern, aus der ein kleiner Bach entspringt, auf dem du nun langsam flussabwärts treibst. Von deinem Floß aus kannst du nach oben in die Baumwipfel schauen, die leicht im Wind wehen. Zwischendurch ist auch immer wieder der blaue Himmel zu sehen. Du liegst ganz entspannt auf deinem Floß und schließt die Augen. Die Bewohner des Waldes sind hier besonders gut zu hören: ein paar Vögel zwitschern, es raschelt im Laub und einige Äste knacken. Es riecht nach Holz und Erde. Du atmest ganz ruhig und gleichmäßig.

Langsam spürst du, wie es heller wird und öffnest die Augen. Die Bäume rund um den Bach werden immer weniger, sodass die Sonnenstrahlen deine Haut wärmen können. Der Bach wird nach und nach immer breiter zu einem Fluss, der sich durch Felder und Wiesen schlängelt. Einige Enten begleiten dich auf deinem Weg und schwimmen ganz ruhig neben dir her. Du entdeckst auch einen Fisch im Wasser, er schillert in bunten Farben. Dein Floß treibt immer weiter. Leicht schaukelt es im Wind. Ringsherum ist es ganz still, nur das Plätschern des Wassers und dein eigener Atem sind zu hören. Du atmest ein paar Mal tief ein und aus.

3.4 Entspannungsphasen

Der Fluss ist inzwischen so breit geworden, dass du immer wieder kleine Inseln entdecken kannst, auf denen die unterschiedlichsten Blumen blühen. Ihr Duft weht bis zu dir herüber.
Bald erblickst du in der Ferne das Meer. Der Fluss treibt dich immer weiter, bis du an der Meeresküste ankommst. Die Luft schmeckt schon ganz salzig vom Meerwasser und das gleichmäßige Rauschen der Wellen ist zu hören. Du treibst zunächst ein wenig aufs Meer hinaus. Bis zum Horizont ist weit und breit nur Wasser zu sehen. Die Sonne geht nun langsam unter und spiegelt sich auf der Wasseroberfläche. Alles glitzert in der Abendsonne. Du wirfst einen letzten Blick zurück auf die Weite des Ozeans und wie zum Abschied springen zwei Delfine aus dem Wasser. Es spritzt ein wenig auf dein Floß und du spürst wie die Wassertropfen an deiner Haut herunter laufen. Mit der Strömung treibst du nun wieder Richtung Land und schließt noch einmal die Augen, als das Floß am Strand zum Stehen kommt. Du denkst zurück an deine Reise von der Quelle bis ans Meer und merkst, dass du ganz ruhig und erholt bist. Langsam öffnest du die Augen und kehrst zurück ins Klassenzimmer.

3.4.4 Förderschwerpunkt emotionale und soziale Entwicklung

Entspannungsphasen haben auch für Schüler mit sonderpädagogischem Förderbedarf im Förderschwerpunkt emotionale und soziale Entwicklung eine große Bedeutung und sollten regelmäßig in die Tagesstruktur einbezogen werden. Besondere Beachtung sollten *Kennlern- und Kontaktspiele* sowie die Hinführung zur *Entspannung über Bewegungsübungen* finden.

Kennlern- und Kontaktspiele

Die *Kennlern- und Kontaktspiele* aus den Büchern zur bewegten Grundschule bzw. bewegten Schule (Müller, 2010; Müller & Petzold, 2014) bieten die Möglichkeit, versäumte Entwicklungsaufgaben im sozialen Bereich nachzuholen und die Mitschüler besser kennen zu lernen und zu akzeptieren. Diese Formen unterstützen den Abbau von Ängsten und fördern zwischenmenschliches Verhalten und Kontakte. (Lippert, 2012)

3 Modifizierungen zum Bereich bewegter Unterricht

Deshalb sollten Kennlern- und Kontaktspiele verstärkt, wenn auch behutsam, einbezogen werden, und dies weit über die Kennlernphase hinaus. Einzelne Formen können zu Ritualen werden (gegen die Hände des Partners klatschen – als Begrüßung oder als Anerkennung für eine gute Leistung, wie Volleyballspieler bei einem Erfolg).

Ergänzend zu den in den o. g. Büchern beschriebenen Kontakt- und Kennlernspielen können eingesetzt werden: Schattenlauf, Reifenwandern, Blindenhund, Zwillinge u. a. (Petzold, 2006) und weitere Kooperationsspiele (s. Bechheim, 2013).

Entspannung über Bewegungsübungen

Entspannungsübungen müssen behutsam eingeführt werden und erfordern einen langen, geplanten und kontinuierlich begleiteten Prozess. Der Weg zur Entspannung über Bewegungsübungen erscheint für Schüler mit emotionalen und sozialen Entwicklungsproblemen leichter als über geistige Übungen (s. Müller, 2010, S. 140). Spiele mit Wechsel zwischen Bewegung und Ruhe oder die von Bewegung in Ruhe übergehen, kommen diesem Weg entgegen – ebenso Atemübungen und Progressive Muskelentspannung. Eine Weiterführung bis zu geistigen Übungen (Entspannungsgeschichten) ist dennoch anzubahnen. Musik kann dabei eine gute Unterstützung sein. Massageformen sind als problematisch einzustufen, da die Gefahr des Auslösens von Schutzreaktionen und aggressivem Verhalten besteht (Lippert, 2013, S. 60). Selbstmassage ist eher möglich.

Gute Erfahrungen wurden in der Schule für Erziehungshilfe in Aue auch mit Wassertreten (Kneippen), Qigong und Yoga gemacht (s. Dinter & Müller, 2008, S. 53–55).

3.4.5 Förderschwerpunkt Sprache

Bei sprachbeeinträchtigten Schülern können eine erhöhte Grundspannung bzw. eine verkrampfte Körperhaltung sich in Verspannungen im Mund-, Gesichts- und Halsbereich fortsetzen (Weinrich & Zehner, 2005, S. 127) sowie Atemauffälligkeiten auftreten (vor allem bei Beeinträchti-

3.4 Entspannungsphasen

gungen auf der pragmatisch-kommunikativen Ebene wie beim Stottern). Deshalb sollten Tonusregulationen regelmäßig in den täglichen Ablauf einbezogen werden (Buschbeck, 2013). Entspannungsphasen sind dafür besonders geeignet. Auch in diesem Teilbereich gibt es eine Reihe von Möglichkeiten der Verknüpfung von Zielen und Inhalten der bewegten Schule mit sprachtherapeutischen Interventionen, zu denen nach Dobslaff (2007, S. 75.) u. a. die Aktivierung funktioneller Reserven wie das Training von Atem- und Stimmabläufen zählt.

Akzentuierungen und Modifizierungen für Schüler mit Sprach- und Sprechproblemen können vor allem gesehen werden bei der *Wahrnehmungsschulung,* bes. des Hörsinns, im Bereich der *Atemübungen* sowie in der *Verbalisierung* von Wahrnehmungen und Empfindungen.

Wahrnehmungsschulung

Übungen zur Wahrnehmungsschulung, besonders für die auditive Wahrnehmung, sind im Buch „Bewegte Schule" (Müller & Petzold, 2014) in die Konzentrationsspiele und in der Grundschule (Müller, 2010) in die entspannenden Spiele eingeordnet, wobei durchaus ein schulstufenübergreifender Einsatz denkbar ist. Weiterhin ist auf der Ebene der Phonetik und Phonologie eine Förderung der taktilen Wahrnehmung im orofazialen Bereich (Muskulatur im Mund-Gesichtsbereich) zur Anbahnung von Lauten möglich. Durch leichte Berührungen, beispielsweise mittels Wattestäbchen, können dem Kind spezifische Stellen für die Lautbildung bewusst gemacht werden. (Leibiger, 2016)

Meyer (2009, S. 79–80) empfiehlt für den Förderschwerpunkt folgende Modifikationen:
- Tomatensalat: Silben verbal zuteilen und evtl. mit kürzeren Wörtern beginnen
- Lippen lesen: Flüsterstimme zulassen

Ergänzend können eingesetzt werden:

Geräuschmemory

In je zwei Filmdosen/Überraschungseiern o. Ä. (nummeriert) befindet sich jeweils die gleiche Anzahl von kleinen Gegenständen. In Gruppenarbeit suchen die Schüler nach den zusammenpassenden Dosen.

Hör es klopfen!

Im Sitzkreis geht ein Kind leise herum und klopft an die Stuhllehnen der anderen Schüler. Jeder, der „angeklopft" wurde, steht leise auf und schließt sich dem „Klopfer" an. Zum Schluss bewegen sich alle um die Stühle herum. (Arl, 2007)

Leuchtturmspiel

Die Schüler legen den Kopf auf die Bank und schließen die Augen. Der Lehrer geht durch den Raum und macht ein Geräusch. Die Schüler lokalisieren den Lehrer und zeigen auf ihn, ohne die Augen zu öffnen.

Varianten:
- Hör es klopfen! Im Sitzkreis geht ein Kind leise herum und klopft an die Stuhllehnen der anderen Schüler. Jeder, der „angeklopft" wurde, steht leise auf und schließt sich dem „Klopfer" an. Zum Schluss bewegen sich alle um die Stühle herum. (Arl, 2007)
- Der Lehrer befindet sich an einem bestimmten Punkt im Klassenraum und gibt von Zeit zu Zeit ein Geräusch von sich. Die Schüler versuchen ihn mit verbundenen Augen zu erreichen (auf Hindernisse im Klassenraum achten!).
- Es wird im Freien gespielt und auf Störgeräusche geachtet.

Stille Post

Ziel dieses bekannten Spiels ist es, ein anfänglich vorgegebenes Wort, eine Wortgruppe oder einen Satz nur durch einmaliges Flüstern in das Ohr des Nachbarn bis zum Ende der Informationskette (Reihenfolge der Schüler) zu transportieren. Das Kind, welches sich am Ende der Informationskette befindet, sagt die von ihm gehörte Information laut. Dadurch erfolgt eine automatische Rückmeldung, ob die Postkette die anfängliche Information korrekt weitergeleitet hat. Anhand dieses

3.4 Entspannungsphasen

Spiels wird die Aufmerksamkeit des Schülers auf einen Moment beschränkt, wodurch eine Erholungsphase gewährleistet werden kann. Weiterhin liegt in diesem Beispiel ebenfalls der Blickpunkt auf die deutliche Aussprache und die Dosierung der Stimme und Lautstärke. (s. Anhang 5)

Varianten (nach Leibiger & Gerber, 2012):
- Steigerung der Sätze (umfangreich und schwieriger)
- Anwendung für Wortschatzerweiterung, z. B. Berufe (Bauarbeiter, Gärtner, Lehrer, Polizist, Krankenschwester, Rennfahrer ...)
Der Schüler am Ende der Informationskette stellt den Beruf pantomimisch dar. Auf diese Weise prägen sich die Schüler das neu gelernte Wort über verschiedene Analysatoren ein (Multiperfomanzprinzip).
- s. oben mit Bewegungsformen (hüpfen, kriechen, schleichen, robben usw.), der Letzte in der Kette führt die Bewegung aus, ebenso mit Berufen möglich

Fühlsäckchen

Im Mittelpunkt dieses Spiels steht das Erfühlen eines Gegenstandes und dessen anschließendes Beschreiben. In einer Fühlbox platziert der Lehrer verschiedene Dinge. Diese können, aber müssen nicht zwingend, mit dem Unterrichtsstoff in Verbindung stehen. Der Schüler soll anhand seiner Wahrnehmung den erfühlten Gegenstand mit all seinen Eigenschaften oder seinem Verwendungszweck (rund, glatt, klein, so groß wie ..., spielen, basteln usw.) beschreiben. Alle anderen Schüler sollen durch genaue Überlegungen den Gegenstand erraten, notieren und anschließend benennen. Anhand der Beschreibung des Gegenstandes festigen die Schüler ihre Aussprache, ihren Wortschatz sowie die Anwendung von Satzstrukturen. (Leibiger & Gerber, 2012)

Atemübungen

Bei Schülern mit Sprachauffälligkeiten können die Atemübungen helfen, unökonomische Atem- und Stimmbildmuster (z. B. isolierte Brustatmung oder Schulter-/Schlüsselbeinatmung) abzubauen und eine physiologische Atemvollfunktion zu entwickeln (Meyer, 2009, S. 80).

3 Modifizierungen zum Bereich bewegter Unterricht

Um den Rückfall in die falschen Muster zu verhindern, empfiehlt die genannte Autorin auf das Beispiel „Unterschiede spüren" (Müller & Petzold, 2014, S. 139) zu verzichten, dagegen „Strohhalm und Erbsen" sowie „Papierball pusten" (s. Abschnitt 3.2.5, Mundmotorik) aufzunehmen und „Auf Laute ausatmen" zu modifizieren.

Auf Laute ausatmen

f	*nicht*
ß	*Licht*
sch-sch-sch (Lokomotive)	*Luft*

Sich strecken

Die Schüler strecken sich soweit es geht und „versuchen" die Decke des Raums zu erreichen. Dabei wird eingeatmet. Nach der Streckungsphase wird diese Position gelöst, der Oberkörper Richtung Beine geführt und die Arme aushängen gelassen. Dabei wird kräftig ausgeatmet.
  Variante: Partnerübungen, Schüler erklären die Bewegung

Atmen mit einem Luftballon

Das Kind sitzt schräg auf einem Stuhl. Der Luftballon wird auf den Bauch gelegt und festgehalten. Beim tiefen Ein- und Ausatmen ist zu sehen, wie sich der Luftballon hebt und senkt. (Beispiel von Steffi Püschke)

Verbalisierung

Einer Verknüpfung von Inhalten der bewegten Schule mit sprachtherapeutischen Innovationen kann auch bei Entspannungsphasen durch die Verbalisierung von Bewegungsaktivitäten sowie zusätzlich auch durch das Beschreiben von Wahrnehmungen und Empfindungen erreicht werden.

Massieren und sprechen

Die Schüler sollten befähigt werden, kleine Geschichten ihrem Partner beim Massieren zu erzählen, z. B. zum Vorgehen beim „Pizza backen" oder welche Tiere gerade „über den Rücken laufen". Anschließend können sich die Partner darüber austauschen, was angenehm war – und was eventuell nicht.

Varianten:
- Es könnten zur Massage unterschiedliche Materialien eingesetzt werden (Igel-/ Noppenball, Tennisball, Tischtennisball, Schaumstoffball, Kick-Ball, Holzkugel, Massagerolle u. a.).
- Der Partner antwortet im Satz, womit er massiert wird.

Die zusätzliche Verbalisierung ist ebenfalls möglich bei der Progressiven Muskelentspannung oder bei den Fantasiegeschichten. In diese Geschichten können auch Aufforderungen wie „wir atmen in den Bauch" usw. eingebaut werden. (Leibiger & Gerber, 2012).

3.4.6 Förderschwerpunkt Hören

Um eine Überforderung zu vermeiden, muss bei hörgeschädigten Schülern bewusst zwischen Spannung und Entspannung gewechselt werden (SBI, 2014, S. 21). Entspannungsphasen können mit Wahrnehmungsschulung verbunden werden.

Entspannende Spiele

Dafür sind zwei Zielrichtungen zu unterscheiden:
- War die auditive Belastung zuvor nicht zu hoch, können Übungen zur Schulung des akustischen Analysators Anwendung finden, z. B. Geräusche erkennen, Wir lauschen, Richtungshören (Müller, 2010, S. 149) bzw. Der Schlüssel, Geräusche aus der Dose oder Stille geht im Kreis herum (Müller & Petzold, 2014, S. 138). Es sollten Konzentrationsspiele einbezogen werden, z. B. Lippen lesen, Der Spiegel, Fühlsäckchen, Formen legen (Müller & Petzold, 2014, S. 137)
- Wenn bereits im Verlauf der Stunde viele auditive Stimuli verarbeitet werden mussten, können Bewegungsübungen in der Stille für Ent-

spannung sorgen (L. Richter, 2014, S. 37), z. B. den Schulranzen ganz leise einpacken und wie die Indianer schleichen (Müller, 2010, S. 150) oder Stille Post (Begriff auf den Rücken des Vordermannes schreiben). Auch die ruhigen Spiele (Müller & Petzold, 2014, S. 135) enthalten viele Anregungen vor allem für Schüler oberhalb des Grundschulalters, z. B. Der Detektiv, Eine Minute Ruhe, Malen nach Musik (abhängig vom Grad der Hörschädigung).

Entspannungsübungen

Die Atemübungen aus dem Förderschwerpunkt Sprache sind wegen der häufigen Verbindung von Hör- und Sprachproblemen sehr sinnvoll.

Die Gleichzeitigkeit von Hören und Handeln kann Schwierigkeiten bereiten, ebenso der fehlende Blickkontakt zum Sprecher. Deshalb sollte geprüft werden, ob Massagegeschichten gut umsetzbar sind. Entspannungsmusiken könnten ansonsten die Massage begleiten. Ein ähnlicher Aspekt trifft auch auf Entspannungsgeschichten zu, die durch das Vorstellen von etwas Angenehmen bzw. von gleichmäßigen und langsamen Bewegungen ersetzt werden könnten (Müller & Petzold, 2014, S. 155–156).

Für beide Formen der Geschichten sind bei deren Einsatz die Hinweise zu den Bewegungsgeschichten im Abschnitt 3.3.6 zu den Auflockerungsminuten zu beachten.

Weiterführende Medienempfehlungen für die Umsetzung von Entspannung:

Bechheim, Y. (2013). *Erfolgreiche Kooperationsspiele. Soziales Lernen durch Spiel und Sport.* (4. Aufl.). Wiebelsheim: Limpert.

Bieligk, M. (2013). *160 Spiel- und Übungsideen zur Förderung der Sinneswahrnehmung.* Wiebelsheim: Limpert.

Deister, M. & Horn, R. (2011). *Streichelwiese: Ganzheitliche Körpererfahrung für Kinder. Geschichten, die mit den Fingern erzählt werden* (28. Aufl.). Lippstadt: Kontakte Musikverlag.

Doetsch, C. J. (2010). *Yoga für Menschen mit einer geistigen Behinderung: Umsetzungsmöglichkeiten im Unterrichtsalltag.* München: AVM.

Kuckuck, R. (2002). Praxiskonzepte zur Förderung und Erziehung schwerstbehinderter Menschen. In P. Kapustin, R. Kuckuck & V. Scheid (Hrsg.), *Bewegung und Sport bei schwer- und mehrfachbehinderten Menschen* (S. 17–66). Aachen: Meyer & Meyer.

Mertens, K., Tag, F. & Buntrock, M. (2008). *Snoezelen: Eintauchen in eine andere Welt.* Dortmund: Verlag modernes Lernen.

Petzold, R. (2006). *Spiele vor der Haustür.* Zugriff am 7. August 2019 unter https://publikationen.sachsen.de/bdb/artikel/11338

3.5 Bewegungsorientierte Projekte

Innerhalb der bewegten Schule nehmen Projekte (oder projektorientierter Unterricht) einen bedeutungsvollen Stellenwert ein. Sie unterstützen das Erreichen der Hauptzielstellung: Die Befähigung zur individuellen Handlungskompetenz, die darauf gerichtet ist durch Bewegung die Umwelt zu erfahren und zu gestalten (s. Abschnitt 2.1). Oft spielt jedoch die bewusste Beachtung des Bewegungssinnes bei der Projektplanung und Durchführung gegenwärtig eine noch eher untergeordnete Rolle und beschränkt sich meist auf den handelnden Umgang mit Gegenständen oder die feinmotorische Herstellung eines vorzeigbaren Produktes, weniger auf Ganzkörperbewegungen. Damit werden die Möglichkeiten der Erkennung und Gestaltung der Umwelt durch Bewegung mit der Projektmethode bisher noch nicht voll ausgeschöpft, denn mittels des „Doppel-Mediums" Bewegung kann die Umwelt erkundet, erlebt und/oder durch Bewegung etwas mitgeteilt, ausgedrückt bzw. verändert werden (Grupe, 1982, S. 72).

Zielstellungen von bewegungsorientierten Projekten können (in Anlehnung an Bunk, 1990, S. 13) liegen:
– im Erkunden, z. B. von Bewegungsmöglichkeiten
– im Verändern von Bewegungsbedingungen und dem eigenen Verhalten
– im Erleben der Freude am Bewegen und dem Gestalten von Bewegungsanlässen zur aktiven Teilnahme für sich selbst und für andere bzw. zur Unterhaltung
(Müller, 2010, S. 175)

3 Modifizierungen zum Bereich bewegter Unterricht

Übergreifende Modifizierungen

Die oben genannten Zielstellungen sowie die konkreten Projektvorschläge in den Büchern zur bewegten Grundschule (Müller, 2010) sowie zur bewegten Schule (Müller & Petzold, 2014) können in der Mehrzahl auch Projekte für ALLE sein, allerdings bei Abstimmung auf die Voraussetzungen der Schüler. Ein projektorientierter Unterricht dürfte eher zu realisieren sein als Projekte mit ihren charakteristischen Merkmalen im vollen Umfang (s. auch Abschnitt 3.5.2). Übergreifende Modifizierungen sollten darin liegen, dass inklusive Bildungsprozesse verstärkt angedacht und realisiert werden. Denn Projekte bieten dafür gute Ansatzpunkte, vor allem dann, wenn sie so vielfältig angelegt werden, dass sich jeder mit seinen Stärken einbringen kann. Dadurch kann das Zusammengehörigkeitsgefühl gefördert werden. Auch sollten Projekte sehr zielgerichtet zur bewegten Freizeit animieren.

Hinweis: Beim Selbstbauen von Geräten, Spielen, Boulderwänden u. a. immer die Sicherheitsfachkraft einbeziehen, um die Einhaltung von Vorschriften zu gewährleisten.

3.5.1 Förderschwerpunkt Lernen

Schüler mit sonderpädagogischem Förderbedarf im Förderschwerpunkt Lernen haben ihre Stärken häufig in *handwerklichen und sportlichen Bereichen*. Bei bewegungsorientierten Projekten ebenso wie bei unterschiedlichen Bewegungsaktivitäten im Schulleben können sie sich mit ihren Stärken einbringen und Materialerfahrungen sammeln. Ihre große Bereitschaft dafür konnten wir in den vergangenen Jahren in unseren bewegten Förderschulen beobachten. Mit viel Interesse und Eigenaktivität bauten die Älteren sich z. B. eine Boulderwand oder Pausenspielgeräte (Murmelbahn, großes Damespiel bzw. Mensch-ärgere-dich-nicht-Spiel) für die Jüngeren (Beispiele s. u.). Durch die Anerkennung und die Erfolge erwerben sie ein gesteigertes Selbstwertgefühl. Teamfähigkeit und Sozialkompetenz können gefördert werden. Dies hat positive Auswirkungen auf die gesamte Lernmotivation. (Dinter & Müller, 2012, S. 241) Anregungen für eine bewegungsintensive Freizeitgestaltung sollten die Schüler ebenfalls erhalten.

3.5 Bewegungsorientierte Projekte

Das Interesse an der Sache, verbunden mit positiven Emotionen, kann das Lernen im projektorientierten Unterricht für Schüler mit AD(H)S erleichtern. Aufgepasst werden muss allerdings, dass Reizüberflutung und verwischende Strukturen nicht negativ wirken.

Bau eines Mensch-ärgere-dich-nicht-Spiels

An der Schule zur Lernförderung in Radeberg wurden viele Spielgeräte und Bewegungsräume auf dem Schulgelände von den Schülern mit Unterstützung der Lehrer selbst geplant und errichtet, so auch ein großes Mensch-ärgere-dich-nicht-Spiel für die Jüngeren. Dadurch haben sich die Älteren viel Anerkennung erworben, was sich fördernd auf deren Selbstwertgefühl auswirkte. Insgesamt gesehen schätzt die Schulleiterin ein: *„Bewegte Schule ist eine Bereicherung im Schulleben. Ein abwechslungsreiches Unterrichten, die aktive Aufnahme von Lerninhalten, die Einrichtung von Ruheräumen und das Ermöglichen von Pausenaktivitäten sowie die Durchführung von Festen wirken sich positiv auf den gesamten Lernprozess aus. Ein hohes Engagement aller Mitarbeiter und die aktive Einbeziehung und Einsatzbereitschaft der Schüler sind eine Grundlage für das Ergebnis an der Schule."*

(Zuarbeit von Frau Strehle, Schulleiterin an der Schule zur Lernförderung in Radeberg)

Bau einer Boulderwand

Der Schulleiter des Förderschulzentrums in Flöha berichtet: *„Neben Möglichkeiten der bewegten Pause außerhalb des Schulgebäudes suchten wir auch nach sogenannten Schlechtwettervarianten im Haus. So gehören heute die bewegten Pausen in der offenen Turnhalle genau so zum Alltag wie Pausen an der Boulderwand, die sich in einem Förderraum der Schule befindet. Mit nur wenigen strukturierenden Vorgaben wird hier Schülern, vor allem im Grundschulalter, mindestens ein- bis zweimal pro Woche die Möglichkeit eingeräumt, sich aktiv zu bewegen. Arbeitsgemeinschaften ergänzen dieses Angebot. Jährlicher Höhepunkt ist dann die Exkursion in eine „große Kletterhalle" in Chemnitz.*

Unsere Boulderwand errichteten wir in den Jahren 2004–2005 aus eigener Kraft in Zusammenarbeit mit unserem Schulförderverein und Dank der freundlichen Unterstützung der Aktion Mensch. Die Schüler waren – angefangen von der Ideenfindung für die Rückwand bis zur Ausführungen der Zeichnungen an der Wand – sehr aktiv beteiligt" (s. Bilder).

(Zuarbeit Frank Richter, Schulleiter Förderschulzentrum Flöha)

3 Modifizierungen zum Bereich bewegter Unterricht

Erklärung: Was bedeutet Bouldern?

Als Bouldern (engl. Boulder – Felsblock) wird das horizontale Klettern in geringer Höhe bezeichnet. Bei einer Tritthöhe von 60 cm werden keine Anforderungen an die Aufprallfläche vorgeschrieben (dämpfender Untergrund wird empfohlen) und es besteht an Schulen keine besondere Aufsichtspflicht. Bouldern erfordert keine speziellen motorischen oder psychischen Voraussetzungen sowie keine besondere Ausrüstung oder Kleidung und ist damit ein ideales Bewegungsangebot für die Pause. (Redenyi et al., 2005) In dieser Broschüre sind auch Hinweise zum Bau einer Boulderwand enthalten (s. auch GUV-Informationen, 2005)

Bau einer Anlage für Leitergolf

Leitergolf ist ein Spiel für ALLE und auch altersunabhängig. Zwei durch eine Schnur verbundene Golfbälle (Bolas) werden so in Richtung Leitersprossen geworfen, dass sie möglichst an einer hängen bleiben – dafür gibt es dann Punkte. Das Spiel kann verhältnismäßig einfach selbst gebaut werden. (Zugriff am 5. August 2019 unter http://www.bauanleitung.org/selbstbau/leitergolf-bauanleitung)

3.5 Bewegungsorientierte Projekte

Weitere Beispiele für bewegungsorientierte Projekte:

Projekte in Grünau

An der Schule zur Lernförderung in Leipzig-Grünau fanden z. B. folgende bewegungsorientierte Projekte statt (Abschlussbericht 2011/12):
  Für die Klassen 1 bis 4 in Kooperation mit dem Hort:
– Unterwegs in Leipzig (Stadtrallyes in der City zu Fuß und mit der „Bimmel")
– Sicher im Straßenverkehr (mit Unterstützung ADAC und Verkehrswacht spielerisches Lernen der Verkehrsregeln, praktische Übungen mit dem Fahrrad)
– Wir begegnen Tieren mit all unseren Sinnen (Tierplastiken im Bildermuseum anschauen, Tiere pantomimisch darstellen, Exkursion in den Wildpark/Zoo/Reiterhof)
– Ritter (Besuch Stadtgeschichtliches Museum, herstellen von Kostümen, szenisches Gestalten, Themenfasching „Ritter und Burgfräulein" u. a.)

3 Modifizierungen zum Bereich bewegter Unterricht

Für die Klassen 5 bis 9:
- Citycamp und City Kids (Erlebnispädagogik in der Großstadt)
- Zirkusprojekt
- „Mus-E-Projekt" (Malen und Zeichnen mit verschiedenen Medien, Tanzaufführung)
- Neuseenland (verbunden mit einer Wanderung)
- Kunst von uns (mit Schwarzlichttheater und HipHop)
- Englischprojekt „Games"

3.5.2 Förderschwerpunkt geistige Entwicklung

Bewegungsorientierte Projekte haben auch im Förderschwerpunkt geistige Entwicklung eine zentrale Bedeutung, ermöglichen sie doch die Ausbildung wichtiger Kompetenzen und entsprechen dem fächerübergreifenden Prinzip. Leitziele wie Selbstbefähigung und -bestimmung können unterstützt werden.

Wegen der Voraussetzungen der Schüler ist aber eine *Reduktion* der Merkmale eines Projektes notwendig. Für einen dann eher nur projektorientierten Unterricht schlägt Fischer (2008, S. 138) besonders bezogen auf die Handlungsfähigkeit der Schüler vor, sie an der Themenwahl zu beteiligen und gemeinsam mit ihnen Arbeitsziele auszuwählen. Die Schüler helfen bei der Beschaffung von Arbeitsmaterialien. Sie werden teil- und phasenweise eigenaktiv und tragen Mitverantwortung. Der Lehrer überträgt teilweise Verantwortung, er strukturiert, unterstützt und lenkt die Gruppenarbeit. Speziell für jüngere und leistungsschwächere Schüler kann ein projektorientierter Unterricht auch sehr einfache Vorhaben im Rahmen einer Stunde, Doppelstunde oder eines Tages umfassen (Mühl, 2006, S. 368). (Dinter, 2013, S. 146)

Diese Reduktion ist bei der Arbeit an Schulen mit dem Förderschwerpunkt der geistigen Entwicklung unbedingt erforderlich, an anderen Schularten in Teilen durchaus ebenfalls angebracht. Denn die Bestimmung des Themas und die Formulierung von Zielen sowie Teilvorhaben, die freie Wahl von Lernwegen, die selbstständige Arbeitsweise u. a. dürften auch an anderen Schularten (z. B. Grundschulen) eine Überforderung darstellen. Gleichzeitig bieten sich aber eine Reihe von Möglichkeiten zur Individualisierung an, gerade auch im Rahmen inklusiver Bildung. (Dinter, 2013, S. 146)

Die in den Büchern zur bewegten Grundschule bzw. Schule – auch in der Broschüre zum bewegten Kindergarten (Müller, 2015) – vorgeschlagenen bewegungsorientierten Projekte können für den Förderschwerpunkt der geistigen Entwicklung Anregungen geben. Modifizierungen sind notwendig hinsichtlich folgender Aspekte (Dinter, 2013, S. 145–152):
- Abstimmung mit dem Lehrplan
- Reduzierung der Komplexität, des Umfanges, des kognitiven Anspruchs u. a.
- Untergliederung in kleinere Teilvorhaben, kleinschrittigere Aufbereitung
- Einbeziehung von Übungen zur Wahrnehmungsförderung im verstärkten Maße, so bei Projekten im Wald u. a. Naturmaterialien fühlen, barfuß auf unterschiedlichen Unterlagen gehen, Mandala aus Naturmaterialien legen
- Anpassung der Organisationsformen

Ergänzende Projektthemen sollten sich auf Fragen der *räumlich-materiellen Gestaltung der bewegten Schule beziehen, auf die Alltagsbewältigung, auf Orientierung, Mobilität und Verkehrserziehung, Freizeitgestaltung, das Erkunden der näheren und weiteren Umgebung sowie natur- und erlebnispädagogische Projekte*, da gerade dafür eingeschränkte Erfahrungsmöglichkeiten vorliegen (Dinter, 2013, S. 145–152).

Sicher auf Fahrgeräten
- Spiele zur Schulung der Reaktions- und Gleichgewichtsfähigkeit sowie Bewegungsspiele zur Verkehrserziehung (s. Abschnitt 4.2) durchführen
- einen Plan für einen Verkehrsgarten (Schulhof oder Sporthalle) gemeinsam entwerfen und helfen, diese Strecke aufzubauen
- Verkehrszeichen und -regeln kennen lernen
- Verkehrszeichen ausmalen/basteln/bauen
- mit einem den individuellen Voraussetzungen entsprechendem Fahrgerät den Verkehrsgarten verkehrsgerecht und mit Rücksicht auf andere durchfahren

3 Modifizierungen zum Bereich bewegter Unterricht

- Besuch eines Technik-/Verkehrsmuseums
- Fahrgeräte kennen lernen, pflegen und warten (z. B. im Lernbereich Technik)

(modif. nach Dinter, 2013, S. 148)

Natur erleben

Ideen, die sich in unterschiedlichen Organisationsrahmen umsetzen lassen:
- Wanderung mit Naturpädagogen (Dinter & Müller, 2011) oder „ABC-Wanderung" (s. Abschnitt 5.3)
- Höhlenbegehung
- Kennen lernen/Erproben von Outdoorsportarten (Kanu, Rudern, Klettern, vereinfachte Formen des Orientierungslaufs u. a.), Sicherheit beachten
- Spiele/Aktivitäten rund um das Thema Wasser
- Bau eines Hindernis-/Seilparcours im Wald
- Herstellen von Bewegungsmaterialien bzw. Materialien für das bewegte Lernen aus Naturmaterialien
- Bau eines „Waldsofas" aus Ästen, Blättern etc. (Hemming, 2011, S. 14) zur späteren Nutzung im Rahmen weiterer Waldbesuche/Unterrichtseinheiten im Wald
- Sammeln von Naturmaterialien mit festgelegten Eigenschaften (etwas Spitzes, Weiches etc.) oder von Ästen zum Bau von Hütten (Lohmann, 2003, S. 93–97)
- Legen eines Mandala/Bilder mit Naturmaterialien (s. Abschnitt 4.2)
- Durchführen eines „Schwungtuchspiels" zum Thema Natur oder „Blättermemory" (s. Abschnitt 4.2) (in Anlehnung an Dinter, 2013, S. 151)

Zirkus

Ein Zirkusprojekt mit Schülern mit sonderpädagogischem Förderbedarf im Förderschwerpunkt geistige Entwicklung erfordert einen längerfristigen Umsetzungszeitrahmen mit mehreren Vorbereitungsphasen. Es empfiehlt sich die frühzeitige Einbindung von Projektteilen in den Unterricht, die Aufnahme von Programmpunkten in Arbeitsgemeinschaften oder Ganztagsangebote und kurz vor der Aufführung die Durchführung einer Projektwoche. Das Projektthema hält vielfältige Möglichkei-

ten bereit, Lernbereiche des Förderschwerpunktes zu berücksichtigen sowie die Schüler ausgehend von ihren Voraussetzungen und Interessen differenziert am Projekt zu beteiligen:
- Zirkus zur Heranführung an das Thema besuchen
- einfache akrobatische Übungen und Tänze erarbeiten (z. B. in AGs, im Fach Sport)
- Lieder, Instrumentalbegleitung, szenische Darstellungen einüben (z. B. im Lernbereich Musik -Tanz – Rhythmus, in thematischen Ganztagsangeboten, in Theater-AG)
- Materialien für die Öffentlichkeitsarbeit (Poster, Einladungskarten etc.) gestalten (z. B. in den Lernbereichen Kunsterziehung, Lesen und Schreiben)
- Masken, Kostüme, Requisiten herstellen (z. B. in den Lernbereichen Kunsterziehung, Werken – Textilarbeit)
- Projektteilnehmer und Aufführungsbesucher versorgen (Hauswirtschaft)
- Projekt/Aufführungstag dokumentieren (z. B. in den Lernbereichen Technik, Kunsterziehung, Lesen und Schreiben, Computer-AG)

(in Anlehnung an Albersmeier, 2006, S. 19; Kant, 2006, S. 9; Mätzig, 2006, S. 5–6; modif. nach Dinter, 2013, S. 150–151)

Veränderungsprojekte zur räumlich-materiellen Ausgestaltung der bewegten Schule
(teilw. in Anlehnung an Dinter & Müller, 2011; Dinter, 2013)

- Sitzsäcke nähen
- alternative Sitzgelegenheiten aus Pappe, Holz, Schaumstoff u. Ä. herstellen
- für Schüler mit spezifischen Beeinträchtigungen erforderliche Gegenstände für das dynamische Sitzen bauen (z. B. Tischauflagen, Unterstützungsflächen für die Füße)
- Pausenspielgeräte anfertigen, wie Riesenski, Blockstelzen, Windräder
- (Wand-)Elemente für Bewegung, zur Schulung der Koordination, der Feinmotorik und der Wahrnehmung gestalten (Motorikspiele, Fühlräder, -kästen, -pfad, Säckchen, Tastgeländer, Geländer-Murmelbahn, Balancierhalbkugeln/-blöcke aus Holz bzw. mit verschiedenen Oberflächen, Klettergriffe u. a.)

3 Modifizierungen zum Bereich bewegter Unterricht

- Gestaltungselemente für Bewegung und bewegtes Lernen auf dem Boden im Schulgebäude und auf dem Außengelände aufbringen (Bewegungs- und Hüpfspiele, Zahlentreppe, -strahl, Notenlinien, Wurffelder)
- Materialien für Praxisbeispiele des bewegten Lernens anfertigen: geometrische Formen, Zahlen, Buchstaben aus Holz oder anderen Materialien; Teppichfliesen; farblich gestaltete oder mit Buchstaben/ Zahlen versehene Jogurtbecher (z. B. für Zielwerfen); Bausteine o. Ä. mit Silben oder Teilen von Rechenaufgaben; Symbol-/Bildkarten für verschiedene Unterrichtsinhalte und Lernbereiche; Papprollen mit Zahlen (z. B. für Kegelrechnen); farbige (rot, gelb, grün) Pappdeckel für Spiele zur Verkehrserziehung (z. B. Pappdeckel-Spiel) u. v. a.
- Gestaltungselemente und Materialien für Snoezelen-/Entspannungsraum herstellen, wie Tastobjekte, Kräutersäckchen, Fühl-, Geruchswäscheleine, farbige Tücher und Beleuchtung, Spiegelkugel, „Trockendusche"

Orientierung in der Stadt/Stadtführung

- Abgehen/-fahren wichtiger Wege
- Kennen- und Nutzen lernen verschiedener Verkehrsmittel
- Erkunden eines Bahnhofs
- Besuchen von Sehenswürdigkeiten und beeinträchtigungsgerechtes Thematisieren ihrer Bedeutung
- Anfertigen vereinfachter Stadtpläne (spezielle Symbole, einfache Farbgestaltung, Konzentration auf wesentliche Merkmale, Wollschnüre für Wegmarkierung usw.), Bildserien oder Fotobücher, die Orientierung auf festgelegten Wegen erleichtern (z. B. Weg von der Schule/vom Wohnort zur Schwimmhalle)
- Anwenden der Stadtpläne und des Gelernten bei einer einfachen Stadtführung

Es empfiehlt sich die Durchführung solcher Projekt in Zusammenarbeit mit und Unterstützung durch Studenten der Geografie, des örtlichen Tourismusbüros u. a.

(in Anlehnung an Ebert, Ratz & Vogel, 2004, S. 2–3; Ratz, 2004, S. 4–5; Hackl, Hofmann & Seidl, 2004, S. 6–8; nach Dinter, 2013, S. 149–150)

3.5 Bewegungsorientierte Projekte

In der Broschüre im Abschnitt 4.2 zur bewegten Pause aufgeführte Hinweise und Beispiele zur Mobilität, Orientierung und Verkehrserziehung können einbezogen werden.
Weitere Beispiele aus den Projektschulen:
Rollstuhlführerschein und Rollbrettpass (s. Abschnitt 3.5.3)
Fahrradpass (s. Abschnitt 5.1 unter Fahrradkurs)
Schwarzlichttheater (s. Abschnitt 6.2)

3.5.3 Förderschwerpunkt körperliche und motorische Entwicklung

Die gleichberechtigte Teilhabe an Projekten von Schülern mit sonderpädagogischem Förderbedarf im Förderschwerpunkt körperliche und motorische Entwicklung ist für alle Beteiligten von Bedeutung – es soll doch ein gemeinsames Produkt entstehen. Die motorischen Besonderheiten müssen aber bei der Planung berücksichtigt werden. Themen wie Gesundheit, Bewegung, Natur, Freizeit sind auch für Schüler dieses Förderschwerpunktes sehr sinnvoll und können zur individuellen Handlungskompetenz befähigen. Projektthemen könnten einen Bezug zu Tieren, zum Wasser oder zu erlebnispädagogischen Inhalten haben.

Es bieten sich Projekte an, bei denen es sehr unterschiedliche Möglichkeiten zur Mitarbeit gibt. Dadurch kann sich jeder mit seinen individuellen Stärken einbringen und damit am Erfolg teilhaben.

Sport für ALLE – auch für uns?
Zuerst sollten in der Klasse/den Klassen die Interessen für Bewegung, Spiel und Sport in der Freizeit erfragt werden. Als zweiter Schritt sind die Möglichkeiten im Umfeld zu erfassen, wo und wie Kinder und Jugendliche mit körperlich-motorischen Beeinträchtigungen Sportangebote finden – wünschenswerter Weise mit inklusivem Charakter. Die Ergebnisse können in einer Übersicht zusammengefasst und ausgehangen werden. Ein ausprobieren (in Kleingruppen) und die gemeinsame Reflexion schließen sich an. Da sicher nicht alle Vorstellungen der Schüler erfüllt werden können, sollte gemeinsam mit entsprechenden Sportvereinen, den Kreis- und Stadtsportbünden und vor allem auch den Eltern nach Lösungen gesucht werden.

3 Modifizierungen zum Bereich bewegter Unterricht

Unsere Schule – eine bewegte Schule für ALLE

Auch bei diesem Projekt können sich die Schüler differenziert entsprechend ihrer Stärken einbringen. Auf folgende Fragen können fachübergreifend Antworten gesucht werden:
- Warum brauchen wir mehr Bewegung?
- Welche Teilbereiche gehören zu einer bewegten Schule?
- Wie können wir gemeinsam auch bei individuellen Entwicklungsbesonderheiten diese Teilbereiche gestalten? (verbunden mit praktischem Erproben)

Die Ergebnisse sollten auf Postern, Videos o. Ä. festgehalten werden. Auch könnte als ein „Expertengespräch" ein Austausch der Vorschläge zwischen den einzelnen Klassen oder Arbeitsgruppen stattfinden. Eine Weitergabe von Ideen an andere Schulen wäre erstrebenswert, ebenso wenn neue Ideen der Forschungsgruppe zur Verfügung gestellt werden.

Schaut – was wir können!

In Anlehnung an die in den Büchern „Bewegte Grundschule" (Müller, 2010) und „Bewegte Schule" (Müller & Petzold, 2014) vorgestellten Zirkus- oder Tanz-/Theaterprojekte könnten Aufführungen für die Eltern, Großeltern sowie anderen Familienmitgliedern und Freunden oder auch für den Kindergarten, für ein Seniorenheim und andere Einrichtungen vorbereitet und durchgeführt werden – am besten mit diesen gemeinsam, wie z. B. der Nachbarschule. Die Teilziele und Inhalte müssen sich an den Stärken der Kinder oder Jugendlichen orientieren.

Beispiele:
- zirzensische Attraktionen wie Tiernummern (Schüler mit Masken), Clowns, Artisten mit Pyramidenbau, Jongleure u. a.
- Pantomime, kurze Szenen des darstellenden Spiels
- Bewegungslieder und Tänze, (Rollstuhl-)Tanz, Sitztänze u. Ä.
- Sprechtexte, Gesang, Musizieren, musikalische Untermalung
- Bühnenbild und Requisiten anfertigen, Kostüme zusammenstellen, entsprechend schminken, Aufführung als Schwarzlichttheater (s. Abschnitt 6.2)
- Öffentlichkeitsarbeit: Einladungen und Plakate entwerfen, Presseartikel schreiben, Video anfertigen u. a.

3.5 Bewegungsorientierte Projekte

Rollbrettpass

In größeren Gruppen (auch klassenübergreifend) entwerfen die Schüler erst einmal auf dem Papier einen Fahrparcours. Dann wird dieser aufgebaut.
Als Impulse könnten folgende Denkansätze gegeben werden:
- Straßenführungen markieren und Verkehrszeichen aufstellen/aufmalen, Verkehrsregeln wiederholen
- durch einen Tunnel, über einen Hügel, im Slalom um „Bäume" fahren, auf einem Weg mit Steinen (Bällen) fahren ohne anzustoßen
- zielgenau bremsen, ein- und ausparken, einen Mitspieler abschleppen, rückwärts fahren

Die einzelnen Gruppen stellen Kriterien für das Bestehen des Rollbrettpasses auf. Dann nehmen sie sich selbst die Prüfung ab.

Anschließend tauschen die Gruppen. In den einzelnen Parcours wird zuerst mit einem Experten aus der ursprünglichen Gruppe als „Navigator" gefahren.

Zum Abschluss findet eine gemeinsame Reflexion aller Gruppen zu den einzelnen Strecken statt. Auch können selbst gemalte/gebastelte Pässe für die Benutzung der Rollbretter übergeben werden.

Tiere

Tiere können die Kinder der Zielgruppe (aber auch anderer Förderschwerpunkte) emotional sehr stark ansprechen. Realisierungsmöglichkeiten bieten sich in der Zusammenarbeit mit entsprechenden Einrichtungen für Therapie-(Hunde), mit einem (Streichel-)Zoo oder einem Tierheim, mit einem Reiter- oder Bauernhof, mit einem Pferdesportverein u. Ä. an. Entsprechend ihrer Möglichkeiten könnten die Schüler die Tiere streicheln, füttern, pflegen, sich mit ihnen bewegen u. a.

Erwerb des Rollstuhlführerscheins

Um Schülern im Rollstuhl Mobilität und Teilhabe an Pausenaktivitäten zu ermöglichen sowie zur Entlastung des Personals erwerben geeignete Mitschüler einen Rollstuhlführerschein. Dieser befähigt sie zur Begleitung von Schülern im Rollstuhl in der Pause, aber auch im gesamten Schulalltag. Die Ausbildungsinhalte umfassen:

3 Modifizierungen zum Bereich bewegter Unterricht

- Kennen lernen von Rollstühlen und wie man diese schiebt und bremst
- Besprechen genereller Sicherheits- und Betreuungsaspekte und potentieller Fehler
- Erproben des Fahrens auf dem Rollstuhl mit verschiedenen Übungen
- Schieben von Mitschülern im Rollstuhl in der Turnhalle (Parcours mit Hindernissen, schiefen Ebenen, Slalom etc.), auf dem Schulhof und außerhalb der Schule
- Ablegen einer praktischen Prüfung

(nach Dinter, 2013, S. 159, modif. nach Derksen, 2003a, S. 15–16)

Kleine Spiele verändern

Ergänzend zum Projekt „Unsere Schule – eine bewegte Schule für ALLE" sollte gemeinsam nach Veränderungen für Kleine Spiele gesucht werden, die dann in unterschiedlichen Teilbereichen der bewegten Schule Anwendung finden könnten (Auflockerungsminuten, bewegte Pausen, Spiel- und Sportfeste, Wandertage u. a.). Es muss ausprobiert werden, welche Veränderungen entsprechend der Voraussetzungen der Schüler sinnvoll sind. Veränderungen könnten sich beziehen auf:
- die Spielhandlung: bei Umkehrstaffeln nicht nur schnell zur anderen Seite laufen, sondern auch eine entsprechende Anzahl an Augen würfeln (Schoo, 2010, S. 177), Bälle rollen (statt werfen), bei Haschespielen Rollis als Befreier einsetzen
- die Bewertung: eher miteinander spielen, Punkte sammeln (ohne Wettkampf)
- die Bedingungen: mit Bohnensäckchen werfen, mit Softbällen spielen, Spielfeldgröße verändern, Strecken verkürzen, Zielflächen vergrößern, Zeiten anpassen, Spielerzahl verringern

Die Ergebnisse sollten z. B. auf Postern veranschaulicht und auf dem Pausenhof mit anderen Schülern gespielt werden.

3.5.4 Förderschwerpunkt emotionale und soziale Entwicklung

Projekte oder ein projektorientierter Unterricht sind in diesem Förderschwerpunkt eine besonders wirkungsvolle Lernform, die sich positiv auf das unterrichtsbezogene Verhalten auswirkt. Störendes Verhalten wurde während der Projektphasen weniger beobachtet (Neukäter, 1993, S. 618–619). Dank zeitlich und organisatorisch flexibler Bedingungen bieten sich Gelegenheiten, den Schülern produktive Erfahrungen zu ermöglichen, dadurch das Selbstwertgefühl zu steigern und positive Sozialerfahrungen zu realisieren. (Lippert, 2012) Es sind als Inhalte *die handwerkliche Anfertigung von Gegenständen (für Bewegung und Sport), der Erwerb von Fertigkeiten in Trendsportarten oder von Zirkuskünsten und deren Präsentation* günstig. Diese Inhalte fließen in das unten beschriebene Poi-Projekt ein (erprobt an der Hans-Fallada-Schule für Erziehungshilfe in Weißwasser, jetzt Rietschen). Die Schüler sollten sich in die Planung einbringen. Sicherheitsaspekte sind zu gewährleisten.

Poi-Projekt

Poi (Ball) ist eine Spiel- und Kunstform aus Neuseeland. Ein Gewicht (z. B. anfangs Softball, später Tennisball) wird an einer Schnur geschwungen. Dafür sind koordinative Fähigkeiten wichtig, besonders Rhythmusfähigkeit. Das Üben für eine Show beeinflusst das Selbstbewusstsein der Schüler enorm. Für eine gelungene Show ist die Abstimmung im Paar/in der Gruppe entscheidend.

Im Rahmen eines Projektes werden zuerst die Poi-Geräte gebastelt. Sie bestehen aus einer Schlaufe mit Ring, einer Schnur (Länge etwa von den Fingern bis zur Achsel) am besten mit einem Wirbel, damit sich die Schnur nicht verdreht, einem Gewicht (z. B. einem kleinen Ball) und einem Schweif aus leichtem Material (Bänder, Chiffon o. Ä.).

(nach einer Idee von Frau Walter, Hans-Fallada-Schule für Erziehungshilfe in Weißwasser, jetzt Rietschen)

Alternativen:
- Kniestrümpfe mit einem kleinen Ball (oder Reis-/Erbsensäckchen) oder Kometenband
- kleiner Ball in einem Netz mit einer gedrehten Schnur oder Netz und Schnur gehäkelt
- Flügel-Poi, Fahnen-Poi

3 Modifizierungen zum Bereich bewegter Unterricht

Üben mit Poi

Ebenen:
– Sagittalebene (Seitenebene)
– Frontalebene (vor oder hinter dem Körper)
– Horizontalebene (waagerecht vor dem Körper)

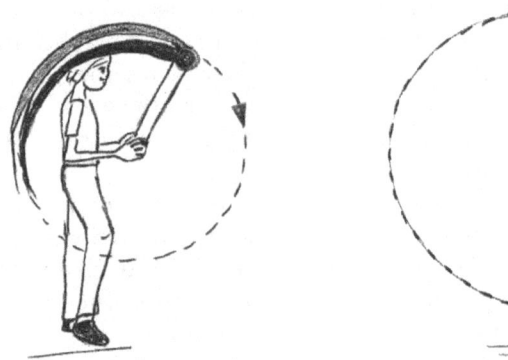

Poi-Bewegungen:
– kleine und große Kreise
– vorwärts oder rückwärts bzw. nach links oder rechts
– Kreisen mit Körperdrehung, versetzte Kreise
– „Windmühle", „Verfolger" u. a. (Kahn, 2002)

3.5 Bewegungsorientierte Projekte

Weitere Varianten:
- Geschwindigkeit verändern
- Körper strecken oder in die Hocke/Kniebeuge gehen
- Verbindung mit Gehen, Hüpfen, Springen
- kleine Folgen gestalten

Höhepunkt ist es, gemeinsam eine Show aufzuführen. Dabei kann mit Lichteffekten gearbeitet werden, z. B. Schweif aus fluoresziertem Material, das unter Schwarzlicht leuchtet oder LED-Poi (Licht emittierende Dioden).

Gumboot Dance (Gummistiefeltanz)

... ist ein ansteckender afrikanischer Gruppentanz, der auch Jungen anspricht.

Als Projekt empfohlen von Feth (2013, S. 12–16):
- die Ursprünge (Goldminen in Südafrika) erkunden, geografisches und historisches Hintergrundwissen erarbeiten (mithilfe des Internets) und ein Poster gestalten
- dazu die englischsprachige CD „Gumboots – An explosion of spirit and song" einsetzen
- Musiken auswählen und deren typischen Charakter besprechen
- Grundschritte im Rhythmus erarbeiten (Marschieren am Ort, verbinden mit Klatschen beider Hände auf einen Stiefel oder einer Hand auf die Innenseite des entgegengesetzten Unterschenkels ...)
- Kleingruppen informieren sich über das Internet, You Tube o. Ä. über weitere Gestaltungsmöglichkeiten, üben diese und stellen sich eine kleine Folge zusammen
- die Ergebnisse präsentieren (vor der Klasse oder in einem größeren Rahmen) und evtl. mit Video aufzeichnen (auf die Homepage der Schule stellen u. Ä.)

3 Modifizierungen zum Bereich bewegter Unterricht

Historische Brettspiele

Als Projekt bzw. im fächerverbindenden Unterricht werden historische Brettspiele (Halma, Mühle, Dame, Schach, Mensch ärgere dich nicht ...) wiederentdeckt. Robuste Spielvariationen, auch für die bewegte Pause auf dem Schulhof, können gebaut werden. (Walter, 2017)

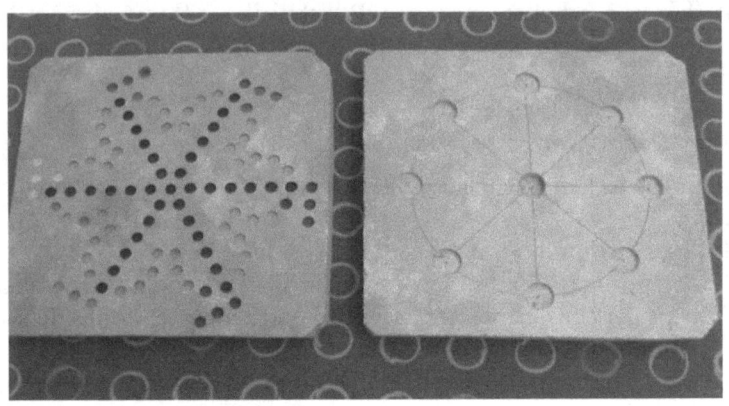

Schwarzes Licht und coole Töne!
Videodreh an der „Schule im Mülsengrund"

Besondere drei Schultage liegen hinter den Viertklässlern an der Förderschule für Erziehungshilfe „Schule im Mülsengrund". Das Medienmobil der SLM (Sächsische Landesstelle für privaten Rundfunk und neue Medien) war zu Gast und unterstützte die Schüler bei der Realisierung eines Projektes zur Förderung der Medienkompetenz mit dem Thema HipHop und Sprechgesang. Besonderheit: Der Dreh unter Schwarzlicht – mit weißen Socken, Basecaps (mit fluoreszierender Farbe bemalt), Armbänder und Ketten aus „leuchtender" Wolle! Die Kinder waren wie beflügelt und motiviert bis in die Zehenspitzen. Lange haben sie bereits im Vorfeld an der Choreografie gefeilt und einen Sprechgesang eingeübt. Nun sollte es ernst werden. Drei Medienpädagogen reisten aus Leipzig an – echte Profis, mit Erfahrungen in Film, Fotografie und Tonaufnahmen. An Bord viel Technik – Laptops, Videokameras, Tonbandgeräte, Stative ... Am Ende des Tages wurde der Titel des Musikstückes gewählt, zu welchem „legal" getanzt werden durfte. „Deutschlands Kinder" des Künstlers Xtasy wurde begeistert „ihr" Lied. Der nächste Tag zeigte den 14

Jungen und 4 Mädchen auf, wie anstrengend so ein Künstlerdasein doch sein kann. Ein ums andere Mal wurde gedreht, von dieser und jener Seite, wurde der Sprechgesang auf Tonband aufgenommen – bis es endlich geschafft war. Am dritten Tag dann noch der Dreh des Abspanns und die interessantesten Aufgaben an sich: Film schneiden, Überblendungen ausprobieren, Vertonung für Anfang und Abspann finden. Alle Kinder durften an die Technik. Es war begeisternd zu sehen, wie konzentriert, lernwillig und ausdauernd die sonst sehr ablenkbaren Schüler sein konnten. Der krönende Abschluss und der Lohn für alle Mühen war die Präsentation des Werkes vor allen Schülern und Lehrern der Schule. Sowohl das fertige Video als auch eine Liveperformance ließen die Schüler der 4. Klasse nochmals über sich hinauswachsen. Stolz, Medienkompetenz, Zusammenhalt, Freude an Tanz und Musik – das Projekt hat die Kinder an drei Tagen weiter voran gebracht, als es sich die Lehrkräfte jemals hätten vorstellen können. Das kostenlose Projekt vermittelte Medienkompetenz auf Augenhöhe.

(Monique Aurich, pädagogische Unterrichtshilfe, Förderschule für Erziehungshilfe „Schule im Mülsengrund")

3.5.5 Förderschwerpunkt Sprache

Projektorientiertes Arbeiten enthält vielfältige Möglichkeiten für die Schaffung von Sprechanlässen, die bewusst genutzt werden müssen. Dazu bieten viele der in den Büchern vorgeschlagenen bewegungsorientierten Projekte gute Möglichkeiten, die ausgebaut werden sollten, so z. B. durch das Berichten von Erlebnissen im Zeltlager (Müller, 2010, S. 177), im Winterlager oder bei der Flusswanderung (Müller & Petzold, 2014, S. 170) ebenso wie dem Beschreiben von Wahrnehmungen und Emotionen beim Erkunden des Waldes (Müller, 2010, S. 176) oder dem Ausprobieren von Trendsportarten (Müller & Petzold, 2014, S. 169). Weitere Modifizierungen sind zu sehen im *Ausbau des darstellenden Spiels sowie in sprachzentrierten Projekten.*

3 Modifizierungen zum Bereich bewegter Unterricht

Ausbau des darstellenden Spiels

Für Schüler mit Sprachauffälligkeiten könnten Formen des darstellenden Spiels (s. Abschnitt 3.3) zu kleinen Projekten ausgebaut werden – bei besonderer Beachtung des Spiels mit Figuren (Hand- oder Stockpuppen, Marionetten, Schattenfiguren) oder Masken. Helfen diese doch Sprachhemmungen zu überwinden! Das Basteln der Figuren oder Masken wäre ein Inhalt von Projekten, ebenso wie die Aufführung. Auch durch die Verbindung zwischen Szenenspiel und Pantomime könnten interessante Varianten zwischen dem Sprechen und der Körpersprache hergestellt werden. Projektideen ergeben sich auch durch das Darstellen der Buchstaben.

Körperbuchstaben

Die Schüler überlegen sich Möglichkeiten, wie sie die Buchstaben des Alphabetes mit dem eigenen Körper darstellen können. Sie artikulieren die Bewegungsanweisungen für die Konstruktion einzelner Buchstaben (und schreiben dies auf). Die Ergebnisse können fotografiert und zu einer Collage zusammengefügt werden. (Leibiger & Gerber, 2012)

Varianten: Nutzen verschiedener Unterlagen und Hintergründe, Darstellen von Zahlen

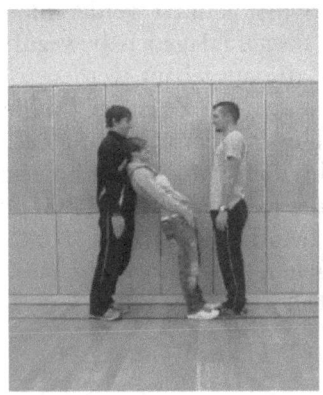

Sprachzentrierte Projekte

Das Erfinden und mündliche sowie schriftliche Mitteilen von Geschichten, Raps, Fernsehsendungen u. a. kann den Wortschatz erweitern und zur Kommunikation beitragen. Selbstständigkeit und Teamfähigkeiten werden gestärkt sowie ein Gefühl des Miteinanders entwickelt.

Schul- bzw. Begrüßungsrap (Leibiger & Gerber, 2012)

Für ältere Schüler kann es motivierend und freudbetont sein, als Sprechrhythmen den Rap von Werbungen zu übernehmen oder eigene Formen zu entwickeln. (Bevorzugt: „We will rock you"-Rhythmus; kann durch Klatschen verstärkt werden 2,1,2,1,2,1…).

So ein eigener Begrüßungsrap kann auch zu einem Ritual werden. Beispiel:

Heute Morgen in der Schule
hab ich wieder viel zu tun.
Erst kommt Deutsch und danach Mathe,
keine Zeit sich auszuruh'n.
Refrain: Wir woll'n, wir woll'n schlau sein.

In der ersten großen Pause
muss ich nicht mehr stille sitzen.
Wir könn' spielen und könn' toben
und komm' dabei auch ins Schwitzen.
Refrain: Wir woll'n, wir woll'n schlau sein.

Nach dem Essen und Bewegen
bin ich auch schon mal geschafft.
Aber in der bewegten Schule
tanke ich dann neue Kraft.
Refrain: Wir woll'n, wir woll'n schlau sein.

TV

Die Schüler sollen eine eigene Fernsehsendung aufbauen und gestalten (Pappkarton als TV-Gerät). Die Themenauswahl ist den Gruppen frei überlassen, kann aber auch durch den Pädagogen in Richtung eines

Lernbereiches gelenkt werden. Der Fantasie sind keine Grenzen gesetzt. Die Kommunikation untereinander wird gestärkt, da im Klassenverband die Sprecher, Themengebiete und deren Gestaltung organisiert und vorbereitet werden müssen. Weiterhin wird das Ausdrucksvermögen der Teilnehmer im nonverbalen und verbalen Bereich geschult. Zusätzlich könnte ein Regieplan fixiert werden.

Beispiele könnten sein: Wetterbericht, Nachrichten, Sportschau, Werbung, Talk-Show, Reiseberichte u. a.

Varianten:
- Leitfaden vorgeben
- Redewendungen/Einstiegstext vorgeben (Zielstrukturen) (Leibiger & Gerber, 2012)

Geschichten zur bewegten Schule

Für Teilbereiche der bewegten Schule sollen Geschichten erfunden und diese untereinander weitergegeben werden, z. B. Bewegungsgeschichten, Massage- oder Entspannungsgeschichten. Interessant wäre es auch, wenn Geschichten aus bewegten Schulen (besondere Erlebnisse bei einem Spiel- oder Sportfest, auf einer Wanderung oder während einer Exkursion) in den Klassen gesammelt und z. B. zu einem Elternabend vorgelesen oder gespielt werden.

3.5.6 Förderschwerpunkt Hören

Projekte oder projektorientierter Unterricht, und dies in enger Verbindung mit Ganzkörperbewegungen, haben auch für Schüler im Förderschwerpunkt Hören eine große Bedeutung. Die in den Büchern zur bewegten Grunschule (Müller, 2010, S. 174–185) bzw. zur bewegten Schule (Müller & Petzold, 2014, S. 165- 176) vorgeschlagene Projekte können auch mit hörbeeinträchtigten (oft auch sprachbeeinträchtigten) Schülern durchgeführt werden – bei Beachtung einiger Besonderheiten wie Blickkontakt zum Sprecher, möglichst niedriger Pegel der Nebengeräusche, individuell angemessene Sprechanteile, Möglichkeiten zu nonverbalen Darstellungen, klar strukturierte Abläufe, Absicherung des Sinnverständnisses. (G. Richter, 2018)

3.5 Bewegungsorientierte Projekte

Zur Förderung des Sprechens sowie der Rhythmus- und Gleichgewichtsfähigkeit können auch bewegungsorientierte Projekte, die in dieser Broschüre für andere Förderschwerpunkte vorgestellt werden, zum Einsatz kommen, z. B. Sprachzentrierte Projekte, Poi-Projekt, Schaut – was wir können!

Beispiele für Projekte aus der Georg-Götz-Schule in Chemnitz (Schule für Hörgeschädigte):

Theaterstücke

Passend zum Lehrplan planten die Schüler der Georg-Götz-Schule in Chemnitz viele Theaterstücke und führten diese im Anschluss auch auf. So behandelten Grundschüler beispielsweise die Märchen „Hänsel und Gretel", „Die Bremer Stadtmusikanten" und „Max und Moritz" und präsentierten sich sogar im Jahr 2017 zu den Schultheatertagen der Stadt Chemnitz. Die Klassen 9 und 10 befassten sich mit „Romeo und Julia" und „Faust" und führten ihre Theaterstücke vor Eltern, Schülern und Lehrern auf. Besondere Beachtung sollte auch das Theaterstück „Ein Sommernachtstraum" finden, was ein gemeinschaftliches Schulprojekt darstellte. (Zuarbeit Grit Richter, Georg-Götz-Schule Chemnitz)

Vom adaptierten Theaterstück bis hin zum Kulissenbau arbeiteten die Neigungskurse „Theater" und „Kunst" der Klassenstufen 7–9 zusammen. Die integrierten Tänze wurden mit Schülerinnen der Klassenstufe 4 einstudiert.

Van de Velde bewegt

Bei diesem Tanzprojekt beschäftigten sich über das gesamte Schuljahr 2013/14 hinweg circa 60 Schülerinnen und Schüler der Georg-Götz-Schule und der Annenschule in Chemnitz mit dem Architekt und Designer Henry van de Velde (1863–1957). Anlass dafür war der 150. Geburtstag des Künstlers und das damit verbundene „Van de Velde Jahr" 2013. Sie besuchten aus diesem Grund unter anderem das Gunzenhauser-Museum in Chemnitz und die Oper. Außerdem wurde viel fächerverbindend zum Thema gearbeitet. Höhepunkt des Projektes war die Aufführung im Schauspielhaus Chemnitz, in dem über tänzerische Bewegung der Unterschied zwischen Jugend früher und heute dargestellt wurde und unsere hörgeschädigten Schüler mitwirkten. (L. Richter, 2014, S. 39)

3 Modifizierungen zum Bereich bewegter Unterricht

Knigge – Gutes Benehmen ist in

Hier befassten sich die Schüler mit allen Facetten des guten Benehmens – vom sicheren Umgang mit Messer und Gabel, einer kultivierten Gesprächsführung bis hin zu Auftreten auf dem Tanzparkett. In einer Vielzahl von Stunden wurden hier zu klassischer Musik und modernen Rhythmen Tänze wie der Langsame Walzer, Cha-Cha-Cha und Diskofox geübt. Ganz besonders unterstützte dieses Projekt auch das Selbstbewusstsein der Schülerinnen und Schüler, förderte ihr Rhythmusempfinden. (Zuarbeit Grit Richter, Georg-Götz-Schule Chemnitz)

Pantomime

Mit der Pantomime lernten hörgeschädigte Schüler spielerisch sich über Mimik und Gestik auszudrücken. Sie studierten kleinere Sketche bzw. Spielszenen ein und führten diese bei gemeinsamen Programmen im Schulleben vor.

Tanzprojekt der Unterstufe

Das Einstudieren verschiedener Tänze bereitete den Grundschülern großen Spaß. Zu aktueller Musik aus den Charts oder auch klassischer Musik wurden verschiedene Tänze einstudiert und vorgeführt. Hierbei wurden Gleichgewicht, Konzentration und Merkfähigkeit sowie Rhythmik und Körperwahrnehmung geschult.

Rad Kurs

Im Neigungskurs „Fahrrad" schulten die Schüler der Klassen 7–9 ihr Gleichgewicht und ihren Orientierungssinn, in dem sie vielfältige Bewegungsmöglichkeiten im Schulumfeld mit dem Fahrrad umsetzten.

Projekt „Steine"

Im Schuljahr 2017/2018 waren alle Klassenstufen in das Projekt „Steine" eingebunden – sei es in der Bearbeitung von Steinen zu Dekorations-/schmuckzweck, beim Klettern am Felsen oder bei Exkursionen in die nähere Umgebung. Hierbei konnten die Schüler und Schülerinnen unter anderem ihre Geschicklichkeit, Orientierungs- und Gleichgewichtssinn sowie ihr fächerverbindendes Wissen auf die Probe stellen. (Zuarbeit Grit Richter, Georg-Götz-Schule Chemnitz)

3.5 Bewegungsorientierte Projekte

Chemnitz erleben

Im Schuljahr 2015/16 stand im Vertiefungskurs der Klasse 10 die „Barrierefreiheit für Hörgeschädigte" in Chemnitz im Fokus. Dazu wurden städtische Einrichtungen und Museen besucht, sowie der Oberbürgermeisterin ein Besuch abgestattet. Dieses Projekt half den Schülern ihre Umgebung kennen zu lernen. Sie gaben kleinere und größere Anstöße/Veränderungen bezüglich der Aufmerksamkeit gegenüber Hörgeschädigten in der Stadt Chemnitz, was gleichzeitig auch zur Stärkung des Selbstbewusstseins der Schüler beitrug.

Die aktive Beschäftigung mit der Stadt Chemnitz wurde 2016/17 im Projekt „Chemnitz, die Stadt in der ich lerne" fortgesetzt. Unter anderem lernten die Schüler etwas zur Geschichte der Stadt (Schlossbergmuseum, Industriemuseum, Gewölbegänge…), besuchten „Radio-T" und nahmen eine eigene Radiosendung auf, führten eine Stadtralley durch oder beschäftigten sich mit berühmten Persönlichkeiten, die sich hinter den Straßennamen in Chemnitz verbergen. (Zuarbeit Grit Richter, Georg-Götz-Schule Chemnitz)

Weiterführende Medienempfehlungen zu bewegungsorientierten Projekten:

Derksen, L. (2003a). Der Rollstuhlführerschein. *Lernen konkret, 22*(4), 15–16.
Deutsche Gesetzliche Unfallversicherung (2009). *Lehrerbriefe zur Sicherheits- und Gesundheitsförderung (Primarbereich)*. DGUV 57.2.423. (enthält Anregungen zum Bau alternativer Sitzgelegenheiten)
Dinter, A. & Müller, C. (2008). *Bewegte Schule gestalten – Ideen aus „Bewegten und sicheren Schulen"*. Meißen: Unfallkasse Sachsen.
Dinter, A. & Müller, C. (2011). *Bewegungsräume für Kindertageseinrichtungen*. Meißen: Unfallkasse Sachsen.
Dürrfeld, T. & Kant, C. (2006). Akrobaten im Zirkus. *Lernen konkret, 25*(4), 15–18.
Franke, P. (2005). „Move" – Bewegungstheater mit Schülerinnen und Schülern einer Schule für Geistigbehinderte (ein Projektbericht). *Motorik, 28*(4), 189–195.
Häfele, A. (2007). *„Trau ich mich?" Abenteuersport in der Turnhalle – Erlebnispädagogische Persönlichkeitsförderung mit Schülern der Schule für Geistigbehinderte*. Dortmund: Verlag modernes Lernen.
Kahn, M. (2002). *Poi-Schwingen*. London: Jonglerie Diffusion.

Kant, C. (2006). Projektunterricht in der Schule für geistig Behinderte. *Lernen konkret*, 25(4), 2–4.

Kächele, W. (2005). Boule für jedermann! *Deutsche Behinderten-Zeitschrift*, 42(2), 21.

Stöppler, R. & Koos, A. (2002). „Winni, die Wirbelsäule": Prävention von Haltungsschäden bei Kindern und Jugendlichen mit kognitiven Beeinträchtigungen. *Praxis der Psychomotorik*, 27(4), 225–231.

Stöppler, R. & Zacharias, M. (2005). „Roll on!": Inline-Skating bei Jugendlichen mit geistiger Behinderung. *Praxis der Psychomotorik*, 30(2), 104–112.

3.6 Individuelle Bewegungszeiten

Unter individuellen Bewegungszeiten verstehen wir (Müller, 2010, S. 187–191) weitgehend selbstbestimmte Situationen im Unterricht, in denen der einzelne Schüler kurzzeitig im Rahmen eines abgesprochenen Handlungsspielraumes sich nach seiner aktuellen kognitiv-emotionalen Einschätzung (Hackfort, 1986, S. 48) für Bewegungshandlungen entscheidet. Dadurch kann individuellen Unterschieden in den zeitlichen und inhaltlichen Bewegungsbedürfnissen eher entsprochen werden. Entsprechende Verhaltensweisen auszuprägen bedeutet, dass die Kinder und Jugendlichen geeignete Bewegungsprogramme kennen und diese zunehmend selbstbestimmt anwenden können. Notwendige Bedingungen dafür sind das Gewähren von Freiräumen sowie das Absprechen von Regeln und des Handlungsspielrahmens.

Individuelle Bewegungsfreiheiten bei abgesprochenen Regeln könnten sein:
- notwendige Bewegungshandlungen ausführen ohne zu fragen (da dies mehr stört),
  z. B. zum Papierkorb gehen, Bleistift spitzen, Hände waschen
- sich im Rahmen konkreter Aufgabenstellungen Informationen bzw. Hilfe holen (vom Lehrer, von Mitschülern, aus Materialien)
- den Raum nutzen (auch angrenzende Räume)
- auch ´mal aufstehen dürfen, z. B. beim Antworten, wenn eine Aufgabe erfüllt ist ...

Übergreifende Modifizierungen

Individuelle Bewegungszeiten ist der Teilbereich, der bezogen auf den Einsatz in den einzelnen Förderschwerpunkten sehr unterschiedlich bewertet werden muss. Teilweise ist er nur bedingt geeignet und erfordert individuelle, sehr konkrete Absprachen mit den jeweiligen Schülern. Auf alle Fälle müssen Sicherheit und Aufsichtspflicht gewährt sein.

3.6.1 Förderschwerpunkt Lernen

Bei individuellen Bewegungszeiten sollen die Handlungsspielräume erst zunehmend vom engeren „persönlichen" Raum auf den weiteren „gemeinsamen" Raum ausgedehnt werden. Die Lehrkraft muss konsequent auf die Einhaltung abgesprochener Regeln (s. u.) achten und bei Abweichungen dies mit eindeutigen Signalen anzeigen. Die Tagesform der einzelnen Schüler kann bei der Anwendung zu Problemen führen. Deshalb sind individuelle Absprachen zu den Handlungsspielräumen zu empfehlen.

Individuelle Bewegungszeiten können vor allem auch Schülern mit AD(H)S helfen, ihren Bewegungsdrang zu koordinieren. Gemeinsam erarbeitete Regeln und Absprachen zu entsprechenden Konsequenzen bei Nichteinhaltung sind für diese Schüler besonders wichtig.

Regeln gemeinsam absprechen

Solche Regeln könnten sein (Müller, 2010, S. 190):
- die anderen Schüler nicht stören
- sich langsam, leise und rücksichtsvoll bewegen
- nicht planlos herumgehen
- wenn notwendig, dann leise sprechen
- sich erst selbst anstrengen, dann sich Hilfe holen
- von den Bewegungszeiten nicht übermäßig Gebrauch machen
- abgesprochene Begrenzungen der Zeit oder Schülerzahl einhalten

3.6.2 Förderschwerpunkt geistige Entwicklung

Die Umsetzung von individuellen Bewegungszeiten kann bei vielen Schülern mit sonderpädagogischem Förderbedarf im Förderschwerpunkt geistige Entwicklung in Abhängigkeit von deren kognitiven und körperlichen Voraussetzungen sowie deren Selbstständigkeit und Eigenmotivation an Grenzen stoßen (notwendige Unterstützung durch das pädagogische Personal, Vermeiden von Störungen des Unterrichtsablaufes, Einhalten abgesprochener Handlungsspielräume u. a.). Deshalb schlägt Dinter (2013, S. 134–135) vor, alternativ auf Formen der Auflockerung, der Entspannung oder des dynamischen Sitzens auszuweichen. Entsprechend der individuellen Voraussetzungen sollte aber auch mit diesen Schülern der Versuch der kleinschrittigen Heranführung unternommen werden. Die im Buch zur bewegten Grundschule (Müller, 2010, S. 190) empfohlene Vorstufe kann dafür eine Möglichkeit sein. Vorstufe bedeutet, dass sich die Schüler bei zuerst einmal gemeinsamen Bewegungszeiten (z. B. vor oder nach Phasen konzentrierten Arbeitens) individuell für Bewegungsübungen entscheiden können. Diese müssen bekannt sein und in einer überschaubaren Anzahl sukzessive eingeführt und regelmäßig wiederholt werden. Durch diese wenn auch eher geringfügigen Wahlmöglichkeiten kann selbstbestimmtes Handeln angebahnt werden. Unterstützend können visualisierte Regelkärtchen, Piktogramme oder ein individueller Regelkatalog eingesetzt werden (Kröber & Lange, 2012, S. 154 – 155) und Orientierung an den Regeln (siehe oben).

3.6.3 Förderschwerpunkt körperliche und motorische Entwicklung

Für diese Schüler ist es besonders wichtig, sich entsprechend ihrer aktuellen Befindlichkeiten bewegen zu können. Bereits sich 'mal recken und strecken zu dürfen, kann Erleichterung bringen. Die in den Büchern zur bewegten Schule vorgeschlagenen individuellen Bewegungsfreiheiten und einsetzbaren Bewegungsprogramme sind im Förderschwerpunkt körperliche und motorische Entwicklung nur begrenzt realisierbar. Für einen Teil der betroffenen Schüler stellen das selbstständige Fortbewegen und der Positionswechsel schon eine Herausforderung dar. Dafür sind entsprechende Bedingungen notwendig (Gehhilfen griffbereit, Platz für das Fortbewegen im Rollstuhl u. a.). Die Schüler müssen aber auch entsprechend ihrer Voraussetzungen individuelle günstige Positionen kennen und Erfahrungen haben, wie sie diese möglichst schmerzfrei einnehmen können. Eigenverantwortlichkeit ist anzustreben, muss aber mit Sicherheit in einer engen Beziehung stehen. (Kranzin, 2008, S. 68)

3.6.4 Förderschwerpunkt emotionale und soziale Entwicklung

Individuelle Bewegungszeiten sind mit Kindern und Jugendlichen mit sonderpädagogischem Förderbedarf im Förderschwerpunkt soziale und emotionale Entwicklung in der Umsetzung schwierig, auch da die Selbststeuerung nur bedingt ausgebildet ist. Ein schrittweises Heranführen bei klaren Regelabsprachen, individuell vereinbarten möglichen Handlungsspielräumen und der Einsatz von Signalkarten können Hilfen für den Prozess darstellen. Es obliegt der einfühlsamen Entscheidung des Lehrers, ob er in der jeweiligen Klasse und Unterrichtssituation, auch in Abhängigkeit von der Tagesform der betroffenen Schüler, individuelle Bewegungszeiten als förderlich erachtet. (Lippert, 2012)

3.6.5 Förderschwerpunkt Sprache

Für Schüler mit sonderpädagogischem Förderbedarf im Förderschwerpunkt Sprache ergibt sich nicht unbedingt die Notwendigkeit zu Modifizierungen des Konzeptes. Individuell einsetzbare Handlungsprogramme könnten verstärkt an Übungen orientiert sein, bei denen die Körpermittellinie mit Überkreuz-Bewegungen überschritten wird, z. B. Liegende Acht, Über-Kreuz-Bewegung u. a. (s. Müller, 2010, S. 291–292). Es könnten auch Atemübungen sowie mundmotorische Übungen eingesetzt werden.

3 Modifizierungen zum Bereich bewegter Unterricht

3.6.6 Förderschwerpunkt Hören

Für Schüler mit sonderpädagogischem Förderbedarf im Schwerpunkt Hören bestehen nicht unbedingt Notwendigkeiten zur Modifizierung des Konzeptes zu den individuellen Bewegungszeiten (Müller, 2010, S. 187–191 sowie Müller & Petzold, 2014, S. 177–186). Individuell einsetzbare Handlungsprogramme können u. a. Übungen für Gesicht, Hände und Füße einbezogen werden. Wichtig ist, dass sich die Schüler in ihren Bewegungen nicht gegenseitig durch vielfältige Störgeräusche ablenken, da dies ein erhöhtes Maß an Konzentrationsfähigkeit seitens der hörgeschädigten Schüler abverlangt.

4 Modifizierungen für den Bereich bewegte Pause

Einen wesentlichen Bereich der bewegten Schule stellen die bewegten Pausen dar. Sie dienen der aktiven Erholung und Entspannung. Die Schüler können schulische Anspannung abbauen und erlangen so ihre Konzentrationsfähigkeit wieder.
Bewegte Pausen zu initiieren setzt voraus:
1. die *Verhaltensweisen* der Schüler zu verändern, d. h. sie zu befähigen, spiel- und bewegungsaktive Pausen gemeinsam selbstbestimmt zu gestalten. Die Ausbildung sozialer Kompetenzen ist dafür besonders wichtig (Kontakte aufnehmen, Gruppen bilden, Regeln absprechen, Rollen übernehmen, Spielkonflikte angemessen lösen u. a.)
2. die *Verhältnisse/Bedingungen* zu verändern, d. h. entsprechende Bewegungsräume für die Pausen zu gestalten, die für alle Schüler weitgehend selbstständig nutz- und erreichbar sind und damit eine selbstbestimmte und aktive Teilhabe ermöglichen

Folgende Maßnahmen sind für die Veränderung der Verhältnisse zur Gestaltung von Bewegungsräumen im Schulgebäude bzw. im Schulgelände zu empfehlen:
- Spielkisten für das Klassenzimmer einrichten (z. B. Softbälle, Springseile, Korken, Jogurtbecher, Tischtennisbälle, Bierdeckel, Luftballons, Tücher, Jonglierbälle, Papprollen, Antistressbälle, Noppenbälle, Knöpfe, Bohnensäckchen, Wollfäden, Kick-Bälle)
- Bewegungsecken im Schulhaus nutzen (z. B. für Bewegungsmöglichkeiten wie Zielwerfen, Rope-Skipping, Jonglieren, Stacking/Becherstapelspiel, Tischtennis, Kunststücke mit Kick-Ball/Hackysack, Kraftübungen mit Therabändern, Klettern an der Boulderwand, Aerobicformen, Wahrnehmungs- und Gleichgewichtsschulung)
- weitere Räume, auch die Therapieräume, in die Pausengestaltung einbeziehen (z. B. Rhythmikraum, Sporttherapieraum, Fitnessraum, Aula, Schulclub mit Tischtennistischen, Dart, Twister (s. u.), Kickerspiele u. a., Raum der Stille zum Entspannen bzw. zur Wahrneh-

4 Modifizierungen für den Bereich bewegte Pause

mungsschulung, Anti-Aggressionsraum mit Boxsack, Anti-Aggressionsbaumstamm, Belly-Bumper u. a.)
- Spielkisten oder -container für den Pausenhof einrichten (z. B. unterschiedliche Bälle, Springseile, Stelzen, Becherstelzen, Wippbretter, Federballspiele, Klammern, Kreiselspiele, Murmeln, Ringtennis, Pedalos, Speckbretter, Softwurfscheiben, Kegel, Boccia)
- Zonen auf dem Pausenhof einteilen: Ballspielbereich (mit markierten Spielfeldern und Anlagen – evtl. mobil – für Streetball, Tischtennis, Volleyball, Fußball, Torwandschießen, Zielwerfen), Laufbereich, Kletter- und Balancierbereich (Abenteuerspielplatzgeräte, Trampolin), Barfußfläche, Gesprächs- und Ruhebereich, „grünes Klassenzimmer"
- Pausenfläche durch Einbeziehung (falls möglich) der Sportanlagen oder angrenzender natürlicher Flächen vergrößern
- die Sporthalle in den Pausen (oder evtl. auch für Freistunden) öffnen

Zur bewegungsfreundlichen Gestaltung des Schulgebäudes sowie des Außengeländes für die Pause können viele der vorliegenden speziellen Anregungen für Kinder mit sonderpädagogischem Förderbedarf aus der Veröffentlichung „Bewegungsräume für Kindertageseinrichtungen" (Dinter & Müller, 2011) auf den Kontext der Schule übertragen werden. Hinweis: Bei der Nutzung von Bällen im Gebäude (außerhalb der Sporthalle) auf die Ballwurfsicherheit achten oder möglichst Softbälle verwenden.

Übergreifende Modifizierungen

Bewegte Pausen sollten entsprechend des grundständigen Konzeptes der bewegten Schule in Sachsen von intrinsischer Motivation und Spontanität gekennzeichnet sein. Als Zielstellung sollen die Schüler „Handlungsfähigkeit erwerben, um spiel- und bewegungsaktive Pausen gemeinsam selbstbestimmt gestalten zu können" (Müller & Petzold, 2014, S. 187).

Schüler mit sonderpädagogischem Förderbedarf zeigen häufig eine geringere Eigenmotivation. Ihnen fehlen zum Teil selbstständige Aktivitäts- und Handlungsmöglichkeiten, so dass die aufgeführten Zielstellungen der bewegten Pause nicht in vollem Umfang erreichbar sein können. Von daher sind neben freien Spiel- und Bewegungsmöglichkeiten für diese Schüler auch Anleitungen notwendig. Die Zeitdauer der Anleitung muss größer sein und über eine Anfangsphase hinaus eingesetzt werden und/oder als direkte Anleitung durch (Integrations-)Personal in allen Pausen erfolgen. (Dinter, 2013, S. 155)

An Förderschulen treffen auf dem Pausenhof meist Schüler der Primarstufe auf ältere Schüler mit deutlich anderen Interessen. Deshalb sollten unbedingt unterschiedliche Spiel- und Bewegungsbereiche eingerichtet werden. So z. B. für Schüler der Klassenstufen 1 bis 4 ein Bereich für Hüpf- und Murmelspiele, ein Bereich zum Schaukeln, Rutschen, Balancieren oder ein Sandbereich. Für die älteren Schüler sind eher Flächen für Freizeit- und Sportspiele vorzusehen. Des Weiteren ist zu beachten, dass sich an Förderschulzentren auf dem Pausenhof Schüler mit unterschiedlichen Förderschwerpunkten begegnen und ihre Pause möglichst gemeinsam erleben sollten.

Im Konzept der bewegten Schule konnten nur für die bewegten Pausen geschlechtsspezifische Unterschiede mit Vorteilen für die Jungen statistisch nachgewiesen werden (Müller & Petzold, 2002, S. 224). Die Jungen überwiegen in der Anzahl deutlich an allen Förderschularten (Statistisches Bundesamt, 2012, S. 50). Deshalb sollte eine sinnvolle Balance gefunden werden zwischen der Berücksichtigung jungenspezifischer Interessen, ohne die Pausengestaltung für die Mädchen zu vernachlässigen und vor allem ohne traditionelle Geschlechterrollen zu bekräftigen (Dinter, 2013, S. 160).

Eine weitere Begründung für Modifizierungen liegt auf der Ziel- und Inhaltsebene. In unserem Gesamtkonzept werden bewegte Pausen neben der eingangs bereits benannten intrinsischen Motivation und Spontanität dadurch gekennzeichnet, dass Spielen und Bewegen selbst sowie die Freude daran zum Handlungsziel werden und nicht außerhalb des Handlungsgeschehens stehende Zwecke (Müller & Petzold, 2014, S. 187). Andere Autoren weisen darauf hin, dass Pausenspiele auch vielfältige Funktionen erfüllen (Döhring & Lange, 2013, S. 8) und Schulhöfe eine pädagogisch wirkende Umwelt darstellen (Derecik, 2013). Wir halten Folgendes für überdenkenswert: Für Kinder und Jugendliche mit sonderpädagogischem Förderbedarf könnten die Pausen neben der Freude am Spielen durchaus auch didaktische Akzentuierungen enthalten, die unterstützend für den jeweiligen Förderschwerpunkt wirken, so

z. B. wenn für Spiele mit Sprachanteilen im Förderschwerpunkt Sprache zielgerichtet angeleitet wird. Um dies an weiteren Beispielen zu verdeutlichen, werden nachfolgend für die einzelnen Förderschwerpunkte mögliche didaktische Akzentuierungen vorgestellt. Die o. g. übergreifenden Modifizierungen fließen darin mit ein.

Teamchatcher

Stelzenlauf

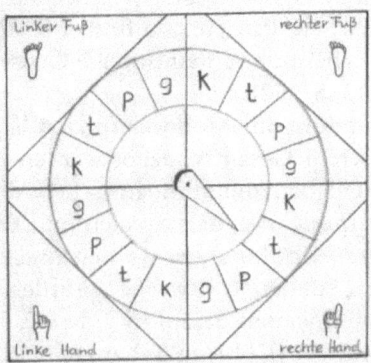
Twister-Drehscheibe

4.1 Förderschwerpunkt Lernen

Bezogen auf den Förderschwerpunkt Lernen unterscheiden sich diese Schüler in den bewegten Pausen kaum von anderen. Modifizierungen sind allenfalls zu sehen in einem kleinschrittigen Heranführen an Pausenspiele, den sehr klaren Absprachen zu Normen, Grenzsetzungen und Aufgabenverteilungen sowie im möglichst verstärkten Einsatz psychomotorischer Übungsgeräte.

Für Schulen zur Lernförderung müssen die beiden bereits oben erwähnten Aspekte Beachtung finden: Auf dem Pausenhof treffen sich die Schüler der Klassen 1 bis 9 und die Jungen überwiegen. Eine *Gliederung der Pausenspielflächen* in unterschiedliche Bewegungsbereiche (auch bei Einbeziehung der Sporthalle) erscheint deshalb sinnvoll. Des Weiteren sollten die im Rahmen von Projekten (s. Abschnitt 3.5.1) von den älteren Schülern *hergestellten Pausenspielgeräte* zum Einsatz kommen.

Die Pausen sind für die AD(H)S-Kinder eine Erlösung, denn endlich dürfen und sollen sie sich bewegen. Wichtig sind, wie in den anderen Teilbereichen auch, klare Regeln und Strukturen (Gliederung Pausenhof, Geräteausleihe, Zeiteinhaltung u. a.) sowie die Befähigung (z. B. über den Sportunterricht), die vorhandenen Bedingungen auch wirklich sinnvoll nutzen zu können.

Im Rahmen unseres Projektes wurden an Schulen zur Lernförderung spezielle Möglichkeiten erprobt, die nicht nur anderen Förderschulen, sondern auch den Grundschulen bzw. weiterführenden Schulen zu empfehlen sind.

Gliederung der Pausenspielflächen

Gliederung des Schulhofes in Flächen für unterschiedliche Bewegungsaktivitäten, u. a. in einen Turn- und Kletterbereich für die Kinder der Klassenstufen 1 bis 4 (mit Balancierbalken, Recks, Schaukeln, Rutschen, Klettergeräten u. a.) oder einen Spielbereich mit Hüpfkästchen und Spielkisten mit unterschiedlichen Kleingeräten.

4 Modifizierungen für den Bereich bewegte Pause

Für die älteren Schüler stehen in einem anderen Schulhofbereich Fußballtore, Basketballkörbe, Tischtennistischen, eine Volleyballanlage, Slacklines u. a. zur Verfügung, aber auch an Ruhezonen sollte gedacht werden.

Sehr positive Erfahrungen wurden am Förderschulzentrum Flöha mit der Öffnung der Turnhalle in den großen Pausen gewonnen.

Die Turnhalle ist seit Jahren täglich in der großen Pause im Wechsel für je eine Klassenstufe geöffnet. Neben verschiedenen Kleinspielgeräten (Softwurfscheiben, Bälle, Seile Reifen usw.) werden vor allem unterschiedliche Fahrgeräte zur Fortbewegung angeboten. Diese Pausen sind bei den Schülern sehr beliebt. Nahezu ohne Aggressionen leben hier die Schüler in ca. 20 Minuten ihren natürlichen Bewegungsdrang aus. Dieses konfliktfreie Ausagieren führt in den Folgestunden zu mehr Konzentration und Ausdauer.

Nicht unerwähnt sollte die Tatsache bleiben, dass die bewegte Pause in der offenen Turnhalle im o. g. Zeitraum praktisch unfallfrei war.

(Frank Richter, Schulleiter Förderschulzentrum Flöha, s. Müller & Richter, 2007, S. 247)

Hinweise zur Organisation der Öffnung der Sporthalle, aus denen einige Aspekte übernehmbar sind, befinden sich im Abschnitt 4.2

Selbst hergestellte Pausenspielgeräte nutzen und präsentieren

Didaktische Akzentuierungen im Förderschwerpunkt Lernen könnten sich auf die Stärken der Schüler in handwerklichen und sportlichen Bereichen beziehen. Bereits im Abschnitt zu den bewegungsorientierten Projekten wurde beschrieben, dass sie interessiert und aktiv an Projekten zum Bau von Pausenspielgeräten oder von Spiel- und Sportanlagen mitgewirkt haben, was positive Auswirkungen auf das Selbstwertgefühl, die Sozialkompetenz und die Lernmotivation haben kann. Förderlich kann sein, wenn sie diese Geräte selbst nutzen und Bewegungsmöglichkeiten anderen (jüngeren) Mitschülern präsentieren können.

Beispiele dafür können die im Abschnitt 3.5.1 beschriebenen selbst gebauten Pausenspielgeräte sein oder eine Fühlstrecke, eine Mini-Golfanlage, ein Trimm-Pfad, ein aufgemaltes Damespiel o. Ä., an deren Bau mitgewirkt wurde.

Eine *Boulderwand* – die im Freien oder auch im Schulhaus installiert ist – und an deren Gestaltung Schüler eingebunden waren (s. bewegungsorientierte Projekte, Abschnitt 3.5.1) findet viel Anklang. Wenn den Schülern die Ideen ausgehen, kann z. B. durch Poster neben der Boulderwand oder durch „Experten" zu neuen Spielformen angeregt werden.

4 Modifizierungen für den Bereich bewegte Pause

Wer kann ...
- ... in Zeitlupe klettern?
- ... mit Handschuhen bouldern?
- ... mit einer tief ins Gesicht gezogenen Schirmmütze die Griffe finden?
- ... nach genau 30 Sekunden von der Wand absteigen?
- ... mit einem Rucksack klettern?
- ... sich beim Klettern um die Längsachse drehen?
- ... an einem Partner vorbei klettern?

Diese und weitere Spielformen können nachgelesen werden in Redenyi et al., 2005.

4.2 Förderschwerpunkt geistige Entwicklung

Die unter den übergreifenden Modifizierungen beschriebenen Sachverhalte treffen auf diesen Förderschwerpunkt in hohem Maße zu. Als Besonderheit wird weiterhin sichtbar, dass nicht nur das Spielen und Bewegen selbst zum eigentlichen Handlungsziel wird (Müller & Petzold, 2014, S. 187), sondern *didaktische Zielsetzungen aus dem Unterricht* durchaus in die Pause hineinwirken können, z. B. die Mobilitäts- und Verkehrserziehung, die Umweltbildung oder die Koordinations- und Wahrnehmungsschulung (Dinter, 2013, S. 155–156). Aus diesen Gründen gehen wir auf die Fragen ein, wie die Anleitung und Organisation erfolgen und welche Inhalte weiterführend aus dem Unterricht einfließen könnten.

Pausenaktivitäten könnten abgeleitet werden durch:
- regelmäßige (oder bei Bedarf) Impulse direkt vor Ort in der Pause durch Lehrkräfte, pädagogische Unterrichtshilfen, geeignete Schüler, Praktikanten u. a.
- Vorbereitung über den Sportunterricht durch die Sportlehrkräfte
- Einbindung geeigneter Aktivitäten in den Unterricht weiterer Lernbereiche (z. B. Musik – Tanz – Rhythmik, Natur und Umwelt)
- Projekte, wie das Erlernen des Boulespiels und das Anlegen einer Bouleanlage auf dem Schulhof (s. Kächele, 2005, S. 21) bzw. einer Frisbee-Golf-Anlage (s. Müller, 2009, S. 53)

- ein entsprechendes Ganztagsangebot oder eine AG, wo zum Spielen und Bewegen in der Pause befähigt wird
- weitere Aktivitäten im Rahmen des bewegten Schullebens oder der bewegten Freizeit (z. B. Integration von geeigneten Spielen in Spiel- und Sportfeste, Erlernen des Inline Skating als pausen- und freizeitrelevante Sportart)

Das regelmäßige Aufgreifen von und Befähigen zu Pausenaktivitäten in verschiedenen Bereichen des Unterrichts, des Schullebens und der Pause selbst ist im Förderschwerpunkt geistige Entwicklung von besonderer Bedeutung. Wiederholungen bzw. häufige Auseinandersetzungen mit der Thematik verbessern die Übernahme in das Handlungsrepertoire der Schüler. In diesem Zusammenhang empfiehlt sich auch das Wiederaufgreifen gleicher Spiele/Aktivitäten in diesen Bereichen über längere Zeiträume hinweg sowie das allmähliche kleinschrittige Heranführen an neue Inhalte. Über solche Anleitungen für die Pausen ergeben sich, wie z. B. im Falle des Erlernens des Inline Skating, jeweils auch Bezüge zur Gestaltung einer bewegten Freizeit. (Dinter, 2013, S. 155–156)

Organisation der bewegten Turnhalle

Untersuchungen (Dinter, 2012) haben gezeigt, dass an Förderschulen mit dem Förderschwerpunkt geistige Entwicklung zum Teil zeitlich-organisatorische, personelle und andere Schwierigkeiten bzw. Bedenken in Bezug auf die Sicherheit und Aufsichtspflicht auftreten können. Deshalb schlägt Dinter (2013, S. 158–159) zur besseren Nutzung der „offenen Turnhalle" oder ähnlicher Maßnahmen in den Pausenzeiten vor:
- Angebote zumindest an ausgewählten Wochentagen, in regelmäßigen größeren Abständen, „im Block" oder gelegentlich nach Absprache unterbreiten
- Begrenzung der die Sporthalle nutzenden Schülerzahl
- Angebote in Therapie-/Bewegungsräumen (ggf. Raum mit Boulderwand), um hierdurch teilnehmende Schülerzahlen, Aufgaben der Aufsicht und Materialbereitstellung zu reduzieren
- Nutzung von Pausenräumen am Tag der offenen Turnhalle einschränken (z. B. nur Sporthalle und Außengelände)
- Einteilung von (Interessen-)Gruppen oder Klassen, die an festgelegten Tagen Zugang zur Sporthalle erhalten

4 Modifizierungen für den Bereich bewegte Pause

- Themenangebote, die auf das Interesse und die Bedürfnisse unterschiedlicher Schüler eingehen (z. B. Tänze, Ballspiele, Fahrparcours, vestibuläre und kinästhetische Bewegungserfahrungen für Schüler mit komplexer Behinderung); die Schüler entscheiden sich im Voraus, welches der Angebote sie im Verlauf der Woche/des Monats nutzen möchten
- Aufbau einer Gerätelandschaft in der Sporthalle (s. Häfele, 2007), die über einen längeren Zeitraum hinaus nicht nur in die Pausengestaltung, sondern ebenso in den Rahmen des Sportunterrichts, bewegten Lernens (s. Köckenberger, 2005), bewegungsorientierter Projekte und bewegten Schullebens eingebunden werden können
- Gewinnung, wenn möglich, externer Personen zur Durchführung oder Begleitung von Pausenaktivitäten, evtl. über Ganztagsangebote (z. B. Therapeuten, Studenten der Sportwissenschaft/Sonderpädagogik, Übungsleiter, Eltern)
- Einbindung von Schülern (in Warnwesten) durch Übertragung von Aufgaben zur punktuellen Personalentlastung, z. B. für Ausgabe und Zurücknahme von Kleingeräten

Genannte Maßnahmen können zumindest partiell zur Reduktion des zeitlich-organisatorischen, personellen und räumlich-materiellen Aufwandes für die Umsetzung einer offenen Turnhalle oder daran angelehnter Bewegungsangebote beitragen. Erfahrungen aus der Förderschule in Ölsnitz zeigen aber, dass das „Funktionieren" einer offenen Turnhalle viel von der Geduld der Lehrkräfte und dem Vertrauen in die Schüler abhängt.

4.2 Förderschwerpunkt geistige Entwicklung

Themen/Inhalte für die bewegte Pause mit Verbindungen zu Lernbereichen und -zielen des Förderschwerpunktes
(in Anlehnung an Dinter, 2013, S. 155)

- Praxisbeispiele aus den Karteikartensammlungen zum bewegten Lernen, speziell auch solche, deren Umsetzung aus räumlichen, zeitlich-organisatorischen, inhaltlichen oder anderen Gründen im Unterricht/Klassenraum nur bedingt möglich wären:
z. B. Ballprobe, Die Eins bin ich, Figurenlauf, Buchstabenhüpfspiel, Ich auch, Spiele mit Mutti und Vati, Pausenspielkiste, Schulhofspiele (in: Müller, 2006)
- Spiel- und Übungsformen zur Wahrnehmungsschulung:
Mandala legen, Mäusefang (s. u.), Spiele zur Mobilität/Verkehrserziehung einbinden
- Spiel-/Übungsformen zur Mobilität/Verkehrserziehung:
Ampelspiel, Pappdeckel-Spiel, Frisbee-Spiel (s. u.)
- Naturerfahrungsspiele:
Blättermemory, Schwungtuchspiel, Tierfamilientreffen (s. u.)
- Koordinationsspiele, besonders zur Schulung des Gleichgewichtssinns, des Bewegungssinns:
Transportieren/Auffangen eines Chiffontuches oder Luftballons mit unterschiedlichen Körperteilen, einfache Jonglageformen, Zielwurfspiele, Balancieren mit Blockstelzen, Absolvieren eines Balanceparcours (z. B. Kombination aus feststehenden Geräten und frei beweglichen Materialien)
- Spiele miteinander/Kooperationsspiele:
Flussüberquerung (s. u.)
- Aktivitäten mit erlebnispädagogischem Charakter:
Bouldern, Geräteparcours in der Sporthalle, Seilparcours auf dem Außengelände (s. auch Flussüberquerung sowie Kapitel 5)
- freizeitrelevante Spiele/Aktivitäten:
Inline Skating, Nordic Walking, Boule, Golf
- Rhythmus-/Tanzformen, Singspiele
(s. Medienhinweise zur bewegten Pause sowie Abschnitt 3.3)

4 Modifizierungen für den Bereich bewegte Pause

Flussüberquerung

Materialien: zwei Matten (Sporthalle) bzw. zwei große Pappen o. Ä. (Schulhof)

Mit Hilfe der Matten/Pappen überquert eine Gruppe von Schülern einen „Fluss" (Länge der Sporthalle, Fläche auf dem Schulhof). Dabei steht die Gruppe jeweils auf einer Unterlage und muss die zweite zur Überquerung immer wieder vor sich legen.

(modifiziert nach Häfele, 2007, S. 41; Dinter, 2013, S. 275)

Mandala legen

Materialien: Markierter Kreis als Grundform für Mandala, gerade Anzahl an verschiedenen Alltags-oder Naturmaterialien

Kreisaufstellung: Ein Spieler legt im Kreis einen Gegenstand ab und der nächste Mitspieler platziert den gleichen Gegenstand spiegelbildlich.

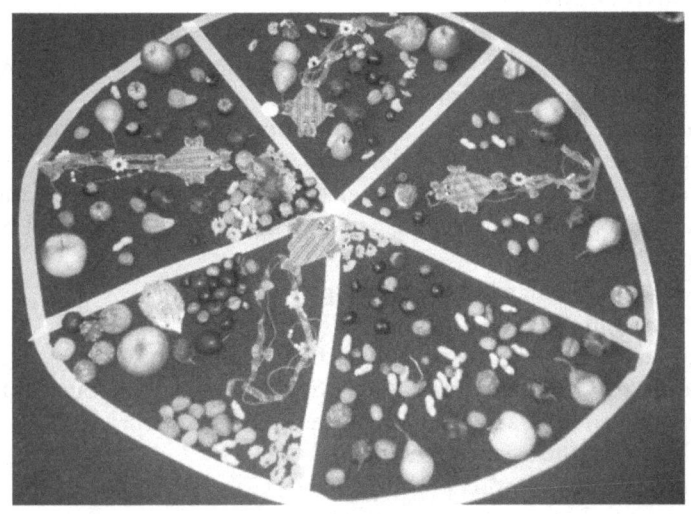

4.2 Förderschwerpunkt geistige Entwicklung

Varianten:
- projektorientiert ein Verständnis für Charakteristika des Mandalas im Unterricht erarbeiten, z. B. in:
Kunst: Mandalas (aus-)malen
Mathematik: Form kennen lernen, ertasten, einfache Mandalas am Platz legen
- zu Beginn wenige unterschiedliche Materialien/Formen/Farben einbringen, später schrittweise erweitern und variieren
- ggf. zunächst nur einmalige „Spiegelung" erzeugen
- Flächen/Gegenstände/Spielregeln wählen, die Teilnahme von Schülern mit unterschiedlichen Beeinträchtigungen ermöglicht
- benötigte Hilfestellungen bereitstellen (Rollstuhl schieben, Partnerarbeit u. a.)

(modifiziert nach Dinter, 2013, S. 267)

Blättermemory

Materialien: als Memorykarten getrocknete Blätter in je zweifacher Ausführung auf Papier geklebt (Karten zum Schutz in Folien legen oder laminieren)

Mit den Karten wird Memory nach klassischen Regeln gespielt.

Varianten:
- Blätter und dazugehörige Früchte als Memorykarten verwenden (ggf. in flache Kartons kleben)
- je zwei Schüler mit gleichen Karten wechseln nach Ansage ihre Plätze

(Dinter, 2013, S. 275)

Schwungtuchspiel

Materialien: Schwungtuch, Würfel mit Einschubtaschen für Bildkarten/Fotos, darauf Flächen mit Gegenständen, die auf dem Schulhof zu finden sind, wie Wiese, (bestimmte) Sträucher/Bäume/Blumen/Früchte etc.

Der Würfel mit den Bildern wird eine Weile auf dem Schwungtuch hin und her gespielt bis er auf ein Zeichen hin „zum Ruhen" kommt. Auf ein weiteres Zeichen laufen die Schüler zur vom Würfel angezeigten Stelle.

4 Modifizierungen für den Bereich bewegte Pause

Variante: Bilder mit Tierkarten verwenden: Laute/Bewegungen des angezeigten Tieres imitieren oder über Bewegungen anzeigen in welchem Element das Tier hauptsächlich lebt (Dinter, 2013, S. 275)

Tierfamilientreffen

Materialien: Bilder/Fotos von identischen Tieren bzw. unterschiedliche Karten aus Tierfamilien

Jeder Schüler zieht eine verdeckt liegende Karte und bewegt sich frei im Raum. Auf ein Zeichen hin findet er sich mit Mitschülern zusammen, die eine Karte mit gleichem Tier bzw. Tierfamilie hat. (modifiziert nach Kapustin & Lauffer-Kapustin, 2009, S. 31)

Variante: mit Blatt- oder Blatt-/Fruchtkarten spielen (s. auch Blättermemory)

Ampelspiel

Materialien: Tücher (rot, gelb, grün)

Die Schüler bewegen sich frei im Raum. Wenn der Lehrer/Schüler ein Tuch mit bestimmter Farbe zeigt, führen die Schüler dazu eine vorher vereinbarte Bewegung aus, z. B. rot – stehen bleiben/Hinhocken/auf einem Bein stehen, gelb – langsam gehen, grün – schnell gehen/hüpfen

Varianten:
- ggf. Spiel mit nur zwei Farben beginnen
- Bewegungsformen über längeren Zeitraum beibehalten und nur allmählich neue einführen
- Bewegungsformen auf Grundlage der Voraussetzungen der Schüler auswählen (z. B. Rollstuhlfahrer berücksichtigen)

(Müller, 2009, S. 52; Dinter, 2013, S. 275)

Pappdeckel-Spiel

Materialien: Pappdeckel o. Ä. (rot, gelb, grün) in einem Abstand von ca. einer Schrittlänge auf dem Spielfeld platzieren

Die Spieler wechseln die Seite, ohne die Pappdeckel zu berühren. Oder sie wechseln die Seite auf den Pappdeckeln in gleicher Reihenfolge, wie der vorausgehende Partner.

Varianten:
- Seitenwechsel auf roten (grünen, gelben, rot-gelb-grün) Pappdeckeln
- Seitenwechsel, wobei der rechte Fuß immer einen roten Pappdeckel, der linke keinen Pappdeckel berührt (jeweils beidseitig üben)
- unterschiedliche Abstände und ggf. Größe von Pappdeckeln
- ggf. für Rollstuhlfahrer größere Abstände zwischen den Pappdeckeln (zwischen Pappdeckeln fahren; Pappdeckel mit einem Rad, statt einem Fuß berühren; An-/ Überfahren der genannten Farbe etc.)
- ggf. in Partnerarbeit zur Unterstützung von Schülern mit starken Bewegungseinschränkungen
- Fortbewegungsarten für einzelne Übungen variieren
- nach Festigung auch als Wettbewerbsform (z. B. Sportunterricht, Spiel- und Sportfest) (modifiziert nach Stöppler & Butterweck, 2002, S. 14; Dinter, 2013, S. 265)

Frisbee-Spiel

Materialien: (Soft-)Frisbee-Scheiben (rot, gelb, grün) auf Boden verteilt
Die Schüler bewegen sich frei, ohne Frisbees zu berühren. Auf Zuruf „rot" (gelb, grün) oder zeigen einer Farbe stellen sie sich zur Frisbee der entsprechenden Farbe.
Varianten:
- Gassenaufstellung: Die Schüler spielen sich die Frisbee zu. Ein Spieler versucht die Gasse zu durchlaufen, ohne von einer Frisbee-Scheibe getroffen zu werden.
- Paare spielen sich die Frisbee-Scheibe zu und versuchen einen Schüler, der in der Mitte steht, mit einem gezielten Wurf zu treffen. Kann dieser nicht ausweichen, darf der erfolgreiche Werfer die Mittelposition einnehmen.

Hinweis: Spielvarianten mit Soft-Frisbees
(modifiziert nach Stöppler & Butterweck, 2002, S. 14–15; Dinter, 2013, S. 266)

Mäusefang

Materialien: Jogurtbecher, „Mäuse" aus Korken mit Schnur/Faden
Ein Schüler führt eine „Maus" an einem Faden mit Richtungswechseln über einen Tisch oder den Boden. Der Partner versucht die „Maus" mithilfe der Jogurtbecher zu fangen.

4 Modifizierungen für den Bereich bewegte Pause

4.3 Förderschwerpunkt körperliche und motorische Entwicklung

Die bewegten Pausen sollen von den Schülern mit sonderpädagogischem Förderbedarf im Förderschwerpunkt körperliche und motorische Entwicklung freudvoll, eigenaktiv und ihren Wünschen entsprechend gestaltet werden können. Eine dafür notwendige barrierefreie Gestaltung der Schule und des Geländes kann als Voraussetzung angesehen werden.

Als didaktische Akzentuierung kann eingestuft werden, dass bewegte Pausen einen Beitrag zur *motorischen Förderung* leisten. Dabei sollte der Blick vor allem auf die Koordination, aber auch auf die konditionellen Fähigkeiten (besonders Ausdauer und Kraft) gerichtet sein – diese verbunden mit freizeitrelevanten Übungsinhalten.

Koordinationsschulung

Bei der Schulung koordinativer Fähigkeiten (Gleichgewichtsfähigkeit, kinästhetische Differenzierung, räumliche Orientierung, Reaktions- oder Rhythmusfähigkeit) ist wichtig, dass die Ausführung und die Bedingungen variiert sowie die eingesetzten Fertigkeiten erweitert werden. Dafür werden folgend ausgewählte Konkretisierungen vorgestellt.

(* Spiele modifiziert nach Müller, 2009)

Parcours

Auf dem Schulhof oder in der Sporthalle könnte für die Pausen ein Parcours angelegt werden, der sowohl mit Fahrgeräten als auch zu Fuß oder mit Rollgeräten bewältigt werden kann. Je nach den konkreten Bedingungen sollte an folgende Möglichkeiten gedacht werden:
– das natürliche (Schul-)Gelände nutzen, z. B. bergauf und bergab, (natürliche) Hindernisse umfahren
– um Absperrkegel oder andere Hindernisse im Slalom fahren/laufen
– eine Rampe, einen Tunnel, einen Steg u. a. unter- bzw. überwinden
– Kleingeräte (Bälle, Luftballons u. Ä.) dabei transportieren
– mit einem Partner die Strecke zurücklegen, z. B. Rollstuhlfahrer zieht einen Mitschüler auf einem Rollbrett
– auch als „Fußgänger" die Strecke mit Rollgeräten meistern

4.3 Förderschwerpunkt körperliche und motorische Entwicklung

Ziele treffen
- mit unterschiedlichen Geräten, aus verschiedenen Entfernungen auf verschiedene Ziele treffen
- Bohnen, Stoffbälle, kleine Gummireifen u. a. griffige Gegenstände, die nicht fortrollen, zum Werfen einsetzen
- mit Naturmaterialien (Eicheln, Kastanien) nach Baumstämmen u. a. werfen
- ein bewegtes Ziel treffen (an einem Seil hängender Reifen oder ein Hütchen, das vom Partner bewegt wird)
- Bodenmarkierungen als Ziele einsetzen
- nach Zielen mit Kugeln rollen
- aus verschiedenen Ausgangsstellungen die Geräte werfen oder rollen
- die Treffer zählen und versuchen, sich selbst zu überbieten
- Wie viel Treffer schaffen wir als Paar?

*Spiele mit Tischtennisschlägern**
Material: Tischtennisbälle und -schläger
Wer schafft es mit einem Tischtennisball:
- auf den Boden zu prellen
- direkt/indirekt gegen eine Wand zu spielen, Abstände zu verändern
- in einen Eierkarton oder Trichter oder auf eine Zeitung u. Ä. zu zielen
- so gegen eine Wand zu spielen, dass der Ball von der Wand in einen Karton springt
- in den Basketballkorb zu treffen
- auf dem Schläger zu balancieren, auch unterschiedliche Schläger verwenden
- zwischen zwei Schlägern hin und her zu spielen
- auf dem Schläger zu jonglieren
- bei geeigneten Formen die Treffer zu zählen und sich selbst zu überbieten
- mit einem Partner diese Formen zu spielen

4 Modifizierungen für den Bereich bewegte Pause

Tischtennis variieren

Material: unterschiedliche Schlägertypen und verschiedene Bälle
Variationsmöglichkeiten je nach den individuellen Voraussetzungen:
- Spielen mit verschiedenen Schlägertypen (Normalschläger, Minischläger, Holzbrett, Buch, Schlägertasche, Hand usw.)
- Spielen mit verschiedenen Bällen (Tischtennisball, Tennisball, Flummi, Floorball-Ball, Luftballon, kaputter Ball usw.)
- Spielen in verschiedenen möglichen Körperpositionen (stehend, sitzend auf einem Pezziball oder auch als „Fußgänger" im Rollstuhl u. a.)
- Variationen des Abstandes zum Tisch (nah, normal, fern)
- Variation des Tempos (langsam, normal, schnell)
- Spielen mit Gegenständen als Hindernisse auf dem Tischtennistisch
- Spielen bei verschiedenen äußeren Bedingungen (Wind, feuchter Tisch, Gegenlicht)
- Anbringen von seitlichen Banden an den Tischtennistischen (Polybat)

Alle neune (Pendelkegeln) *

Material: Seil mit (Stoff-)Ball oder Schnurball, 9 Plastkegel

Das Seil mit dem Ball wird an einem kräftigen Ast (oder einem Haken) befestigt und die Kegel darunter aufgestellt. Dann wird das Seil gefasst und aus 1 bis 2 m Entfernung in Schwung versetzt. Zuerst muss der Ball an den Kegeln vorbei, um diese beim Rückschwung zu treffen. (Borde-Klein, Arndt & Singer, 1986, S. 106)

Varianten:
- als Wettbewerb mit bis zu drei Versuchen
- als Additionswettkampf (Summe der gefallenen Kegel in der Gruppe ermitteln)

Crossboccia

Crossbocia ist eine moderne Variante von Boccia/Boule/Pétanque. Ziel aller dieser Spiele ist es, eine oder mehrere Kugeln/Bälle so zu werfen, dass diese einer Zielkugel („Schweinchen") möglichst nahe kommen und dadurch zu punkten. Crossboccia-Bälle sind aus robustem Stoff und mit Granulat gefüllt. Sie sind griffiger und bleiben schnell liegen.

4.3 Förderschwerpunkt körperliche und motorische Entwicklung

Dadurch kann damit drinnen und draußen, geländeunabhängig und dreidimensional gespielt werden – auf Treppen, auf Tischen oder Bänken u. a. (Döhring & Lange, 2013, S. 153). Crossboccia ist weitgehend altersunabhängig und eignet sich auch für Schüler mit körperlich-motorischen Problemen.
Varianten:
- mit einem Partner oder in Teams spielen
- alternativ kann mit Bohnensäcken, Kick-Bällen Hacky Sack, Succes Bällen u. a. geworfen werden
- Regeln entsprechend der Bedingungen und Voraussetzungen absprechen
- Hindernisse einbauen
- mit Scheiben (Disc-Boccia)/Bierdeckel o. Ä. spielen
- ein traditionelles Boccia-Spiel verwenden
- eine Abrollhilfe benutzen

Becherstapeln*

Material: Stacker-Sets oder Flash cups
Sehr schnell werden aus drei Bechertürmen drei Pyramiden aufgebaut und dann wieder abgebaut.
3er Pyramide und 3–3–3 Stack (s. Anhang 5)
Varianten:
- 6er Pyramide (s. Anhang 5)
- nach Zeit
- als Paar abwechselnd je einen Becher stapeln
- als Additionswettkampf in der Gruppe
(Bauer & Reul, 2008)

Wir spielen gemeinsam

Nachdem als Projekt (s. Abschnitt 3.5.3) nach Möglichkeit zur Veränderung von Kleinen Spielen gesucht wurde, werden die Ergebnisse in die Spiele zur Pause einbezogen. Beispiele:
- Verkehr: Rollifahrer werden bei geschlossenen Augen akustisch von ihren Mitspielern durch einen Parcours geleitet.
- Hase und Jäger: Abgeschlagene Hasen verbleiben in der Hocke und können von einem Rolli erlöst werden, wenn dieser sie umfährt.

4 Modifizierungen für den Bereich bewegte Pause

- Band ab! Die Rollis haben mehrere Bänder an der Rückenlehne hängen, von denen immer nur eines geraubt werden darf.
- Platzwechselspiele wie Freunde suchen oder wechselt das Bäumchen können ohne große Veränderungen gespielt werden.
- Ballspiele wie Wettwanderball oder Klatschball: Dabei können die Rollis ganz selbstverständlich einbezogen werden.

Konditionsschulung

Den Schülern sollte in den Pausen Gelegenheit gegeben und sie auch dazu animiert werden, entsprechend ihrer Möglichkeiten mit Fahrgeräten oder zu Fuß das Gelände zügig zu umfahren/zu durchqueren.

Je nach den individuellen körperlichen und motorischen Voraussetzungen sind auch Übungsformen zur Verbesserung von Kraft und Beweglichkeit sinnvoll und geeignet. Deshalb sollten auf dem Pausenhof oder im Schulhaus Räume eingerichtet werden mit z. B. folgenden Geräten (evtl. Poster mit Übungsvorschlägen, die auch im Rahmen eines Projektes erarbeitet werden können):

- Thera-Band, Flexibler Übungsstab, Kurz-Hanteln, Gewichtsmanschetten, Impander, Expander, Fitnessring
- Handtrainer, Ring-Handtrainer, Fingertrainer, Federgriffhantel, Physioball
- Fitnessgeräte (wenn dafür eine Finanzquelle erschlossen werden kann) wie z. B.: Pedal-Trainer, Fußwippe, Stepper, Heimtrainer/Ergometer, Crosstrainer, Laufband, Rudergerät, Seilzugapparat oder Schlingentrainer (In Schulen sind nach DIN EN 957–1 und DIN EN 957–2 nur Geräte der Klassen S oder I zulässig).
- Nordic Walking Stöcke

4.4 Förderschwerpunkt emotionale und soziale Entwicklung

Eine Reihe von Hinweisen, die bereits im Förderschwerpunkt Lernen gegeben wurden, treffen auf Schüler mit sonderpädagogischem Förderbedarf im Förderschwerpunkt emotionale und soziale Entwicklung ebenfalls zu. Bei diesen Schülern können Pausen zu einem Problem

4.4 Förderschwerpunkt emotionale und soziale Entwicklung

werden, denn sie weisen dann besonders ein antisoziales Verhalten auf oder werden die Opfer davon. Für die Organisation von Pausenaktivitäten gilt es zu beachten (Lippert, 2012, S. 45):
- kleinschrittig und zuerst mit Anleitung heranführen (Eingewöhnungsphase) – später Raum zum Mitgestalten lassen
- differenzierte Angebote unterbreiten, Schüler in die Auswahl einbeziehen
- klare Regeln gemeinsam vereinbaren, deren Einhaltung durchsetzen und reflektieren (Welche Geräte und Bereiche dürfen für die einzelnen Aktivitäten benutzt werden? Weitere Regeln: Pausenzeiten einhalten, Geräte aufräumen, aufsichtsführende Pädagogen oder auch Schüler anerkennen, Rücksicht nehmen)
- die Verbindung zu Projekten oder Ganztagsangeboten herstellen (s. Beispiel Poi-Projekt im Abschnitt 3.5.4)

Didaktische Akzentuierungen sollten sich entsprechend des Förderschwerpunktes sowohl auf das emotionale Erleben (Abbau negativer Spannung bzw. von Hemmungen, Erleben von freudvollen spielerischen Aktivitäten, dadurch Entwicklung eines positiven Selbstkonzeptes) als auch auf das soziale Verhalten richten (Kontakt zu anderen herstellen, Gruppen bilden, kooperieren, sich beraten, Regeln gemeinsam vereinbaren, Rücksicht nehmen).

Geeignet erscheinen u. a. folgende Aktivitäten:
- Aktivitäten, die einen *verstärkten Freizeitbezug* aufweisen und für die Freizeitgestaltung (miteinander) aktivieren können (Beispiele s. unten)
- Aktivitäten, bei denen eine *rhythmische Anpassung an eine Gruppenaufgabe* erfolgt
- Aktivitäten (mit Geräten), die den *Aggressionsabbau* unterstützen können

Aktivitäten mit verstärktem Freizeitbezug

Die oben genannten didaktischen Akzentuierungen in Richtung emotionales Erleben sowie soziales Verhalten können sehr gut durch Bewegungsaktivitäten in der Pause gefördert werden. Wenn dann auch noch ein Freizeitbezug gegeben ist, kann durch die Alltagrelevanz intrinsisch motiviertes Handeln erwartet werden. Spielerische Formen in der Grundschule sollten über „Mischformen" zu mehr sportlichen Aktivitäten führen, die auch an modernen Trends orientiert sind. Dabei sollte zunehmend das Ausführen in einer Gruppe angeregt werden. (* Spiele modifiziert nach Müller, 2009)

*Jonglieren mit Hackysack**

Material: Hackysack/Kick-Ball/Footbag (kleiner mit Körnern gefüllter Stoffball), Bohnensäckchen o. Ä.

Der Hackysack wird mit den Füßen oder Beinen gespielt und soll möglichst nicht auf dem Boden aufkommen. (Zu Beginn kann auch erst einmal mit den Händen, Handflächen und -rücken gespielt werden.)
– allein
– paarweise oder als Gruppe im Kreis
– Tricks zeigen, auch synchron mit einem Partner
– ein Ziel treffen
– Wer schafft die meisten Kontakte in einer Minute? (Hackysack nur unterhalb der Hüfte spielen)
– Jonglieren mit Federfußball/Indiacaball

*Fußballtennis**

Material: Spielfeld ca. 10 m x 12 m, hüfthoch angebrachtes Tennisnetz/Leine (evtl. mit Zeitungen), Softball, aufblasbarer Wasserball, Fußball u. a.

Das Spiel wird nach der Idee des Tennis ausgetragen, nur wird der Ball mit den Füßen gespielt. Der Ball kann zwischen drei Spielern einer Mannschaft zugespielt werden, maximal mit je einem Bodenkontakt. Jonglieren (ohne Bodenkontakt) durch einen Spieler ist erlaubt. Als Fehler zählen mehr als die drei Zuspiele, mehr als die eine Bodenberührung zwischen den Zuspielen, Netz-/Leinenberührung durch Spieler oder Ball, Ausschlagen des Balles.

*Mit Ball und Schläger**

Material: unterschiedliche Bälle und Schläger (Tennis, Tischtennis, Federball u. a.)

4.4 Förderschwerpunkt emotionale und soziale Entwicklung

Paarweise spielen sich die Kinder mit Schlägern einen Ball zu, der möglichst nicht den Boden berühren soll. Dann wechseln sie Ball und Schläger. Mit welchen Geräten gelingt die Aufgabe am besten?
- Ballkontakte ohne Bodenberührung zählen
- mit der anderen Hand spielen
- Abstände verändern
- Bälle mit der Hand schlagen
- Ball schräg an eine Wand spielen, von da zum Partner

(s. auch Anregungen zu Variationen beim Tischtennis im Abschnitt 4.3)

Kopfball-Doppel (Headies)

Material: Tischtennistisch, Softball/Plastikball/Ballblase

Zwei Doppelpaare spielen mit den o. g. Geräten Tischtennis. Der Ball darf nur mit dem Kopf berührt werden. Es kann – muss aber nicht – abwechselnd gespielt werden. (Döhring & Lange, 2013, S. 129)

Rope Skipping*

Material: Springseile, Schwungseil

Zuerst wird das Seilspringen einzeln geübt. Dann suchen die Schüler nach Varianten miteinander zu springen.
- zu zweit nebeneinander mit einem Seil oder mit zwei Seilen (gekreuzt gefasst)
- zu zweit hintereinander bzw. gegenüber jeweils mit einem Seil

- zwei Schüler stehen sich gegenüber und schwingen ein Seil, in der Mitte springt ein dritter

4 Modifizierungen für den Bereich bewegte Pause

- Sprungart variieren (Schluss-Sprünge mit und ohne Zwischenhupf, Einbeinsprünge)
- Springen über ein von zwei Schülern geschwungenes langes Seil

Slackline
Material: Slackline
Slacklinien oder Slacklining ist das Balancieren („Seiltanz") auf einem Gurtband, das zwischen Bäumen o. Ä. aufgespannt wird (Sicherheit und Baumschutz beachten, DIN 79400).
- Aufsteigen (mit zwei oder einem Helfer)
- Gleichgewicht finden, Stehen
- Gehen vorwärts (und rückwärts) – zuerst über kürzere Distanzen, später auch mit geschlossenen Augen
- Aufspringen oder auf der Slakline springen
- in die Hocke gehen
- weitere Tricks in der Gruppe entwickeln (Anregungen sich vorbereitend evtl. aus dem Internet holen)

Variationen von Sportspiele
- Fußball auf ein Tor, Torwandschießen, Fußball-Squasch, Zwillingsfußball
- Streetball, Basketball-Dart, Reboundball
  (Spielbeschreibungen und weitere Vorschläge in Döhring & Lange, 2013)

Freizeitspiele
- Scoop-Spiel, Ballfang-Spiel, Beach-Ball, Dart-Spiel (mit weichen Spitzen), disc-Catcher u. a.
- Jongliergeräte, wie Jonglierbälle oder -säckchen, Tücher, Diabolo, Devil-Stick, Jonglierringe oder -teller u. a.

4.4 Förderschwerpunkt emotionale und soziale Entwicklung

Trendsport
- Skateboard, Waveboard, Wave Scooter (persönliche Schutzausrüstung tragen: Helm, Protektoren)

Rhythmische Anpassung an Gruppenaufgaben

Rhythmus hat eine Ordnungskraft und kann dadurch die Bewegungskontrolle verbessern, Sicherheit geben und das Selbstwertgefühl stärken (Schäfer, 1976, S. 102–103). Rhythmus kann durch (schwingende) Geräte vorgegeben werden oder durch Musik. Deshalb können für die Pau-

4 Modifizierungen für den Bereich bewegte Pause

sengestaltung z. B. das Schwingen der in einem Projekt selbst angefertigten Pois (s. Abschnitt 3.5.4) oder das Springen über das Schwungseil empfohlen werden. Gemeinschaftstänze erfordern ebenfalls eine Anpassung an Gruppenaufgaben. So könnte für das Üben von z. B. Line Dance (s. auch Abschnitt 5.1) oder HipHop in den Klassen geworben und in regelmäßigen Abständen – evtl. einmal pro Woche – eine Tanzfolge (in der Sporthalle, im Eingangsbereich, in der Aula) einstudiert werden.

Line Dance: Cowboy Charleston (in Reihe)

Musik:	New York, New York	Frank Sinatra
	Wantin' And Havin' It All	Sawyer Brown
	In The Mood (Club Mix)	Asleep At the Wheel
	Sold	John Michael Montgomery

Beschreibung:
    1,2 rechte Fußspitze vorn auftippen, dann Fuß rückwärts setzen
    3,4 linke Fußspitze hinten auftippen, dann Fuß schließen
    5–8 wie 1–4
    1,2 rechte Ferse 2 x vorn auftippen
    3 und rechter Fuß kreuzt hinter linkem, Schritt links seitwärts
    4 rechter Fuß schließt
    5–8 wie 1–4 nur widergleich (also links beginnend)

Antiaggressionsgeräte

Mit dem Einsatz von Antiaggressionsgeräten in den bewegten Pausen gibt es unterschiedliche Erfahrungen, ein differenziertes Vorgehen ist offensichtlich empfehlenswert.
    Beispiele für Antiaggressionsgeräte: Belly-Bumper, Anti-Aggressionsschläger (s. u.), Anti-Aggressions-Punch-Zylinder, Anti-Aggressions-Baumstamm, Boxsack

4.5 Förderschwerpunkt Sprache

Im Kapitel 1 wird förderschwerpunktübergreifend betont, dass es wichtig ist, einen motivierenden, lustbetonten Kontext zu schaffen, in dem Bewegungshandlungen sich zwanglos mit sprachlichem Handeln verbinden lassen. Der Teilbereich der bewegten Pause ist dafür wohl besonders geeignet. Wenn Schüler spiel- und bewegungsaktive Pausen gemeinsam selbstbestimmt gestalten, so ergeben sich zwangsläufig viele Sprachanlässe – und diese vor, während, nach der Bewegungsaktivität. Die Schüler müssen Kontakt zu anderen aufnehmen, sich über Inhalte verständigen sowie die Spielsituation aufrechterhalten bzw. bei Problemen wiederherstellen. Dazu ist es notwendig, gemeinsam Regeln abzusprechen, Spielkonflikte angemessen zu lösen oder Spielideen weiterzugeben.

Die Zielebene trägt mehr förderschwerpunktübergreifenden Charakter. Modifikationen sind eher auf den inhaltlichen und methodischen Ebenen erforderlich. So können zusätzliche Sprachanlässe geschaffen werden, wenn Spiele sich z. B. über Poster erschlossen, Ideen in einem Buch der Spiele als Projektarbeit schriftlich fixiert oder die Lieblingsspiele einer Gruppe an andere Schüler der eigenen oder anderer Klassen auf dem Schulhof weitergegeben werden.

Auf der inhaltlichen Ebene sollte die Spielauswahl auf die Besonderheiten der Schüler orientiert und zusätzlich zu den für alle vorgeschlagenen Möglichkeiten verstärkt gerichtet sein auf: *Spiele mit notwendigen Sprachanteilen* sowie im Zusammenhang mit der erforderlichen *Rhythmusschulung* auf Klatschspiele und Gruppentänze, die für viele andere Schüler ebenfalls eine freudvolle Pausengestaltung sein können, bisher in unserem Konzept aber weniger erwähnt werden.

Spiele mit notwendigen Sprachanteilen

Wie spät ist es, Herr Fuchs?

Der Fuchs geht durch das Spielfeld, alle Spieler folgen ihm und fragen: „Wie spät ist es, Herr Fuchs?" Er antwortet mit beliebigen Uhrzeiten. Ruft er plötzlich „Frühstückszeit!", laufen alle davon und versuchen, sich nicht fangen zu lassen – solange, bis der Spielleiter laut bis zwölf gezählt hat. (Döbler & Döbler, 2003, S. 143)

Herr Fischer

Die Spieler rufen; „Herr Fischer, Herr Fischer, wie tief ist das Wasser?" Dieser steht auf der anderen Seite und antwortet z. B.: „3 Meter". Die Spieler fragen: „Und wie kommen wir hinüber?" Nun nennt der Fischer eine Bewegungsform und Richtung (laufen/hüpfen/ kriechen/hinken usw. und vorwärts/rückwärts/seitwärts). Die Gruppe versucht, in der genannten Fortbewegungsart die andere Seite zu erreichen. Der Fischer bewegt sich ebenso und versucht, so viel wie möglich abzuschlagen. (Petzold, 1994)

Varianten:
- Der Fänger antwortet mit bildlichen Vergleichen auf die Gruppenfrage: „Und wie kommen wir hinüber?" Antwort: „Du hüpfst wie ein Hase/Du trampelst wie ein Elefant."
- Zielstruktur Dativmarkierung: Gruppenfrage: „Und wie kommen wir hinüber?" Antwort: „Mit dem Boot."

Ich bin König

In diesem Spiel stellt ein Schüler den König dar, die Mitschüler sind das Volk. Aufgabe des Herrschers ist es, seinen Untertanen Anweisungen zu erteilen. Er sagt beispielsweise: „Ich bin König und in meinem Königreich krähen alle wie ein Hahn." Wurde diese Aufgabe von der gesamten Klasse erfüllt, so gibt der Herrscher die Krone an einen Mitspieler weiter. Schüler der unteren Klassenstufen können eine selbst gebastelte Krone in der Position des Königs bzw. Königin tragen, um deren aktuelle Stellung hervorzuheben. Mit Hilfe der vorgegebenen Satzmuster, deren Wiederholung und dem Benennen verschiedener Aufgaben wird die Satzstruktur und der Wortschatz der Kinder gefestigt.

Varianten:
- Sollten die Schüler keine Idee haben, kann der „Notstapel" (Karten mir verschiedenen Motiven) als Hilfestellung genutzt werden
- Einführung neuer Themenbereiche
- Festigung neu erlernter Wörter

(Leibiger & Gerber, 2012)

4.5 Förderschwerpunkt Sprache

Weitere Spiele mit notwendigen Sprachanteilen:
Katze und Maus, Ochs am Berg, Alle meine Gänschen, kommt nach Haus! Fuchs und Wolf

Klatschspiele

Die in den Büchern vorgeschlagenen Spielformen für die Pause sollten für sprachbeeinträchtigte Schüler durch Klatschspiele ergänzt werden (Verbindung Sprache – Bewegung). Wenn sinnvoll, sollten Überkreuzbewegungen eingebaut werden. Da als Zielstellung für bewegte Pausen in unserem Konzept die Wiederbelebung einer offensichtlich beinah vergessenen Spielkultur angestrebt wird, stellen wir folgend ein traditionelles Klatschspiel vor, was durch Formen aus der Region ergänzt werden sollte. (siehe auch Klatschspiele. https://www.youtube.com/watch?v=ShlhMIIGl5M)

Bei Müllers hat's gebrannt (überliefert)
Bei Müllers hat's ge – brannt – brannt – brannt,
(1 2 3 4 5 6 7 8)
da bin ich hin ge – rannt – rannt – rannt.
Da kam ein Polizist – zist – zist,
der schrieb mich auf die List – List – List.
Die List fiel in den Dreck – Dreck – Dreck,
da war mein Name weg – weg – weg.
Da lief ich schnell ins Haus – Haus – Haus,
zu meinem Onkel Klaus – Klaus – Klaus.
Der lag ja schon im Bett – Bett – Bett,
mit seiner Frau Elisabeth.
Elisabeth, die schämte sich
und zog die Decke über sich.
Die Decke hat ein Loch – Loch – Loch,
da sah ich sie ja doch – doch – doch.

4 Modifizierungen für den Bereich bewegte Pause

Klatschbegleitung:
    1–2: Patschen auf die Oberschenkel – Klatschen mit beiden Händen gegen die Partnerhände
    3–4: Patschen auf die Oberschenkel – Klatschen mit gekreuzten Händen gegen die gekreuzten Partnerhände
    5–6: wie 1–2
    7–8: Klatschen über Kreuz die jeweils linken Hände gegeneinander – dann die rechten Hände
Varianten für andere Klatschbegleitungen selbst finden

Gruppentänze

Zu Gruppentänzen können sich die Schüler in der Pause in der Aula, der Sporthalle, auf breiten Gängen oder anderen Räumlichkeiten im Schulgebäude einfinden. Auch das Tanzen im Freien ist möglich, wenn ein Wiedergabegerät angeschlossen werden kann. Es sollte zuerst laut, dann leise mitgezählt und mitgesprochen werden. Beispiele für Gruppentänze sind Line Dance (Abschnitte 4.4 und 5.1) oder Sirtaki.

Sirtaki (Schulterfassung in Reihe)
1   rechts sw
2   links kreuzt dahinter
3   rechts sw
4   linkes Bein schwingt vor
5   links sw
6   rechtes Bein schwingt vor

4.6 Förderschwerpunkt Hören

4.6 Förderschwerpunkt Hören

Die bewegte Pause spielt für Hörgeschädigte eine große Rolle. Die Schüler nutzen das aktive Bewegen auf der Hofpause, indem sie Fußball oder Basketball spielen. Aufgemalte Kästchen auf dem Schulhof ergänzen die Bewegungsmöglichkeiten, indem die Schüler hüpfen oder springen können. Im Schulgebäude steht ein Tischkicker zur Verfügung. (Zuarbeit Grit Richter, Georg-Götz-Schule Chemnitz)

Im Förderschwerpunkt Hören könnten ebenso wie in anderen Bereichen auch didaktische Zielstellungen anvisiert werden. Rhythmus- und Gleichgewichtsspiele mit Sprechanteilen sind förderlich.

4 Modifizierungen für den Bereich bewegte Pause

Rhythmus- und Gleichgewichtsspiele mit Sprechanteilen

Die Kastanien hängen am Baum

Die Kastanien hängen am Baum, Baum, Baum,
da gehn wir alle schaun, schaun, schaun.
Wir nehmen Tüten mit, mit, mit
und sammeln sie auf zu dritt, dritt, dritt.
Dann gehen wir wieder Heim, Heim, Heim
und basteln daraus ein Schwein, Schwein, Schwein.

Ein kugelrundes Schwein – Schwein – Schwein.
das wollt gern dünner sein – sein – sein.
Es fraß sich nicht mehr satt – satt – satt,
wurd dürr, doch auch ganz matt – matt – matt.
Drum, Schwein, bleib rund – rund – rund,
sonst gleichst du einem Hund – Hund – Hund.
(unter: http://www.klatschreime.de/klatschreime/1/)

Ein Hut, ein Stock, ein Regenschirm ...

Die Kinder stehen hintereinander mit den Händen auf den Schultern des Vordermannes. Sie sprechen den folgenden Vers und führen rhythmische Bewegungen aus:

und 1 und 2 und 3 und 4 und 5 und 6 und 7 und 8 und 9 und 10	*Gehschritte mitzählen*
ein Hut, ein Stock, ein Regenschirm	*stehen bleiben (evtl. die genannten Gegenstände imitieren)*
und vor, zurück, zur Seite, ran!	*rechtes Bein in die entsprechende Richtung bewegen*
(überliefert)	*(nächster Durchgang linkes Bein)*

Silbenhüpfen

Hüpfkästchen mit Silben aufmalen und Wörter hüpfen

Slackline

(s. Abschnitt 4.4)

Die Übungen sollten durch lautes Sprechen begleitet werden:
- Schritte zählen
- zum Tippen mit einem Fuß sprechen „vor – zurück"
- seinen (Vor-)Namen langsam in Silben sprechen, dazu Schritte ausführen

Gummitwist mit Sprechrhythmen

Das bekannte Spiel kann mit Sprechrhythmen kombiniert werden und fördert so das Rhythmusgefühl und auch die Silbenbewusstheit. Beispiele für den Einstieg finden sich im Anhang 9, später sollten sich die Schüler mit eigenen Ideen einbringen. (Richter, 2014, S. 44 und Anhang 5)

In Schulen für Hörgeschädigte ergeben sich in den Unterrichtsräumen Pausenspielflächen dadurch, dass im vorderen Teil Stühle im Halbkreis stehen und bis zum Lehrertisch ein freier Raum entsteht. Dieser kann genutzt werden für:
- Gummihopse, Korken umkegeln, Knöpfe werfen (Müller, 2010, S. 197)
- Rope Skipping, Stacking, Kick-Ball, Pausendisco (Müller & Petzold, 2014, S. 189–190)
- Twister, Mandala legen (s. Abschnitt 4.2), Jonglieren, Üben mit Balancesets (Bretter mit Kugeln und Bahnen zur Auge-Hand/Fuß-Koordination und viele andere Spielformen,

Weiterführende Medienempfehlungen für die Umsetzung der bewegten Pause sowie zur Gestaltung des Gebäudes und des Schulhofs für Bewegung:

Derksen, L. (2003a). Der Rollstuhlführerschein. *Lernen konkret*, 22(4), 15–16.

Dinter, A. & Müller, C. (2008). *Bewegte Schule gestalten – Ideen aus „Bewegten und sicheren Schulen"*. Meißen: Unfallkasse Sachsen.

Dinter, A. & Müller, C. (2011). *Bewegungsräume für Kindertageseinrichtungen*. Meißen: Unfallkasse Sachsen.

Erkert, A. (2010). *Alle Straßenschilder hüpfen fröhlich in die Höh': Spiele, Lieder und Aktionen zur Förderung von Wahrnehmungs-, Koordinations- und Reaktionsfähigkeit rund um Lieder von Volker Rosin.* Münster: Ökotopia.

Häfele, A. (2007). *„Trau ich mich?" Abenteuersport in der Turnhalle – Erlebnispädagogische Persönlichkeitsförderung mit Schülern der Schule für Geistigbehinderte.* Dortmund: Verlag modernes Lernen.

Harrison, K., Layton, J. & Morris, M. (1991). *Tolle Ideen: Tanz und Bewegung.* Mülheim a. d. Ruhr: Verlag an der Ruhr.

Kapustin, P. & Kapustin-Lauffer, T. (2009). *Ich will auch ... wie Du!: Sport, Spiel und Spaß zusammen mit beeinträchtigten Kindern.* Wiebelsheim: Limpert.

König, C. (2000). Klettern als Pausensport. *Sportpädagogik. Sammelband: Bewegte Schule,* 24 (Sonderheft), 87–90.

Sowa, M. (Hrsg.). (2000a). *„Das reißt uns vom Hocker!": Lernwelten in Bewegung.* Dortmund: Verlag modernes Lernen.

5 Modifizierungen für das bewegte Schulleben

Das Haus unserer bewegten Schule wird ergänzt durch ein bewegtes Schulleben. Obwohl der weiten, ganzheitlichen Sichtweise auf das Schulleben zugestimmt wird, erfolgt aus Gründen der Überschaubarkeit bei den nachfolgenden Darlegungen eine Begrenzung im engeren Begriffsverständnis auf den außerunterrichtlichen Teilbereich der Schulwirklichkeit. Das bewegte Schulleben bildet das „Dach" über dem bewegten Unterricht und der bewegten Pause (s. Abschnitt 2.2) und die schwach gestrichelten Linien sollen keine Trennung, sondern den Zusammenhang kennzeichnen. (Müller, 2010, S. 206) Es ergeben sich viele wechselseitige Beziehungen zwischen dem bewegten Schulleben und den anderen Teilbereichen, wie bewegten Unterricht und Pause sowie Schulsport, vor allem zur bewegten Freizeit, ebenso aber auch zu (bewegungsbasierten) Therapiemaßnahmen.

Das bewegte Schulleben ist auch der Teilbereich, in dem inklusive Bildungsprozesse mit einer besonderen Bedeutung zum Tragen kommen. Für ALLE Schüler kann das bewegte Schulleben nicht nur zur Erweiterung der Bewegungserfahrungen und -sicherheit sowie des motorischen Könnens beitragen, sondern auch zur Stärkung des Gemeinschaftsgefühls, zum Erleben von Vertrauen, Hilfsbereitschaft und einem respektvollen Umgang miteinander sowie zur Schaffung einer Atmosphäre, die zum aktiven Mitgestalten anregt. Ob diese Zielstellungen erreicht werden, hängt wiederum zum einen von den Verhältnissen ab, d. h. von Angeboten, so wie diese nachfolgend beispielhaft aufgeführt werden. Zum anderen sind aber die Kompetenzen der Verantwortlichen entscheidend, wie sie diese Angebote mit entsprechenden Zielen, Inhalten und Methoden ausrichten und die Teilnehmer aktivieren (Konkretisierungen werden in den nachfolgenden Beispielen angedeutet). Bei entsprechender Gestaltung bestehen Chancen, dass sich jeder mit seinen Stärken einbringen kann. Aus diesen Gründen wird im Kapitel 5, ebenso im Kapitel 6 zur bewegten Freizeit, nicht mehr in die einzelnen Förderschwerpunkte differenziert gegliedert, sondern nur an erforderlichen Stellen speziell auf diese eingegangen. Im Einzelnen sollten die didaktisch-methodischen Empfehlungen der vorangegangenen Kapitel auf das Schulleben und die Freizeit übertragen werden.

Übergreifende Modifizierungen

Das bewegte Schulleben ist nach unseren Erfahrungen und Untersuchungen an zertifizierten Förderschulen (Dinter, 2013, S. 161–162) zufolge ein Bereich mit vielfältigen Aktivitäten. Diese werden in den nachfolgenden Abschnitten 5.1 bis 5.3 als Beispiele mit aufgegriffen. Allerdings stehen bei den Angeboten der Projektschulen häufig noch Sportarten und Wettbewerbe im Vordergrund, mit denen voraussetzungs- und interessenbedingt oftmals nur ein Teil der Schüler angesprochen wird. Vor diesem Hintergrund sollten im Bereich des Schullebens neben diesen Angeboten auch stärker solche erfolgen, die einen größeren Kreis zur Freizeitgestaltung bezogen auf Bewegung und Spiel anregen und motivieren. Das Erleben der Natur, erlebnispädagogische Aktivitäten sowie aktuelle Bewegungstrends können die Zielstellung unterstützen. Wenn diese dann auch inklusiven Charakter tragen, könnte Bewegung und Sport für ALLE angestrebt werden. (Dinter, 2013, S. 165)

Zum bewegten Schulleben zählen wir entsprechend des oben beschriebenen engen Begriffsverständnisses Ganztagsangebote für Bewegung, Spiel und Sport, Spiel- und Sportfeste/Bewegungstreffs u. Ä., Wandertage, die wirklich Wandertage sind, und Klassenfahrten, bei denen die Natur erkundet und zu unterschiedlichen Tages- und Jahreszeiten erlebt wird.

5.1 Ganztagsangebote für Bewegung, Spiel und Sport

Natürlich gibt es inhaltlich sehr verschiedene Ganztagsangebote. Der Thematik des Buches entsprechend wird nachfolgend nur auf den Bewegungs- und Sportbereich eingegangen. Einbezogen werden alle Sportarbeitsgemeinschaften, auch wenn diese an einzelnen Schulen nicht in ein Ganztagsprogramm eingebunden sind. Für Kinder und Jugendliche mit sonderpädagogischem Förderbedarf sind solche Angebote an der Schule von besonderer Bedeutung und werden dankbar ange-

5.1 Ganztagsangebote für Bewegung, Spiel und Sport

nommen, da für sie die Zugänge zum Sporttreiben außerhalb der Schule nicht immer einfach sind (s. Kapitel 6).

An Förderschulen sollte unbedingt eine Integration und sinnvolle Abstimmung mit Therapieangeboten im Ganztag erfolgen, um einerseits eventuelle Überlastungen von Schülern zu vermeiden. Andererseits können Therapeuten oder anderes ausgebildetes Fachpersonal auch spezielle (therapiebasierte) Ganztagsangebote unterbreiten, von denen alle Schüler profitieren.

Ganztagsangebote erfolgen in Form von regelmäßigen Übungsstunden, Projekten o. Ä. mit Zielstellungen wie individuelle Förderung, Motivieren für Bewegung, Spiel und Sport sowie Heranführen an Bewegungs- und Sportaktivitäten als regelmäßige Freizeittätigkeit. Zwischen diesen Zielstellungen bestehen durchaus eine Reihe von Verbindungen.

Individuelle Förderung entsprechend der Voraussetzungen

- Psychomotorische Angebote, Motopädie, Wahrnehmungstraining
- Wassergewöhnung, Aquagymnastik, Schwimmlernkurs, Schwimmförderkurs
- Therapeutisches Reiten
- Snoezelen, basale Stimulation, Konzentrative Entspannung und Autogenes Training

Motivieren für Bewegung, Spiel und Sport

Angebote mit eher allgemeinem und mehr spielerischem Charakter, bei denen das Erleben von Freude, Ausdruck, Kooperation, Aufgabenbewältigung, Bewegungs- und Wahrnehmungserfahrungen sowie Natur im Mittelpunkt stehen und die für die Anwendung in der Freizeit motivieren können, z. B.:

- Spiel und Sport, allgemeiner Freizeitsport, Fitness, Nordic Walking
- Reiten, Voltigieren
- Rhythmik, Trommeln, (Rollstuhl-)Tanz, Line Dance (Beispiel s. u.), Zirkus, Bewegungstheater
- Rangeln/Raufen/Ringen, Antiaggressionstraining, Gewaltbalancieren

- Fahrradkurs (Beispiel s. u.), Bouldern/Klettern, Skateboarden, BMX, Waveboarden
- Kleine Spiele (bes. Ballspiele), Spiele für die Pause, Freizeitspiele
- „Bewegungswerkstatt" (experimentieren mit Materialien und Geräten), Bau und Erproben von Spiel- und Sportgeräten (z. B. Poi, s. Abschnitt 3.5.4)
- Rollen/Schwingen/Gleiten/Fühlen (kinästhetische, vestibuläre und taktile Erfahrungen, speziell auch für Schüler mit schweren Beeinträchtigungen)
- Entspannung mit allen Sinnen, Yoga

Fahrradkurs

Einmal wöchentlich wird in einem Fahrradkurs das sichere Fahren, das Einhalten der Verkehrsregeln sowie die Pflege des Fahrrades geübt. Als erfolgreicher Abschluss kann der schulinterne Fahrradpass erworben werden. Dafür gilt es einen theoretischen sowie einen praktischen Teil zu bestehen. Zum Geschicklichkeitsparcours gehören das Fahren im Slalom und durch Engpässe, das korrekte Anhalten und Absteigen sowie die sichere Zeichengebung beim Abbiegen. Die Anforderungen werden individuell angepasst. Benutzt werden Fahrräder, evtl. auch Roller.

Ziel des Kurses ist eine Fahrrad-Klassenfahrt mit Zeltlager am Auensee. (Zuarbeit Edgar Dittmann, Lindenhofschule Leipzig, Förderschule für geistig Behinderte)

Die folgenden Kenntnisse und Fähigkeiten wurden geprüft:
- Verhalten und Aufmerksamkeit im Straßenverkehr
- Die wichtigsten Verkehrszeichen und Regeln
- Verkehrssicherheit rund ums Fahrrad
- Sicherheit und Rücksichtnahme im Straßenverkehr
- Absolvierung des Fahrradparcours mit verschiedenen Geschicklichkeits- und Hindernisübungen

Line Dance

Seit 2007 gibt es an der Erich Kästner Schule in Aue, einer Schule für Erziehungshilfe, ein Ganztagsangebot Line Dance. Das Training wird wöchentlich mit Schülern der Klassen 2 bis 6 durchgeführt und gemeinsam von einem Tanzinstruktor und einer Lehrerin der Schule geleitet. Zielstellungen sind, die Entwicklung der Freude an der Bewegung, freies Tanzen zum Umsetzen eigenständiger Bewegungsabläufe, die Schulung von Konzentrations- und Merkfähigkeit sowie von Rhythmusgefühl, Raumorientierung und Koordination. Besonders wichtig ist, dass gemeinsame Erfolgserlebnisse durch Auftritte geschaffen werden. Inhalt des Trainings sind: Einüben von Line-, Kontra- und Kreistänzen, Arbeit am Projekt „Flash Mop", Vorbereiten von Auftritten sowie die Präsentation des Erlernten.

Höhepunkte im Schuljahr:
- Programm auf dem Auer Weihnachtsmarkt
- gemeinsames Training mit der Mittelschule Stollberg und der Grundschule Auerhammer
- Auftritt zum Welttanztag (am 29. April)
- Westernprogramm im Schlosspark Lichtenwalde
- Tanzwettbewerb zum Karl-May-Fest in Hohenstein-Ernstthal
- Aktive Beteiligung an der Gestaltung von Schulveranstaltungen
- Vorbereitung und Mitgestaltung des Weltrekordversuchs im Line Dance vom 20. bis 22. September 2013 in der Messehalle Chemnitz

„Unsere Line Dance Gruppe konnte schon viele schöne Erfolge verzeichnen. Die Kinder sind mit Begeisterung dabei, wenn ihre Leistungen auch öffentlich anerkannt werden.
Wir nutzen deshalb auch traditionell das jährliche Trainingslager, um neue Tänze einzuüben und verschiedene Veranstaltungen vorzubereiten."
(Zuarbeit Eva Stark, Lehrerin an der Erich Kästner Schule, Aue)

5 Modifizierungen für das bewegte Schulleben

Heranführen an Bewegung, Spiel und Sport als regelmäßige Freizeittätigkeit (im Verein, in weiteren Einrichtungen des Gemeinwesens, in der Familie)

Angebote, die Schüler mit den Facetten freizeitrelevanter Aktivitäten vertraut machen – von bestimmten Sportarten auf breiten- oder gar wettkampfsportlicher Basis (meist durch Vereine in Bezug zum Schulstandort) bis hin zu allgemeinen Bewegungs- und Spielformen:
- Schwimmen, Fußball, Handball, Tischtennis, Leichtathletik, Skilauf, Rollskilauf, Hockey u. v. a.
- spezielle Sportarten für Menschen mit Behinderungen, wie Sitzball, Sitzvolleyball, Rollstuhlhockey, -basketball, -tanz, -tennis, Torball etc.
- schulische Einbindung der Inhalte von Paralympics, Special Olympics und Special Olympics Unified Sports, vor allem der wettbewerbsfreien Angebote
- Boccia, Boule, Golf, Yoga, Inline Skating u. a.

Da letztere Zielstellung im Speziellen und der Bereich des Schullebens im Allgemeinen enge Verbindungen zum Bereich der bewegten Freizeit aufweisen, werden weiterführende Gedanken, z. B. im Hinblick auf inklusive Angebote sowie Möglichkeiten der Zusammenarbeit mit Vereinen und den Familien, schwerpunktmäßig im Kapitel 6 behandelt.

5.2 Spiel- und Sportfeste, Bewegungs- und Sporttreffs

Bewegung, Spiel und Sport sind unverzichtbare Bestandteile von Schulfesten. Der Wert von Festen innerhalb eines bewegten Schullebens liegt vor allem darin, dass sie ein „nicht austauschbares Feld sozialen Handelns, sozialer Erfahrungen und sozialen Lernens sind" (Brodtmann, 1985, S. 8) und einen nachhaltigen Erlebniswert aufweisen. Entscheidend ist, dass ein Fest zur Sache aller an der Schule wird und jeder seinen eigenen Beitrag entsprechend seiner Voraussetzungen zum Gelingen leistet. (Müller, 2010, S. 209) Es sollten Verbindungen von Spiel- mit Sportfesten sowohl in förderschwerpunktspezifischer als auch inklusiver Umsetzung stattfinden, die auch vielfältige Anregungen für die Freizeit enthalten.

In den Büchern zur bewegten Grundschule (Müller, 2010) bzw. bewegten Schule (Müller & Petzold, 2014) sind Ideensammlungen für

5.2 Spiel- und Sportfeste, Bewegungs- und Sporttreffs

Spiel- und Sportfeste enthalten, aus denen bei Beachtung der individuellen Voraussetzungen der Schüler viele Vorschläge übernommen werden können. Weitere Anregungen, z. B. zur Gestaltung integrativer Sportfeste, finden sich in den Medienempfehlungen am Ende dieses Kapitels. Wir erweitern nachfolgend die Spiel- und Sportfeste durch Bewegungs- und Sporttreffs, die nicht unbedingt den Merkmalen eines Festes entsprechen, aber häufig das Schulleben bereichern.

Inhaltliche Ideen aus den Projektschulen (bes. Förderschulen)
Spiel- und Sportfeste, Bewegungstreffs:

- Schwimm- oder Badfest/Neptunfest, Tanzfest/Tanzworkshop, Wintersportfest, Geschicklichkeitssportfest, Waldlauf
- Einbeziehung von Formen der neuen Bewegungskultur, wie Slackline, Skateboarden, Waveboarden, BMX, Bouldern, HipHop, Speed Stacking oder Parcours für Rolli-, Roller- oder Fahrradfahrer
- Bewegungsworkshops mit erlebnispädagogischen Elementen und Möglichkeiten zum Erfahren von Natur (s. dazu Abschnitt 5.3)
- Bewegungstreffs früh zum Schulbeginn (Beispiel s. u.) oder in einer Bewegungslandschaft in der Sporthalle
- Bewegungs- und Sporttreffs in offenen Freizeitstunden mit vielfältigen unverbindlichen Angeboten, die aber interessen- und bedarfsspezifisch (Schülerbefragung) sind (Roschinsky, 2017)

Bewegter Schulbeginn

An der Schule zur Lernförderung in Leipzig-Grünau haben die Schüler jeden Morgen 30 Minuten vor Schulbeginn die Möglichkeit, mit Angeboten vom Schulclub (Billard, Kicker, Tischtennis u. a.) oder vom Frühhort bewegt in den Schulbeginn zu starten. (Abschlussbericht 2011/12)

An der Schule mit dem Förderschwerpunkt geistige Entwicklung in Meißen beginnt jeden Montag für alle Schüler die Schulwoche mit „Morgensport". Voraussetzungs- und interessenbezogen nehmen die Schüler in dieser Zeit an unterschiedlichen Angeboten, wie Fußball, Nordic Walking, Aerobic u. a. teil.

Weihnachtskalender

Beim täglichen Öffnen des entsprechenden Fensters fanden die Schüler der Lindenhofschule (Förderschule für geistig Behinderte) jeweils eine Bewegungsübung, die dann gemeinsam ausgeführt wurde. (Abschlussbericht Lindenhofschule 2012/13)

Sportveranstaltungen und Wettbewerbe an der Schule oder inklusiv auch mit Nachbarschulen:

- Sporttreffs oder Turniere im Fußball, Handball, Unihockey/Floorball, Zweifelderball, Tischtennis, Basketball, Sitzball, Boccia/Boul, Minigolf, Bogenschießen
  http://www.l.shuttle.de/l/schweitzer/sitzball/sitzbal.html
- Erlebnissportfest (Beispiel s. u.), Olympischer Tag (Beispiel s. u.), Tag der Begegnung bei Bewegung, Spiel, Sport
- Athletikwettkampf, Crosslauf (Beispiel s. u.), Levellauf, Leichtathletiksportfest, Hochsprung mit Musik, Reitturnier, Wettbewerbe im Handbiken, im Schwimmen u. a.
- Teilnahme an den Bundesjugendspielen in den Sportarten Leichtathletik und Schwimmen
- Ablegen des Deutschen Sportabzeichens (für Menschen mit Behinderungen)

Crosslauf mit der Nachbarschule

An der Lindenhofschule in Leipzig (Förderschule für geistig Behinderte) wird der Crosslauf gemeinsam mit der angrenzenden Grundschule organisiert. Die Schüler der ersten vier Klassenstufen starten gemeinsam mit den Grundschülern, danach die „Großen" der Förderschule. Zwei Grundschüler übernahmen in diesem Jahr die Erwärmung.
(Zuarbeit Edgar Dittmann, Lindenhofschule Leipzig, Förderschule für geistig Behinderte)

Olympischer Tag: Von der Antike bis jetzt

Vorbereitend sollten sich die Schüler evtl. in Form von Projektarbeit über Wissenswertes zu Olympischen Spielen informieren und austau-

5.2 Spiel- und Sportfeste, Bewegungs- und Sporttreffs

schen (Olympische Spiele in der Antike, aktuelle Olympische Spiele – wo und wann die letzten bzw. die nächsten Spiele stattfinden, welche Sportarten, aktuelles Maskottchen, Informationen zu der Stadt/dem Land, olympische Idee – bes. Fairplay). Entsprechend des Anliegens dieser Broschüre sollten die Paralympics sowie die Special Olympics und die Deaflympics besonders thematisiert werden (Begriffe, Entstehung, Teilnehmer, Wettbewerbe, Logo u. a.). Die Unterrichtsmaterialien für Schülerinnen und Schüler von 6 bis 12 Jahre von der Deutschen Olympischen Akademie (s. Literaturhinweise), die jeweils vor Olympischen Spielen herausgegeben werden, können dafür eine gute Unterstützung sein – natürlich auch das Internet. Die Olympiade wird feierlich eröffnet und beendet. Von den älteren Schülern (mit Hilfe durch Lehrer und Eltern) sollten einzelne Stationen vorbereitet werden. Inhaltliche Schwerpunkte könnten die Nachgestaltung der Olympischen Spiele in der Antike und Stationen in Anlehnung an Sportarten für Menschen mit Behinderung sein.

Vorschläge für einen olympischen Mehrkampf in Anlehnung an die Antike
Wagenrennen: vier Schüler ziehen ein Kind auf dem Rollbrett, Teppichfliesen u. a.
Waffenlauf: mit Papierhelm, Gymnastikstab als Waffe, Gymnastikreifen als Schild
Stadionlauf: Lauf über ca. 130 m
Diskuswurf: mit Tennisring oder Frisbeescheibe, Bierdeckel
Weitsprung: mit Gewichten (zwei mit Sand gefüllte Plastikflaschen)
Speerwurf: mit Stäben oder mit Heulern
Allkampf: Mattenringkampf

Vorschläge in Anlehnung an Sportarten für Menschen mit Behinderung

- Ball über die Leine im Sitzen (für ältere Schüler evtl. Sitzvolleyball)
- Rollbrettball: In zwei Mannschaften werden Paare gebildet („Ballspieler" sitzt auf einem Rollbrett und „Schieber"). Gespielt wird mit einem größeren Softball auf ein Ziel.
- Begleitläufer (dieser führt an einem kurzen Seil einen Schüler mit verbundenen Augen)

- Goalball (Spiel mit einem Glockenball/Klingelball/Noppen-Klangball/Goalball bei verbundenen Augen): Die Spielidee ist, aus der eigenen Hälfte des Spielfeldes heraus das gegnerische Tor zu treffen. Der Ball kann mit dem gesamten Körper abgewehrt werden. Als vereinfachte Form sollte zuerst versucht werden, sich den Ball paarweise im Sitzen zuzurollen. Hinter jedem Spieler kann ein sehender Assistent stehen, der die nicht gestoppten Bälle wieder holt.
(Deutsche Olympische Akademie, 2012, S. 110–112)

Erlebnissportfest

Erlebnissportfeste können ganz unterschiedlicher Art sein. Prinzipiell geht es um das gemeinsame Erleben und Kennen lernen von neuen, einfachen und lustigen Spielideen, möglichst zusammen mit Eltern, Großeltern, Geschwistern. (s. auch Abschnitt 5.3)

Als Beispiele für solche Aktivitäten bieten sich an:
- Spiele mit Wasser (gerade bei gutem Wetter sehr attraktiv):
Kletter- bzw. Hindernisparcours mit Wassertransport: in einer vorgegebenen Zeit so viel Wasser wie möglich vom Anfang ans Ende des Parcours bringen
Spiele, bei denen mit Wasser gespritzt werden kann (z. B. Abwurf von Plaste-Wasserflaschen oder Ball über die Schnur bzw. Volleyball mit Wasserballons)
Slackline über Wasser: „Waterline" über Bach bzw. Wasserbasin (Wassertiefe und Strömung beachten und immer mit Halteseil!)
- Abenteuerspiele:
Spinnenhöhle: ein großes, verzweigtes Netz (aus Fäden) gespannt und Gegenstände sollen aus einer Höhle (Versteck) herausgeholt werden, ohne das Netz zu berühren
Schatzsuche: mit einzelnen Hinweisen einen verborgenen Schatz ausfindig machen
- Hüpf-Vergnügen: Air-Tramp oder Hüpfkissen (evtl. über Kreissportbund)
- Aktionen mit Tieren: Ponyreiten
- Ausprobieren von (neuen) Freizeitgeräten (Beispiele s. Abschnitte 4.3 und 4.4.)

Schulübergreifende Sportfeste und Wettbewerbe

- Bundeswettbewerb der Schulen Jugend trainiert für Paralympics: Fußball, Schwimmen, Leichtathletik, Tischtennis, Rollstuhlbasketball, Goalball, Zweifelderball, Sitzball, Skilanglauf (SMK, 2019)
- Jugend Länder Cup (SBV, 2019)
- regionale Wettbewerbe im Rolli-Cup, Miniparalympics, Crosslauf, Orientierungslauf, Levellauf, (Hallen-)Fußball, Handball, Floorball u. a. und als Inklusionssportfest
- Vogtlandspiele: Winter-/Sommerspiele für jedermann, inkl. Wettbewerben für Schüler mit den Förderschwerpunkten geistige Entwicklung und Lernen (s. Abschnitt 6.3)
- regionales und nationales Wettbewerbsprogramm von Special Olympics und Special Olympics Unified Sports

5.3 Wandertage, Klassenfahrten

Wandertage und Klassenfahrten an sich, Bewegungssituationen innerhalb dieser Veranstaltungen im Besonderen, haben einen speziellen Erlebniswert und können die Herausbildung sozialer Verhaltensweisen (Gemeinschaftsgefühl, Hilfsbereitschaft, Verantwortungsbewusstsein) unterstützen. Das ganztägige Zusammensein unter veränderten Bedingungen, die Lösung gemeinsamer (Bewegungs-)Aufgaben mit anderem Charakter als in der Schule, ermöglichen Veränderungen im Rollenverhalten. Die Kinder und Jugendlichen können ihre Fähigkeiten in außerschulischen Bereichen des Lebens beweisen und lernen mitunter ihre Mitschüler aus anderer Sicht kennen, was die Akzeptanzbereitschaft und das Aufeinander-Einstellen fördern kann. (Müller, 2010, S. 213–214) Für Schüler mit Entwicklungsproblemen sollte viel Wert auf das *Wahrnehmen und Erleben der Natur sowie auf erlebnis- und freizeitpädagogische Aktivitäten* gelegt werden.

Unterschiedliche Bewegungsaktivitäten im Schulleben mit sozialpädagogischer Betonung erwiesen sich in den vergangenen Jahren in unseren bewegten Förderschulen als Teilbereiche, die die Schüler besonders ansprechen und deutlich zur Erhöhung des Selbstwertgefühles beitragen, so z. B. Lager für Wintersport und Wasserwandern.

5 Modifizierungen für das bewegte Schulleben

Hinweis: Besondere Anforderungen an die Qualifikation und Aufsicht der Lehrkräfte sowie an die methodisch-organisatorische Gestaltung sind zu beachten (s. Handreichung „Sicherer Schulsport", OKS & SMK, 2012)

Wandertage als besondere Erlebnisse

Erfahrungsgemäß sind „klassische" Wanderungen für Kinder und Jugendliche nicht immer attraktiv und motivierend. Folgende Hinweise können dabei helfen, dass Schüler Wandertage als besondere Erlebnisse im Schulalltag wahrnehmen. (nach Müller, 2009, S. 139)

Didaktisch-methodische Hinweise:
- Wanderungen gemeinsam vorbereiten, auch mit konkreten Aufgaben für Schüler oder Kleingruppen
- Interessen der Schüler in Bezug auf Wanderziele und Inhalte aufgreifen
- das Wandern attraktiv und erlebnisorientiert „verpacken"
- von Wanderungen etwas in die Schule mitbringen, das sich zur weiteren Verwendung und thematischen Bearbeitung im (bewegten) Unterricht oder sonstigen Schulalltag eignet (z. B. Karten, Prospekte, Fotos, Zeichnungen, Materialien zum Basteln)
- nach Wanderungen Erlebnisse präsentieren (Poster, Homepage, Lokalzeitung, Informationen für Familien)

Wanderungen können zu Erlebnissen werden durch:
- Einbeziehung abgewandelter Kleiner Spiele (Beispiele s. u.), Wahrnehmungsspiele, kooperative Spiele
- Einbindung thematisch passender Beispiele des bewegten Lernens (speziell aus dem Bereich der naturwissenschaftlichen Bildung, dem Sachkunde- und Biologieunterricht)
- Wandern gemeinsam mit Schülern anderer Einrichtungen (s. Abschnitt 6.2)
- Durchführen von Geländespielen oder Varianten des Orientierungslaufes

- thematische Suche nach Tieren, Pflanzen u. a. (ABC-Wanderung s. u.)
- Versetzen in Rollen (z. B. Indianer), so dass jeder seine Rolle finden kann
- Erleben besonderer Attraktivitäten (z. B. Ostereier rollen oder suchen)
- Sammeln von Gegenständen und Bastelmaterialien für die Weiterverwendung in der Schule (Beispiel s. u.)
- Orientieren mit Karte, Kompass oder GPS
- Wiederfinden von auf Fotos dargestellten Landschaften/Objekten o. Ä.
- Verbindung mit Festen (Waldsport- bzw. Herbstfest) oder erlebnispädagogischen Aktivitäten (Beispiele s. u. bzw. Projekt Natur erleben, Abschnitt 3.5.2)
- Wandern mit einem Förster oder Naturpädagogen
- Besuch besonderer Ziele, z. B. Höhlen, Reiterhof, Kletter-, Wild-, Skatepark, Eisbahn, Verkehrsgarten, Abenteuerspielplatz, sonstige Orte mit Bezug zu Freizeitaktivitäten
  Hinweis: Nachweis über Prüfung der Geräte vorlegen lassen und Qualifizierung des Personals erfragen
- Geocaching (Beispiel s. u.)
- Herstellen, Mitnehmen und Ausprobieren von Spiel- oder Bewegungsmaterialien (z. B. von kleinen Booten/Schwimmelementen aus Naturmaterialien oder mitgebrachten Gegenständen am Fluss)

(* Spiele modifiziert nach Müller, 2009)

*Kleine Spiele im Wald**

Vorbereitend überlegen sich Kleingruppen Abwandlungen von aus dem Sportunterricht bekannten Spielen für die Bedingungen im Wald/Park. Die Wanderung wird dann in gewissen Abständen unterbrochen, damit jeweils eine Gruppe ihr Spiel mit den anderen durchführen kann.

Beispiele (evtl. entsprechend der Voraussetzungen der Schüler modifizieren):

Haschespiele, Treffball mit Zapfen nach aufgesteckten kleinen Stöckchen, Wettwanderball mit Naturmaterialen, Staffelspiele mit Ästen als Staffelstab, Ball über die Schnur mit Naturmaterialien (Kastanien, Eicheln u. Ä.), mit Stöcken ein Riesenmikado spielen

ABC-Wanderung
(modif. nach Rheker, 1995, S. 189; Dinter, 2013, S. 392)
Materialien: Buchstabenlisten, ggf. Blätter mit Abbildungen, Sammelbehältnisse

(Klein-)Gruppen erhalten die Aufgabe, für jeden Buchstaben des Alphabets einen Gegenstand/ein Naturobjekt von der Wanderung mitzubringen (keine Natur zerstören!) bzw. Gegenstände, die sie gesehen haben, in eine angefertigte Buchstabenliste einzutragen. Die Gruppe, welche für die meisten Buchstaben etwas gefunden hat, ist Sieger. Schüler mit kognitiven Beeinträchtigungen können ein Blatt mit Abbildungen von Gegenständen erhalten, die sie mitbringen sollen bzw. die von ihnen angekreuzt werden, wenn sie diese gesehen haben.

*Geocaching**
Voraussetzung ist, dass ein GPS-Gerät ausgeliehen werden kann und dass sich im Wandergebiet ein Schatzversteck befindet. Dann kann die moderne Schatzsuche beginnen. Ist der Schatz/Cache gefunden, kann aus dem Behälter etwas herausgenommen werden, ist aber mit einem mitgebrachten „Schatz" zu ergänzen. Wenn kein GPS vorhanden ist, kann z. B. über Rätsel, die zum Ziel führen, ein „Geocaching" selbst kreiert werden. (s. www.geocaching.de; barrierefreies Routing unter http://wheelmap.org/)

Wanderwoche

(Mehrmals) jährlich findet eine Wanderwoche statt, in der sich jede Klasse darum bemüht, möglichst viele Wege und damit Kilometer zu Fuß zurückzulegen. Dafür werden in dieser Zeit sowohl gezielt geh-/laufintensive Vorhaben in den Schulalltag eingeplant als auch, wo möglich, auf z. B. die sonst übliche Nutzung von Transportmitteln verzichtet. Die bewältigten Wege werden in persönlichen „Wanderpässen" der Schüler dokumentiert.

(Zuarbeit Förderschule mit dem Förderschwerpunkt geistige Entwicklung in Meißen)

Schwimm- und Wasserlager

An der Georg-Götz-Schule in Chemnitz wird jedes Jahr mit der 8. Klasse ein Schwimmlager durchgeführt. Dies bereitet das nachfolgende Wasserlager vor. Die besondere Anforderung eines Schwimmlagers für hörgeschädigte Schüler und deren Betreuer liegt darin, dass die elektronischen Hörhilfen im Wasser nicht getragen werden können und so hauptsächlich über Gebärden kommuniziert werden muss.

Das Wasserlager findet für die 8. Klasse im Anschluss an das Schwimmlager statt und kombiniert verschiedene Aktivitäten auf oder im Wasser, wie zum Beispiel Paddeln oder Schwimmen. Doch nicht nur die Wasseraktivitäten, sondern auch der Umgang mit der Natur stehen im Mittelpunkt. Die Teilnehmer zelten gemeinsam und sind teilweise auch selbst für die Essenszubereitung verantwortlich. (L. Richter, 2014, S. 49)

Erlebnispädagogische Aktivitäten

Mit erlebnispädagogischen Aktivitäten sind soziale Lernziele sowie persönlichkeitsfördernde Aspekte verbunden. Der Aufbau folgt einem 3-Phasen-Modell: Zielfindungsphase (Orientierung), Aktionsphase (Erlebnis), Reflexionsphase (Verarbeitung). Für die Verarbeitung des Erlebten ist die möglichst unmittelbare Reflexion wichtig. Fragen richten sich auf das Verhalten bei der Bewältigung von Aktionen sowie das subjektive Erleben. Antworten können nicht nur verbal gegeben werden, sondern auch mit Hilfe von Körperpositionen (Stehen bei Zustimmung, Liegen bei Ablehnung ...), pantomimischer Darstellung, dem Zeigen von einem Finger (kein gutes Gefühl) oder bis zu zehn Fingern (sehr gut), dem Aufstellen an einer Meinungslinie u. a. (Bieligk, 2011, S. 11, 116)

Die Segler auf der Suche nach dem Sonnenstrahl (Speck & Andrä, 2013)

„Lange sind wir gereist, um die berühmten Segler von X zu suchen. Endlich fanden wir sie. Sie wussten nicht so richtig, wie man ein Spinnennetz überwinden könnte. Nun sollen sie wieder aktiv werden und den Sonnenstrahl erobern. Dazu zeigen wir ihnen als Betreuer den Weg nach draußen und ermutigen sie den Weg in Angriff zu nehmen – setzt die Segel, auf zu neuen Abenteuern!"

5 Modifizierungen für das bewegte Schulleben

Weg nach draußen

Aufgabe:	Spiel zur Einstimmung, Gruppe bewegt sich durch ein Spinnennetz
Ziel:	Koordination, Kooperation, Kommunikation, Körperbewusstsein
Zeit:	10–15 min
Material:	Wollknäuel

Die Schüler (außer zwei Kinder) stehen im Innenstirnkreis. Sie werfen sich nach Nennung der Namen ein Wollknäuel zu (Anfang des Fadens in der Hand behalten). Dadurch entsteht ein Spinnennetz. Die zwei außerhalb stehenden Kinder versuchen, durch das Netz zu schlüpfen, ohne die Fäden zu berühren. Danach übernehmen sie den Platz zweier anderer Schüler.

> *„Die Segler konnten sich mit Geschick fortbewegen und haben den Weg nach draußen gefunden. Jetzt kommt aber noch ein Tor, an dem ein großes Seil schwingt. Dort müssen sie zeigen, dass sie nicht hängen bleiben. Nur wenn keiner der Segler das Seil berührt, können sie auf große Fahrt gehen."*

Tor zur Welt (Seilschwingen)

Aufgabe:	die Gruppe durchquert das Seil, ohne es zu berühren
Ziel:	Koordinations- und Schnelligkeitsschulung, Kommunikation
Zeit:	10–15 min
Material:	ca. 5 m langes Seil

Der Gruppenleiter befestigt das Seil auf einer Seite und hält das andere Ende in der Hand. Nun beginnt er, das Seil wie ein großes Springseil zu schwingen. Die Schüler haben die Aufgabe, nacheinander das Seil zu durchqueren, ohne daran hängen zu bleiben. Der „Alarm" wird ausgelöst, wenn einer der Schüler das Seil berührt. Dann wird die ganze Bande vom Wächter (Gruppenleiter oder Schüler mit Bewegungsproblemen) zurückgescheucht und kann einen neuen Versuch starten.

Achtung: Wenn man das Seil entgegen der Laufrichtung der Schüler schwingt, müssen sie beim Durchlaufen darüber hinwegspringen. Die Aufgabe wird dadurch wesentlich schwieriger.

Tipp: Als zusätzliche Regel kann noch vereinbart werden, dass das Seil keinen Leerdurchschlag haben darf, d. h. bei jedem Durchschlag muss ein Schüler durch das Seil laufen. Zur Vereinfachung hingegen, vor allem bei großen Gruppen, können auch immer zwei Kinder pro Durchschlag laufen.

> *„Nach Überwinden des Tors zur Welt werden die Segler vom grellen Licht geblendet und sehen praktisch gar nichts. Sie können sich nur an einem dünnen Seil entlang tasten, um den Weg zum Sonnenstrahl zu finden. Das Ziel ist ein weit entfernter Gipfel."*

Das Labyrinth (Nightline)

Aufgabe:	blind den Weg finden, den ein Seil markiert
Ziel:	Wahrnehmung, Orientierung, Vertrauen
Zeit:	15 min
Material:	Augenbinden, ein langes Seil

Das Seil wird kreuz und quer durch den Raum/das Gelände gespannt, gern auch unter Tischen hindurch, an Hecken vorbei etc. Den Schülern werden die Augen verbunden und einer nach dem anderen muss versuchen, blind ans andere Ende des Seils zu gelangen.

Variante: unterwegs Taststationen einbauen oder Dinge befestigen, die eingesammelt werden müssen

> *„Alle haben sich den langen Weg am Seil entlang getastet und stehen nun vor dem Gipfel! Dort wollen sie jetzt noch hinauf."*

Der Gipfelsturm

Aufgabe:	alle Kinder auf einer immer kleiner werdenden Fläche unterbringen
Ziel:	Kooperation, Kommunikation, Problem lösen
Zeit:	10 min
Material:	eine Decke/Plane

Die Schüler besteigen den Berg (Kletterbewegungen ausführen) und machen immer wieder Rast (Decke ausbreiten). Am Anfang ist noch viel Platz, um die Decke auszulegen, aber je höher der Berg wird, umso kleiner wird die Decke (immer wieder halbieren). Am Gipfel ist die Decke beispielsweise nur noch ein Viertel so groß wie am Anfang. Alle Schüler müssen darauf Platz finden, dann fällt der Sonnenstrahl vom Himmel.

„Es ist geschafft. Die Gruppe hat sich ganz eng aneinander gestellt und somit konnten alle den Sonnenstrahl empfangen. Die Segler sind ganz glücklich – sie haben ihr Ziel erreicht."

Klassenfahrten und Schullandheimaufenthalte

Pädagogische Bedeutungen und allgemeine Empfehlungen sowohl für Wandertage als auch für Klassenfahrten und Schullandheimaufenthalte wurden zu Beginn des Abschnittes zum bewegten Schulleben dargelegt. Von daher sollen an dieser Stelle nur einige Praxisbeispiele aus bewegten Förderschulen wiedergegeben werden, die exemplarisch Themen und Umsetzungsmöglichkeiten für förderschwerpunktspezifische und inklusive Vorhaben aufzeigen.

Skicamp

Am Skicamp, dem vermutlich größten seiner Art in Sachsen, nehmen jährlich rund 50 Schüler aus den Jahrgangsstufen 7 bis 10 sowie sechs Ausbilder aus insgesamt vier Schulen teil. Die Gruppe setzt sich aus Schülern und Lehrern aus zwei Förderschulen mit dem Förderschwerpunkt geistige Entwicklung, einer Mittelschule sowie einem Förderschulzentrum zusammen. Damit ist das Camp gelebte Inklusion im und durch Sport. Im Rahmen des Camps, das in der Nähe des Chiemsees durchgeführt wird, erfolgt eine mehrtägige Skialpinausbildung, die mit einem Skirennen sowie einer großen Siegerehrung abschließt. Schwimmbadbesuche und weitere sportliche Aktivitäten im Hotel (z. B. Tischtennis) runden das Programm ab.

Durch Gelder aus dem Förderprogramm des Europäischen Sozialfonds wird die Teilnahme von „benachteiligten" Schülern ermöglicht.

5.3 Wandertage, Klassenfahrten

Die benötigte Ausrüstung wurde über Spenden finanziert. Aus logistisch-materiellen Gründen erfolgte die Einschränkung der Ausbildung auf den Skialpinsport, nachdem sie früher in verschiedenen Wintersportarten stattfand. Neben sozial-integrativen und körperlich-motorischen Wirkungen sieht der Schulleiter des Förderschulzentrums Flöha, Herr Richter, das Potenzial eines solchen Camps in der äußerst positiven Erhöhung des Selbstwertgefühls und dadurch auch in verbesserten Ausbildungschancen der Schüler.
(Zuarbeit Frank Richter, Förderschulzentrum Flöha)
Winterlager/Skicamp: http://www.fsz-floeha.de/winterlager.htm

Winterssporttage

Die jährlichen Wintersporttage, die vom Förderschulzentrum Flöha für Schüler der Jahrgangsstufen 2 bis 6 angeboten werden, stellen eine Vorstufe für das o. g. Skicamp dar. Die Wintersporttage werden in der Region Flöha durchgeführt. Der Förderverein für Nachwuchssport Flöha stellt dafür Übernachtungsmöglichkeiten zur Verfügung. Mittlerweile beteiligt sich eine Gruppe von rund 35 Schülern und fünf Lehrkräften

an dieser Veranstaltung, die GTA-förderfähig ist. Ausgewählte pädagogische Aspekte dieser Maßnahme liegen in der Verbesserung individueller Handlungsstrategien in Alltagssituationen, der Ausprägung koordinativer Fähigkeiten, der Stärkung der Sozialkompetenz, der Steigerung der Motivation sowie der Verbesserung sozialer Interaktion.
(Zuarbeit Frank Richter, Förderschulzentrum Flöha)

Wasserwandern

Als Alternativangebot zum Wintersport wird in Flöha jeweils in der zweiten Schulwoche nach den Sommerferien eine Wasserwanderung durchgeführt. Schüler, die erforderliche Teilnahmevoraussetzungen mitbringen (z. B. Schwimmfähigkeit), können sich für dieses Angebot bewerben.

Auf der Mecklenburger Seenplatte erfolgt eine einwöchige Rundreise mit Kanus, an der jeweils zehn Schüler und zwei Lehrkräfte (Rettungsschwimmerausbildung Silbern) teilnehmen. Auf der Wasserwandertour transportiert die Gruppe ihr komplettes Gepäck allein und versorgt sich selbst, wodurch gemeinsam besondere Alltagssituationen bewältigt werden müssen.

Ausgewählte pädagogische Aspekte dieser Maßnahme liegen neben der Ausprägung motorischer Fähigkeiten in der Verbesserung individueller Handlungsstrategien in Alltagssituationen, Stärkung der Sozialkompetenz, Steigerung der Motivation und Verbesserung sozialer Interaktion.
(Zuarbeit Frank Richter, Förderschulzentrum Flöha)
Wasserwandern: http://www.fsz-floeha.de/wasserwandern.htm

Ausflug in die Berge

(Empfehlung für Förderschwerpunkt soziale und emotionale Entwicklung von Lippert, 2012, einzelne Elemente sind durchaus übertragbar)
– Die Klasse wandert zu einer entlegenen Berghütte, wo verschiedene Aktivitäten und Ausflüge unternommen werden.
– Im Vorhinein wird gemeinsam die Verpflegung organisiert, die verschiedenen Tage werden strukturiert und besprochen (unter Mitbestimmung der Schüler), die Klasse wird in Verantwortungsgruppen unterteilt (zum Beispiel für Proviant, Freizeitspiele, Musik, Lagerfeuer, Müll usw.).

- In den Bergen eignen sich Ausflüge mit Wagnissituationen, wenn möglich der Besuch bei einem Bergbauern (um den Schülern deren Lebensweise nahe zu bringen) eventuell unter Einbeziehung einer typischen Tätigkeit (das Melken einer Kuh usw.), Wanderungen durch die Berglandschaft (unter Einflechtung kurzer Erklärungen zu Naturphänomenen, lokalen Besonderheiten, geschichtlichen Hintergründen etc.).
- An der Berghütte können in Anlehnung an die Highlandgames aus Schottland Aktivitäten wie Baumstammweitwurf, Sägewettkämpfe usw. durchgeführt, Orientierungsläufe und Rollenspiele veranstaltet werden.

Darüber hinaus können bei Fahrten auch Vorschläge zu den Wandertagen sowie Aktivitäten aus anderen Teilbereichen der bewegten Schule eingebunden werden.

Weiterführende Medienempfehlungen zur Umsetzung des bewegten Schullebens:

Bieligk, M. (2011). *Erlebnissport im Freien.* Wiebelsheim: Limpert.

Cornell, J. (2006). *Naturerfahrungsspiele für Kinder und Jugendliche.* Mülheim a. d. Ruhr: Verlag an der Ruhr.

Derksen, K.-H. (2003b). Rhythmus ist in uns …: Die integrative Trommel-AG als soziales Lernfeld für behinderte und nicht behinderte SchülerInnen. *Lernen konkret, 22*(4), 26–28.

Deutsche Olympische Akademie (Hrsg.). (2012). *Olympia ruft!* Donauwörth: Auer.

Dinold, M. (2010). Ansätze und Projekte zu Special Olympics und Bewegungsangebote für Menschen mit mentaler Behinderung in Österreich. In M. Wegner & H.-J. Schulke (Hrsg.), *Behinderung, Bewegung, Befreiung. Ressourcen und Kompetenzen von Menschen mit geistiger Behinderung* (S. 90–100). Kiel: Christian-Albrechts-Universität zu Kiel/Eigenverlag.

Dinter, A. & Müller, C. (2008). *Bewegte Schule gestalten – Ideen aus „Bewegten und sicheren Schulen".* Meißen: Unfallkasse Sachsen.

Franke, P. (2005). „Move" – Bewegungstheater mit Schülerinnen und Schülern einer Schule für Geistigbehinderte (ein Projektbericht). *Motorik, 28*(4), 189–195.

Häfele, A. (2007). „Trau ich mich?" Abenteuersport in der Turnhalle – Erlebnispädagogische Persönlichkeitsförderung mit Schülern der Schule für Geistigbehinderte. Dortmund: Verlag modernes Lernen.

Hemming, A. (2011). *Sternstunden im Wald: Den Wald von Frühling bis Winter mit Kindern fantasievoll erleben und erkunden* (2. Aufl.). Münster: Ökotopia.

Kapustin, P. & Kapustin-Lauffer, T. (2009). *Ich will auch ... wie Du!: Sport, Spiel und Spaß zusammen mit beeinträchtigten Kindern*. Wiebelsheim: Limpert.

Klein, P. (2002). Wir bauen unser Hallengebirge: Eine Bewegungs- und Erlebnislandschaft in der Sporthalle. *Sportpraxis, 43*(3), 16–18.

Pietsch, S. & Sommer, S. (2009). Paralympics für alle: Die Chancen eines integrativen Sportfestes nutzen, um Barrieren zu überwinden und das Miteinander zu fördern. Regelschulen und Behinderteneinrichtungen organisieren gemeinsam einen olympischen Wettkampf. *Sportpädagogik, 33*(3/4), 50–58.

Schoo, M. (1999). *Sport- und Bewegungsspiele für körperbehinderte Kinder und Jugendliche*. München: Ernst Reinhardt Verlag.

Sowa, M. (1997). *Sport – Spiel – Spannung – Spaß: Praxishandbuch zum Sport für alle in Schule und Verein*. Dortmund: Verlag modernes Lernen.

Sowa, M. (2006). Ich kann es auch! Förderung der Lebensqualität für Menschen mit schweren und schwersten Behinderungen durch ihnen angepasste Sportangebote. *Praxis der Psychomotorik, 31*(2), 117–123.

Sowa, M. (2008). Und sie bewegt sich doch! Schule für Menschen mit geistiger Behinderung als Bewegungsschule. *Praxis der Psychomotorik, 33*(2), 95–102.

Stöppler, R. & Zacharias, M. (2005). „Roll on!": Inline-Skating bei Jugendlichen mit geistiger Behinderung. *Praxis der Psychomotorik, 30*(2), 104–112.

Links zu ausgewählten Erfahrungsberichten, Veranstaltungen und Organisationen:

Jugend trainiert für Paralympics. Zugriff am 5. August 2019 unter http://www.jtfp.de

Sitzball. Zugriff am 5. August 2019 unter https://www.schulsport.sachsen.de/16382.htm

Special Olympics. Zugriff am 5. August 2019 unter http://www.specialolympics.de

Special Olympics Sachsen. Zugriff am 5. August 2019 unter http:// www.specialolympics.de/sachsen

Sportabzeichen für Menschen mit Behinderung. Zugriff am 5. August 2019 unter https://www.dbs-npc.de/sportentwicklung-breitensport-deutsches-sportabzeichen.html

Vogtlandspiele. Zugriff am 5. August 2019 unter http://www.vogtlandspiele.com

Wasserwandern. Zugriff am 5. August 2019 unter http://www.fsz-floeha.de/wasserwandern.htm

Winterlager/Skicamp. Zugriff am 5. August 2019 unter http://www.fsz-floeha.de/winterlager.htm

Jugend trainiert für Paralympics. Zugriff am 5. August 2019 unter http://www.jtfp.de

Leitergolf. Zugriff am 5. August 2019 unter http://www.bauanleitung.org/selbstbau/leitergolf-bauanleitung

Klatschspiele. Zugriff am 5. August 2019 unter https://www.youtube.com/watch?v=ShlhMIIGl5M

Sitzball. Zugriff am 5. August 2019 unter https://www.schulsport.sachsen.de/16382.htm

Special Olympics. Zugriff am 5. August 2019 unter http://www.specialolympics.de

Special Olympics Sachsen. Zugriff am 5. August 2019 unter http://www.specialolympics.de/sachsen

Sportabzeichen für Menschen mit Behinderungen. Zugriff am 5. August 201 unter https://www.dbs-npc.de/sportentwicklung-breitensport-deutsches-sportabzeichen.html

Vogtlandspiele. Zugriff am 5. August 2019 unter http://www.vogtlandspiele.com

Wasserwandern. Zugriff am 5. August 2019 unter http://www.fsz-floeha.de/wasserwandern.htm

Winterlager/Skicamp. Zugriff am 5. August 2019 unter http://www.fsz-floeha.de/winterlager.htm

6 Modifizierungen zur bewegten Freizeit

Bei der Bedeutung der Bewegung für die Entwicklung einerseits, bei der Einschränkung der Bewegungsmöglichkeiten der Heranwachsenden im täglichen Leben andererseits, muss die Schule auch um Transfereffekte auf das Freizeitverhalten der Schüler bemüht sein. Dafür ist vor allem bei Kindern eine enge Zusammenarbeit mit den Familien notwendig. Positiv auf das Freizeitverhalten können sich aber auch Kooperationen mit anderen Schulen sowie im Grundschulbereich mit den Horten auswirken. Umfassendere Erfolge werden sich besonders dann einstellen, wenn eine Integration der bewegten Schule in das Gemeinwesen gelingt – durch die Öffnung der Schule, durch Kontakte zu anderen pädagogischen Einrichtungen, Kooperationen mit Sportvereinen u. a. Diesen Aspekten folgt die Gliederung im Kapitel 6.

Das Freizeitverhalten ist für Kinder und Jugendliche mit sonderpädagogischem Förderbedarf im Vergleich zu anderen ist besonders bewegungsarm (z. B. Sächsisches Staatsministerium für Soziales, 2003, S. 130; Ayvazoglu, Oh & Kozub, 2006, S. 236; Meseck & Lochny, 2010, S. 127–128; Dinter, 2013, S. 167). Die Gründe dafür sind vielfältig und reichen von eingeschränkten individuellen Voraussetzungen der Schüler zur Teilnahme an Freizeitaktivitäten über unzureichende geeignete Angebote bis hin zu fehlenden Unterstützungen durch die Familien, Schulen und das weitere Umfeld. Auch die therapeutischen Maßnahmen, lange Fahrwege und besondere Betreuungs- und Transporterfordernisse erschweren die außerschulischen Freizeitmöglichkeiten, insbesondere für Schüler der Förderschwerpunkte geistige sowie körperliche und motorische Entwicklung.

Die Schule nimmt deshalb eine zentrale Rolle für die Unterbreitung von Freizeitangeboten, die Vermittlung von Freizeitkompetenzen und die Unterstützung bei außerschulischen Freizeitbelangen ein. (Dinter, 2013, S. 169) Dies ist weitgehend unabhängig von den speziellen Entwicklungsbesonderheiten. Deshalb wird bei den Ausführungen zur bewegten Freizeit, wie auch bereits beim bewegten Schulleben im Kapitel 5, auf die Unterteilung in die Förderschwerpunkte verzichtet, evtl. nur auf Spezifika hingewiesen.

Übergreifende Modifizierungen

Für die Verbindung der bewegten Schule zur Freizeit spielt der Balanceprozess zwischen Verhaltens- und Verhältnisveränderung eine besonders große Rolle. Wie oben aufgezeigt wurde, sind häufig die Verhältnisse für Bewegung, Spiel und Sport für Kinder und Jugendliche mit sonderpädagogischem Förderbedarf einschränkend. In deren Interesse ist es in verstärktem Maße notwendig, auf die Schaffung entsprechender Bedingungen Einfluss zu nehmen. Aber ebenso erforderlich sind Verhaltensveränderungen im Umfeld. Die Sensibilisierung der Öffentlichkeit für inklusives Denken und das Aufzeigen der Stärken dieser Heranwachsenden kann das Ansehen und die Wertschätzung im Gemeinwesen positiv beeinflussen. Verbunden mit notwendigen Kommunikationsprozessen sind Lösungsansätze dann sicher eher zu finden. Verhaltensveränderungen beziehen sich aber auch auf die Schüler und deren Eltern. Freizeitkompetenz zu entwickeln, schließt neben dem Kennen lernen von Möglichkeiten die Befähigung zur Teilnahme (Mobilität, Orientierung, Nutzung) sowie zum aktiven Einbringen entsprechend der individuellen Voraussetzungen und Stärken mit ein. Dafür sollten Fragen der Freizeitgestaltung auch in allen anderen Bereichen der bewegten Schule (besonders Pause und Schulleben) thematisiert werden. Es sind immer wieder Bemühungen zu unternehmen, die Eltern verstärkt in diesen Prozess mit einzubeziehen und anzuregen, sich für eine bewegte Freizeit ihrer Kinder zu engagieren.

Angebote im Rahmen der bewegten Freizeit müssen sich an den sehr verschiedenen Interessen und Voraussetzungen der Schüler orientieren sowie Wahl- und Teilhabemöglichkeiten für alle bereithalten. Darüber hinaus können die bereits angesprochenen Möglichkeiten der Umsetzung erlebnispädagogischer, naturbezogener und inklusiver Aktivitäten für den Bereich der Freizeit übernommen werden.

6 Modifizierungen zur bewegten Freizeit

6.1 Zusammenarbeit mit den Familien

Unsere Erfahrungen und Untersuchungen (Dinter, 2012) zeigen, dass speziell an Förderschulen die Zusammenarbeit mit den Familien erschwert ist. Neben zum Teil schwierigen sozio-ökonomischen Familienverhältnissen bei Schülern mit Entwicklungsbesonderheiten muss bedacht werden, dass sich die Familien bedingt durch die Situation der Kinder häufig mit besonderen psycho-physischen und zeitlich-organisatorischen Belastungen konfrontiert sehen (Sächsisches Staatsministerium für Soziales, 2003, S. 38–45, 128–184; Bellingrath et al., 2009, S. 146–154). Daraus ergeben sich eingeschränkte Möglichkeiten zur Freizeitgestaltung sowie zur Unterstützungen der Kinder und Schulen in Bezug auf Aktivitäten. (Dinter, 2013, S. 174–175)

Trotz der zu beachtenden Bedingungen sollten von einer bewegten Schule Anregungen für die Eltern ausgehen, damit sich diese für eine bewegte Freizeit ihrer Kinder engagieren können.

6.1 Zusammenarbeit mit den Familien

Die Zusammenarbeit mit den Eltern bzw. Familien kann sich schwerpunktmäßig richten auf (Müller, 2010, S. 236–240):
- *den Austausch von Informationen* zur Bewegungsthematik (mündliche Informationen, Tag der offenen Tür, Elternbriefe, Anregungen für Bewegungsmöglichkeiten und -materialien für die Familienfreizeit u. a.)
- *das Erleben gemeinsamer Bewegungsaktivitäten* (s. u.)
- *das gemeinsame Gestalten der bewegten Schule* (gemeinsame Planung und Durchführung von Veranstaltungen, Einbringen spezieller Qualifikationen oder Verbindungen, Veränderungen der Bedingungen an den Schulen durch Umgestaltungen u. Ä.)

Informationen zur Bewegungsthematik austauschen

Die Eltern sind sich der besonderen Bedeutung der Bewegung für Kinder und Jugendliche mit sonderpädagogischem Förderbedarf häufig nicht bewusst und teilweise besteht im sozialen Umfeld eine Tendenz zur Überbehütung. Über Elternbriefe und -abende sollte Aufklärung gegeben werden, ebenso Informationen zu geeigneten Bewegungs-/Vereinsangeboten. Dafür bietet sich z. B. die Erstellung von Informationsblättern/-broschüren in Zusammenarbeit mit Institutionen des Gemeinwesens (Landessportbund, Stadt-, Kreissportbünde, Bundesvereinigung Lebenshilfe, Sächsischer Behinderten- und Rehabilitationssportverband, Sächsisches Staatsministerium für Kultus u. a.) an, die im Rahmen der Öffentlichkeitsarbeit aller Beteiligter genutzt werden können. Entsprechende Hinweise lassen sich auch auf der schuleigenen Homepage aufführen. Es können auch viele Inhalte aus dieser Broschüre aufgegriffen sowie auf die Homepage www.bewegte-schule-und-kita verwiesen werden. (Dinter, 2013, S. 176–177)

Gemeinsame Bewegungsaktivitäten erleben

Gemeinsam erlebte Bewegungsaktivitäten – das Erkennen des Bewegungsbedürfnisses der Kinder sowie die Kommunikation der Beteiligten untereinander – erhalten im Zusammenhang mit Überbehütungsten-

6 Modifizierungen zur bewegten Freizeit

denzen sowie einer oft eingeschränkten Teilhabe von Familien mit Kindern mit Entwicklungsproblemen ein besonderes Gewicht. Beispiele wurden in anderen Teilbereichen bereits angedeutet bzw. könnten sein:

Freizeitspiele

Zu einem für alle günstigen Zeitpunkt (Nachmittag oder Sonnabendvormittag) werden bei einem Treffen (in der Schule) Spielformen für die Freizeit/für die Familienferien vorgestellt und durchgeführt. Als Experten könnten auch Schüler fungieren, die sich mit ihren starken Seiten und besonderen Fähigkeiten dabei einbringen. Beispiele: Varianten für Tischtennis oder Federball, Fußballtennis, Ballprobe, Leitergolf u. a.

Sportfest für die gesamte Familie

Zu einem solchen Sportfest können Eltern, Großeltern und Geschwister eingeladen werden, z. B. zum Schuljahresende. Anfang und Abschluss sollten gemeinsam durchgeführt werden, u. a. mit Kleinen Spielen, lustigen Staffelspielen, Bewegungsliedern oder mit Massageformen. Im Hauptteil könnten unterschiedliche Stationen die Familien zum aktiven Mitmachen einladen. Es könnte sich eine gemütliche Runde (z. B. am Grill oder am Lagerfeuer mit Knüppelbrot) anschließen.

Familienwandertag

Ein Ausflug oder Wandertag dient der Kommunikation und kann helfen, dass die Kinder (vielleicht auch mancher Erwachsene) sich neue Bewegungsräume und -möglichkeiten erschließen können. Je nach den konkreten örtlichen Gegebenheiten wären folgende Ziele denkbar: Freibäder, Bauern- oder Handwerkerhof, Reiterhof, Wildgehege, Klettergarten oder andere territoriale Wanderattraktionen.

Der Wandertag könnte aufgelockert werden durch Spiele in der Natur (Ballspiele, kleine Staffeln, Zielwerfen, Bewegungsparcours) und mit Naturmaterialien (Laub- oder Schneehütten bauen u. a.).

Gemeinsam zum Fußball

Zu einem Regionalligaspiel durften zehn Schüler einer 4. Klasse als „Einlaufkinder" in der Red Bull Arena Leipzig auftreten. Sie schauten sich dann gemeinsam mit ihren Eltern und der Lehrerin das Spiel an

(Abschlussbericht 2011/12 der Schule zur Lernförderung Leipzig-Grünau). Der Beitrag zum Selbstwertgefühl von Kindern und Eltern und die Anerkennung für die Schule ist wohl zu erahnen.

Familiensportmodell

Es kommen Familien mit ihren Kindern mit und ohne Beeinträchtigung sowie gegebenenfalls weitere Personen zusammen. Im Vordergrund steht das Erleben der gemeinsamen Freizeitgestaltung mit vielfältigen Angeboten aus den Bereichen von Bewegung, Spiel und Sport. Regelmäßige Aktivitäten werden ergänzt durch gelegentliche Feste, Wanderungen, Sportwochen und -ferien. Neben anderen Zielsetzungen sollen diese Angebote vor allem zum Aufbau sozialer Kontakte und zur Vermeidung gesellschaftlicher Isolation der Familien beitragen. Solche Gruppen können durch schulische aber auch außerschulische Fachkräfte (z. B. Übungsleiter) oder qualifizierte Eltern angeleitet werden. Das Angebot in der Schule gewährleistet in der Regel, dass geeignete Räumlichkeiten und Materialien zur Verfügung stehen und kann helfen, den zeitlich-organisatorischen sowie finanziellen Aufwand durch zusätzliche Transporte u. a. einzugrenzen. Gleichermaßen können solche Treffen aber auch außerhalb der Schule stattfinden (z. B. in Zusammenarbeit mit Vereinen). (Fediuk, 2008, S. 109–111)

Eltern-Kind-Yoga

Aus der gemeinsamen Teilnahme von Eltern und Kindern an schulischen Yoga-Angeboten (Doetsch, 2010, S. 113–114) beispielsweise, können einerseits im Rahmen der bewegten Schule angestrebte Verbindungen zum Elternhaus entstehen und andererseits Anregungen für Freizeitaktivitäten von Eltern und/oder Kindern gegeben werden.

Es muss akzeptiert werden, dass aus o. g. Gründen mit Angeboten unter Umständen jeweils nur ein Teil der Familien erreicht wird. Dennoch sollten sich die Schulen für regelmäßige oder gelegentliche schulische und außerschulische Bewegungsangebote für Eltern und ihre Kinder engagieren. (Dinter, 2013, S. 176)

6 Modifizierungen zur bewegten Freizeit

Bewegte Schule gemeinsam gestalten

Die Eltern von Schülern mit sonderpädagogischem Förderbedarf können sich grundsätzlich in gleicher Weise in die Gestaltung der bewegten Schule einbringen, wie alle anderen Eltern auch. Bedingt durch die Situation des eigenen Kindes können möglicherweise „besondere" Verbindungen und Kompetenzen im Interesse der bewegten Schule genutzt werden (z. B. Informationen/Zugang zu geeigneten Sportangeboten oder -materialien, Fachwissen zu beeinträchtigungsspezifischen Fragen).

Allerdings sind die häufig begrenzten zeitlichen und teils auch finanziellen Möglichkeiten der Familien zu berücksichtigen. (Dinter, 2013, S. 174–176)

6.2 Kooperationen mit anderen Schulen und mit den Horten

(Wir konzentrieren uns auf Horte, da diese Betreuungsform in den Projektschulen fast ausschließlich zutraf. Übertragungen auf andere Betreuungsangebote sind gegeben.)

Kooperationen mit anderen Schulen und mit den Horten sind mit Blick auf die Leitprinzipien der Inklusion und gesellschaftlichen Teilhabe besonders bedeutsam – insbesondere für Förderschulen. Wie bereits mehrfach dargestellt, bieten sich dafür gemeinsame inner- und außerschulische Bewegungsveranstaltungen (Projekte, Feste, Spiel- und Sportveranstaltungen, sportliche Wettbewerbe, Klassenfahrten u. a.) oder gegenseitige Teilnahmen am Sportunterricht an. Dabei können ALLE Schüler wertvolle Bewegungs- und Sozialerfahrungen sammeln und Inklusion wirklich erleben sowie aktiv mitgestalten. Schüler an Schulen mit keinem oder geringem Kontakt zu Kindern und Jugendlichen mit sonderpädagogischem Förderbedarf lernen im Zuge gemeinsamer (Bewegungs-)Vorhaben Berührungsängste und Vorurteile abzubauen. Die Integration des Themas „Inklusion" in den Unterricht (z. B. Sachunterricht, Biologie, Ethik oder Sport) kann zur Sensibilisierung in Vorbereitung auf gemeinsame Veranstaltungen beitragen.

Die Kontakte sind aber auch für den Austausch zwischen dem pädagogischen Personal der Einrichtungen von Bedeutung. Die Mehrzahl der (Sport-)Pädagogen an Schulen (aber auch Personal anderer Einrich-

6.2 Kooperationen mit anderen Schulen und mit den Horten

tungen) verfügt über keine sonderpädagogische Ausbildung sowie Erfahrungen mit Schülern mit (schwereren Formen von) Beeinträchtigungen. Die universitäre und berufsbegleitende Qualifikation des Personals ist in Vorbereitung auf formulierte Inklusionsziele derzeitig unzureichend. Über die Zusammenarbeit mit anderen Schulen besteht die Möglichkeit zur gegenseitigen Fortbildung zu konkreten Fragestellungen. Im Rahmen der gemeinsamen Planung und Durchführung inklusiver Bewegungsaktivitäten können Pädagogen wichtige Erfahrungen in Bezug auf die Arbeit mit Schülern mit sonderpädagogischem Förderbedarf sammeln (Lohmann, 2003, S. 93–97). (Dinter, 2013, S. 151) Es kann sich darüber ausgetauscht werden, wie das Konzept der bewegten Schule bei inklusiven Bildungsprozessen oder an Förderschulen umgesetzt werden kann und wobei Modifizierungen notwendig sind oder auch Grenzsetzungen erfolgen.

Die Mehrzahl der Schüler der Klassenstufen 1 bis 4 (in Sachsen) verbringt ihre Freizeit am Nachmittag in Horten, die ebenfalls bewegte Lebens- und Lernorte sind. Auch wenn sich Ziele und Aufgaben sowie Bedingungen unterscheiden, stehen doch die gleichen Kinder im Mittelpunkt allen pädagogischen Bemühens. Ihnen mehr Bewegung zu ermöglichen, muss das gemeinsame Anliegen sein. Deshalb können sich in Sachsen auch Horte (ebenso Krippen und Kindergärten) als „Bewegte Kita – Partner für Sicherheit" zertifizieren lassen (Ausschreibung und bereits zertifizierte Einrichtungen unter www.bewegte-schule-und-kita.de). Inklusion ist in Horten nach unseren Beobachtungen auch zunehmend selbstverständlich. Denn die Kinder kommen zum Schulanfang häufig aus dem gleichen (Integrations-)Kindergarten.

Wenn Schule und Hort gut kooperieren und sich auf „gleicher Augenhöhe" begegnen, können die bestehenden Bewegungsmöglichkeiten ausgebaut und effektiver genutzt werden. Sollte mehr Bewegung in die Schule als auch den Hort gebracht werden, dann könnten folgende Ziele anvisiert werden:
– Gemeinsame Gestaltung und Nutzung von Bewegungsräumen und Geräten
  Vor allem wenn sich der Hort im Schulgebäude befindet, sollten Absprachen getroffen werden zu Veränderungen unter dem Bewegungsaspekt, zur Doppelnutzung von Räumen, zum Kauf und zur gemeinsamen Nutzung von Geräten und Materialien, zur Realisie-

rung von Projekten (Bau einer Boulderwand, eines Fußfühlpfades, eines Bolzplatzes o. a.), zur Einbeziehung der Eltern, zur Befähigung der Schüler, diese Bewegungsräume und Geräte zu nutzen.
- Abstimmung von Bildungsprozessen
Formen des bewegten Lernens können bei mehr spielerischem Charakter sowie anderen Lernorten und Sozialformen erweitert, Bewegungsprojekte gemeinsam geplant und realisiert, die Hausaufgabenbetreuung bewegter gestaltet werden. Entsprechend der Entwicklungsbesonderheiten der einzelnen Schüler sollten Absprachen zur individuellen Förderung erfolgen.
- Durchführung gemeinsamer Bewegungserlebnisse
Die Vorteile liegen vor allem in günstigeren zeitlichen und personalen Bedingungen, in einer breiteren Aufgabenverteilung und Angebotsvielfalt, bei der sich jeder Schüler mit seinen Stärken einbringen kann.
Beispiele könnten sein: Indianerfest, Olympische Woche, Sportfest, Wetten – dass …?, Fußball-Weltmeisterschaft, Abschiedsfest von den Viertklässlern, Begrüßung der Neuen, Sommerfest, Herbstsportfest, Wintersporttag, Lauf in den Frühling, Talentefest usw.
(näher beschrieben in der Broschüre zum bewegten Hort bei Müller, 2009)

Besondere Möglichkeiten für Bewegungsaktivitäten können in den Horten während der Ferienzeiten stattfinden. Viele gute Erfahrungen gibt es aus den zertifizierten Einrichtungen für Ausflüge, Erlebniswanderungen, Feste und Feiern sowie Hortsporttage (näher beschrieben ebenfalls bei Müller, 2009). Bei diesen Formen bieten sich auch enge Verbindungen mit anderen Einrichtungen des Gemeinwesens an (s. Abschnitt 6.3).

Beispiele aus Schulen:

Schwarzlichtmusical „Ausgetickt"

Aller zwei Jahre wird an der Lindenhofschule in Leipzig, einer allgemeinen Förderschule für geistig Behinderte, ein Schwarzlichttheaterstück bzw. -musical geprobt und aufgeführt.

2013 war es das Musical „Ausgetickt – Die Stunde der Uhren". Es erzählt die Geschichte von Uhren, die entdecken, dass es Wichtigeres gibt,

6.2 Kooperationen mit anderen Schulen und mit den Horten

als das ewige Gehetze im Takt der Zeit. Über mehrere Wochen wurde mit allen Schülern der Förderschule und einigen Klassen der angrenzenden Carl-von-Linné-Grundschule geübt. Unterstützung kam durch Schüler der 8. Klassenstufe des Immanuel-Kant-Gymnasiums, die die Sprecherrollen übernahmen sowie Lehramtsstudierende der Universität Leipzig/Hochschule für Musik und Theater als Sängerinnen und Pianisten. Fünf sehr erfolgreiche und ausverkaufte Aufführungen mit viel Beifall waren der Lohn für die gemeinsame Arbeit.

Weitere bisherige Theateraufführungen: 1993: Die Raupe Nimmersatt; 1995: Vorhang auf zur Zahlenwahl; 1999: Der Regenbogenfisch; 2001: Die Zeit; 2003: Metamorphose; 2005: Das Vierfarbenland; 2007: Der Vogelfänger; 2009: 5 vor 12; 2011: Leben im All (ein Planetenmusical).

(Zuarbeit Edgar Dittmann, Lindenhofschule in Leipzig, allgemeinen Förderschule für geistig Behinderte)

6 Modifizierungen zur bewegten Freizeit

Gemeinsame Herbstwanderung

Am Tag vor den Herbstferien wandern die Schüler des Förderschulzentrums Flöha gemeinsam mit Schülern einer Grundschule und aus zwei Schulen mit dem Förderschwerpunkt geistige Entwicklung durch ihre Region. Die Wanderung steht jedes Jahr unter einem anderen thematischen Schwerpunkt, so im letzten Herbst unter dem Thema „Die Brücken der Stadt Flöha". Dabei gilt es, viel Neues zu entdecken und sich gegenseitig besser zu verstehen – all das wird in Fotos festgehalten und in den Schulen und vor den Eltern präsentiert.

(Zuarbeit Frank Richter, Förderschulzentrum Flöha)

Fußball verbindet

Die sportlichen Voraussetzungen und die Fußballbegeisterung der Schüler am Förderschulzentrum in Flöha bilden die Basis für jährliche Vergleiche mit der Mittelschule. Für die jüngeren Fußballfans ist die Teilnahme an den Aktionstagen des Deutschen Fußballbundes auf dem errichteten Mini-Spielfeld ein Höhepunkt, der gemeinsam von Schule und Hort organisiert wird.

(Zuarbeit Frank Richter, Förderschulzentrum Flöha)

6.3 Gesellschaftliche Integration

Die gesellschaftliche Integration der bewegten Schulen in das Gemeinwesen ist gleichbedeutend für Schüler mit sonderpädagogischem Förderbedarf an unterschiedlichen Schularten. Grundsätzlich können vorliegende Empfehlungen aus den Büchern zur bewegten Grundschule bzw. bewegten Schule übertragen werden. Jedoch unterliegen zurzeit zum Beispiel die Voraussetzungen für Kooperationen mit externen Partnern einigen Erschwernissen aufgrund der Rahmenbedingungen für Bewegung, Spiel und Sport von Menschen mit Beeinträchtigungen. Die Situation ist u. a. gekennzeichnet durch ungeeignete bzw. wenige (Vereins-)Angebote (speziell wohn-, schulortnah) und damit kaum gewährleistete Wahlmöglichkeiten (z. B. Leistungs- und Wettkampfsport vs. allgemeine Spiel- und Bewegungsaktivitäten, inklusive vs. behindertenspezifische Angebote) sowie oftmals fehlende Qualifikationen von Per-

6.3 Gesellschaftliche Integration

sonal (Kultusministerkonferenz & Deutscher Olympischer Sportbund, 2008, S. 7; Sowa, 2008, S. 95; Forschungsinstitut für Inklusion durch Bewegung und Sport, 2013). Einrichtungen und Institutionen setzen sich noch in ungenügendem Maße mit Belangen von Menschen mit Beeinträchtigungen auseinander; personelle, organisatorische sowie räumlich-materielle Bedingungen für außerschulische Bewegungsaktivitäten sind unzureichend. Auch hieraus ergibt sich die bereits angesprochene besondere Rolle der Schule und jeder Lehrkraft in Bezug auf die Freizeit. Eine stärkere Verlagerung von Angeboten und Aufgaben in die Schule scheint derzeit erforderlich. (Dinter, 2013, S. 173) Andererseits widerspricht dies dem Grundanliegen der Inklusion. Erstrebenswert erachten wir Haltungen von Schulleitern unserer Zertifikatsschulen, die z. B. bewusst, um Vorurteilen zu begegnen, Camps in öffentlichen Erholungsgebieten durchführen oder die ein „offenes und faires Bild im Gemeinwesen" für Kinder mit sonderpädagogischem Förderbedarf fordern (Arnold, 2010, S. 7).

Die gesellschaftliche Integration kann erfolgen über (Müller, 2010, S. 245–248): *Öffnung der Schule, Kontakte zu anderen pädagogischen Einrichtungen, Kooperation mit Sportvereinen sowie mit Stadt- und Kreissportbünden, Zusammenarbeit mit Einrichtungen der Kommune und weiteren Institutionen.*

Öffnung der Schule

Aufgrund oftmals unzureichender außerschulischer Möglichkeiten, ungeeigneter örtlicher Bedingungen und längerer Transportwege, besonders für Schüler mit geistigen und körperlich-motorischen Beeinträchtigungen, aber auch emotional-sozialen Problemen, könnten Angebote verstärkter in den Schulen stattfinden.

Dabei sollten sich die Aktivitäten nicht nur auf die Schüler der Schule begrenzen bzw. von den Pädagogen der Schule realisiert werden, sondern eine weitere Öffnung erfolgen, wie nachfolgend angedeutet wird. Wichtig ist aber auch, dass sich die eigenen Schüler mit ihren Stärken einbringen können und damit zum Abbau von Vorurteilen beitragen.

6 Modifizierungen zur bewegten Freizeit

- Bewegungs- und Sportangebote für Familien mit Kindern mit sonderpädagogischem Förderbedarf und deren Freunde (Anleitung über Pädagogen, Eltern, Übungsleiter)
- spezielle Förder-, allgemeine Freizeit- und Hortsportangebote, die Schülern mehrerer Schulen des Umkreises offen stehen (Anleitung kann u. a. turnusmäßig über Personal der beteiligten Schulen übernommen werden)
- inklusive oder beeinträchtigungsspezifische Sportangebote, die durch qualifiziertes Personal von (Behinderten-)Sportvereinen angeleitet werden (auch z. B. Angebote für Erwachsene, um erforderliche räumlich-materielle Möglichkeiten zur Verfügung zu stellen)
- Einladungen anderer (Förder-)Schulen zu gemeinsamen Sportstunden, Projekten, Festen, Wettbewerben
- Trend-Schnupperstunden, z. B. Inline Skating, Slacklining, Jonglieren, Becherstapeln, Crossboccia, Bouldern, Gruppentänze (alles beschrieben im Kapitel 4) für die Kids des Stadtteils – durchgeführt von Schülerexperten
- Präsentation der Ergebnisse von Projekten, z. B. die im Abschnitt 3.5 beschriebenen Projekte: Zirkus, Poi-Projekt, Gumboot Dance
- Nutzung der oft recht optimalen Bewegungsräume in den Förderschulen durch ALLE
- Mitmach- und Demonstrationssporttag (s. u.)

Mitmach- und Demonstrationssporttag

Präsentation von Möglichkeiten für Bewegung, Spiel und Sport für Menschen mit Beeinträchtigungen, Mitmachstationen zum Erproben für Personen mit und ohne Beeinträchtigungen (Dinold, 2010, S. 97–98); ggf. in Kooperation mit Verbänden, Vereinen und mehreren Schulen.

Kontakte zu anderen pädagogischen Einrichtungen

Kooperationen zu anderen Schulen und zu Horten wurden wegen der Bedeutung herausgegriffen und in einem extra Abschnitt (s. 6.2) beschrieben. Natürlich sind das auch pädagogische Einrichtungen im Gemeinwesen. An dieser Stelle wollen wir auf weitere pädagogische Einrichtungen eingehen, besonders auf Kindergärten, die Wohnheime sowie Freizeiteinrichtungen.

Ein besonderer Schwerpunkt für den Grundschulbereich muss in der sinnvollen Gestaltung der *Übergänge aus den (Integrations-)Kindergärten* auch unter dem Bewegungsaspekt liegen. Auch für diese Einrichtungen gibt es in Sachsen die Möglichkeit zur Zertifizierung als „Bewegte Kita – Partner für Sicherheit" (Ausschreibung s. unter: www.bewegte-schule-und-kita.de), inhaltlich angestimmt mit dem Schulprojekt. Unter dem integrativen/inklusiven Anspruch schätzt der Schulleiter, Herr Arnold, von der bewegten Grundschule in Liebertwolkwitz (etwa vier Integrationskinder pro Klasse) in einem Gespräch ein: *Für diese Schüler gestaltet sich der Übergang aus dem Kindergarten in die Schule fließend, der Hort ist dafür eingerichtet und die Teilnahme an den sportlichen Ganztagsangeboten und im Verein ist gegeben – eine gelebte und selbstverständliche Integration. „Heterogenität ... ist dabei kein Hindernis, sondern kann pädagogisch geschickt zum Wohl aller Kinder genutzt werden."* (Arnold, 2010, S. 4)

Angestrebt werden sollten mit den (Integrations-)Kindergärten gemeinsame Vorhaben, die sich sowohl auf Bewegungsbedingungen als auch -möglichkeiten richten, die neue soziale Kontakte unterstützen und die Eltern mit einbeziehen. Das könnten für Grundschulen sein (Übertragung auf Förderschulen möglich):
- neue Bewegungsräume und Geräte erschließen, z. B. in regelmäßig geplanten Bewegungsstunden Sporthalle, Sportplatz, Pausenhof, Hortspielplatz erkunden und das Bewegungsrepertoire entsprechend der individuellen Möglichkeiten erweitern
- die bewegte Grundschule kennen lernen durch Besuche im bewegten Unterricht der 1. Klasse u. a.
- gemeinsam Bewegungsanlässe erleben, wie Spiel- und Sportfeste, eine Sportstunde mit der 1. Klasse, das Spielen mit den Hortkindern oder gemeinsame Projekte mit Schulklassen
- neue Lebens- und Lernräume gemeinsam mit den Eltern erfahren, so beim Tag der offenen Tür auch die Sitzbälle ausprobieren oder Bewegungsspiele durchführen

Schüler vor allem mit körperlich-motorischen Problemen leben teilweise in *Wohnheimen* für körperbehinderte Kinder und Jugendliche. Absprachen mit den pädagogischen Kräften in diesen Einrichtungen, aber vor allem auch die Befähigung der Schüler für sie geeignete Bewegungs-

6 Modifizierungen zur bewegten Freizeit

formen in diesen Freizeitbereich zu übertragen, sollten für die Schulen eine wichtige Zielstellung sein.

Auch Schülern mit Entwicklungsbesonderheiten sollten die Türen zu *Freizeiteinrichtungen* geöffnet sein. Zu denken ist dabei an Freizeitzentren oder -treffs, an Jugendfreizeitheime oder Soziokulturelle Zentren u. a. Neben den schon mehrfach angesprochenen einschränkenden Bedingungen gilt es vor allem Einfluss auf Verhaltensweisen zu nehmen. Die Schüler mit sonderpädagogischem Förderbedarf sind zu befähigen, soweit individuell die Voraussetzungen gegeben sind, diese Einrichtungen zu besuchen, zu nutzen und sich mit ihren Stärken einzubringen. Für die anderen Teilnehmer gilt als Zielstellung, Toleranz und Achtung nachhaltig aufzubauen.

Kooperationen mit Sportvereinen sowie mit Stadt- und Kreissportbünden

Alle in den Büchern zur bewegten Grundschule bzw. Schule vorgelegten Vorschläge zu Kooperationen mit Sportvereinen sowie mit Stadt- und Kreissportbünden können sowohl Förderschulen als auch bei inklusiven Bildungsprozessen zum Tragen kommen. Dies trifft vor allem für die Förderschwerpunkte Sprache, soziale und emotionale Entwicklung sowie Lernen zu. Allerdings zeigen sich im organisierten Sport die Probleme der noch geringen Berücksichtigung der Belange von Menschen mit (schwereren) Beeinträchtigungen (s. o.). Übungsleiter verfügen häufig nicht über eine erforderliche Qualifikation, Sportstätten und inhaltliche Angebote sind oftmals nicht auf die Bedürfnisse und Voraussetzungen abgestimmt. Von daher müssen vorerst neben der Zusammenarbeit mit „regulären" Vereinen und Organisationen in Wohnort- und Schulnähe weitere Kooperationsmöglichkeiten mit z. B. Behindertensportvereinen/-verbänden sowie Trainings- und eventuell auch Wettkampfangeboten spezieller Organisationen, wie Special Olympics/ Special Olympics Unified Sports einbezogen werden. Hierüber können auch erforderliche Informationen zu regionalen Vereinsangeboten u. Ä. eingeholt und Fortbildungen besucht werden.

Es kann aus räumlich-materiellen Gründen oder Fragen des Transportes angebracht sein, dass Angebote verstärkter an den Schulen statt in den Vereinsstätten erfolgen. Im Falle mangelnder Qualifikationen des

6.3 Gesellschaftliche Integration

Vereinspersonals bietet es sich an, dass z. B. geeignete Pädagogen, Eltern oder Therapeuten schulische oder außerschulische Vereinsangebote leiten.

Ähnlich wie bei der Kooperation mit anderen pädagogischen Einrichtungen kann sich über die Zusammenarbeit mit Vereinen und Stadt-/Kreissportbünden ein Wissens- und Erfahrungstransfer in Bezug auf Bewegung und Sport einerseits und die Arbeit mit Menschen mit Beeinträchtigungen andererseits ergeben. So wäre es möglich, dass Sportlehrkräfte mit sonderpädagogischer Ausbildung oder Therapeuten sich in die Übungsleiterausbildung der Stadt- und Kreissportbünde einbringen. Pädagogen können auch Impulse zur Gestaltung gemeinsamer inklusiver Spiel- und Sportfeste u. a. geben. (Dinter, 2013, S. 172–173)

Sport für ALLE

Der Zugang von Kindern und Jugendlichen mit sonderpädagogischem Förderbedarf zu den Sportvereinen gestaltet sich wegen der bereits aufgeführten Hemmnisse – teilweise aber auch aufgrund von Kommunikationsproblemen schwierig. Entsprechende Initiativen der Stadt- und Kreissportbünde wären wünschenswert – vor allem hinsichtlich der Sensibilisierung der Vereinsvorstände für die Problematik. Absprachen der Verantwortlichen in den Schulen mit den Vereinen vor Ort, sozusagen auf dem „kleinen Dienstweg" können evtl. schneller einen Erfolg bringen. Bei einem „runden Tisch" mit Vertretern von der Schule, den Vereinen, der Schüler sowie der Eltern könnten Rahmenbedingungen abgesprochen werden. Zu einer Veranstaltung „Sport für ALLE" könnten sich die in erreichbarer Nähe ansässigen Sportvereine den Schülern und deren Eltern vorstellen und dann in individuellen Gesprächen nach Lösungen zum Sport für ALLE, besonders aber für die Schüler mit sonderpädagogischem Förderbedarf, suchen. Die Nachhaltigkeit der gefundenen Lösungen sollte an der Schule abgesichert werden.

Vogtlandspiele

Einzelne Stadt- und Kreissportbünde in Sachsen beziehen Bewegungsangebote für Menschen/Schüler mit Beeinträchtigungen mittlerweile in reguläre Veranstaltungen ein. Bei den Vogtlandspielen werden Wettkämpfe für Kinder und Jugendliche aus Einrichtungen für Lernbehinderte bzw. Geistigbehinderte im Sommer in der Leichtathletik, im

6 Modifizierungen zur bewegten Freizeit

Schwimmen, im Fußball und im Kegeln sowie im Winter in den Disziplinen Skilanglauf, Rodeln, Schlittenziehen und Schneeballzielwurf durchgeführt. (http://www.vogtlandspiele.com)

Zusammenarbeit mit dem Gehörlosen Sport Verein
Die Georg-Götz-Schule arbeitet eng mit dem GSV – dem Gehörlosen Sport Verein zusammen. In dem Chemnitzer GSV ist ein Großteil der Schüler aktiv und er unterstützt die Angebote der Schule mit ausgebildeten Trainern. Besonders hervorzuheben sind Sportarten wie Schwimmen, Volleyball, Beachvolleyball, Fußball und Tischtennis. Oft werden mit dem GSV Schulsportwettkämpfe organisiert und die Schüler werden im Rahmen des Ganztagsangebotes zum Schwimmen abgeholt oder sind aktiv in den zahlreichen Sportangeboten der Schule, welche durch hörgeschädigte Trainer unterstützt werden. Die Sportler sind nicht nur in Sachsen unterwegs – der Großteil nimmt erfolgreich an deutschlandweiten Wettkämpfen teil.

In der Schule erhalten die Kinder Informationen zur aktiven Freizeitgestaltung und Hilfestellung seitens der Lehrkräfte – zum Beispiel zur Integration in Vereine am Wohnort.

Es gibt in Sachsen den Landesverband der Schwerhörigen und Ertaubten, der sehr aktiv ist im Rahmen eines Internetblogs: (https://schwerhoerigenblogsachsen.wordpress.com/) Hier finden Betroffene und Angehörige Hilfe und aktuelle Berichte. (Zuarbeit Grit Richter, Georg-Götz-Schule Chemnitz)

Zusammenarbeit mit Einrichtungen in der Kommune sowie weiteren Institutionen

Die Zusammenarbeit mit Einrichtungen der Kommune, Institutionen des Landes und weitere Institutionen sind in gleichem Maße anzustreben.
- Der Träger der Einrichtung hat entsprechende räumliche, personelle und materielle Ausstattungen, Mittel sowie Qualifikationsangebote zu sichern. Weiterhin sollte er den Schwerpunkt Bewegungsförderung in der Öffentlichkeitsarbeit besonders herausstellen.

6.3 Gesellschaftliche Integration

- Das Schulverwaltungsamt hat die Fachaufsicht und sollte vor allem Unterstützung bei der Konzepterarbeitung geben.
- Der Öffentliche Gesundheitsdienst/Gesundheitsamt kann Beratungsfunktionen übernehmen, z. B. für die Realisierung von Projektideen. Ansprechpartner sind auch der Kinder- und Jugendärztlicher Dienst sowie die regionalen Arbeitsgemeinschaften für Gesundheitsförderung.
- In Zusammenarbeit mit den Vertretern in Gemeinden und Städten können vielfältige Initiativen für mehr Bewegung entstehen, z. B. Bewegungsaktionen bei Festen (z. B. Kirmes), aber auch Präsentationen von Projekten, Öffnung des Pausenhofes für die Kinder des Stadtteils bzw. der Gemeinde.
- Einrichtungen, die auf die Belange von Menschen mit unterschiedlichen Beeinträchtigungen speziell ausgerichtet sind bzw. sich für diese engagieren, sollten einbezogen werden, wie z. B. Förder-, Selbsthilfe-, Integrationsvereine, Stiftungen, Werkstätten für Menschen mit Behinderung, Wohnheime/-häuser für (körper-)behinderte Kinder bzw. Erwachsene, Kirchen u. a.
- Die Vielfalt von Bewegungsaktivitäten kann fachkompetent erweitert werden durch die Zusammenarbeit z. B. mit der Freiwilligen Feuerwehr, dem ADAC, der Deutschen Verkehrswacht, der Bundespolizei, mit Kampfsportschulen und Fitnessstudios, einem Verein zur Entwicklung und Förderung erlebnispädagogischer Kinder- und Jugendarbeit, Zirkusprojekten.
- Neue Erfahrungen können gesammelt werden auf einem Reiterhof oder einem Bauernhof, in (Streichel-)Zoos, mit einem Förster im Wald, beim Besuch einer Anlage zum Wassertreten/Kneippen u. a.
- Unterstützung kann gefunden werden bei Krankenkassen, Stiftungen, Sparkassen, der Unfallkasse, dem Netzwerk für Kinder- und Jugendarbeit e. V., bei privaten Initiatoren u. a.
- Weiterhin kann zusammengearbeitet werden mit Freizeitzentren und -treffs, Volkshochschulen, Musikschulen, Soziokulturellen Zentren, Familienbildungsstätten der Volkssolidarität, Einrichtungen für Senioren und vielen anderen mehr.
- Fachkompetente Beratung und Unterstützung kann erfolgen durch Berufsfachschulen für Physiotherapie, durch Studierende (Lehramt) der Universitäten u. a.

6 Modifizierungen zur bewegten Freizeit

Ausgewählte projektbezogene Ideen

Zusammenarbeit mit einem Reiterhof

Als Wandertag bzw. in Verbindung mit Projekten oder Klassenfahrten kann mit einem Reiterhof zusammengearbeitet werden. Pferde haben für viele Kinder und Jugendliche etwas emotional Begeisterndes. Der Umgang mit Pferden kann Lebensfreude vermitteln, Einfühlungsvermögen, Verantwortungsgefühl und soziale Kompetenz erweitern, innere Ruhe und Selbstvertrauen aufbauen. Bei der Pflege der Tiere und dem Bewegen mit ihnen können neue Bewegungs- und Körpererfahrungen gesammelt, das Gleichgewicht geschult, Spannungen sowie Ängste und Aggressionen abgebaut werden.

Bei der Arbeit mit, auf und neben dem Pferd kommt es zu einer ganzheitlichen Entwicklungsförderung – und das für alle Heranwachsenden. Für Kinder und Jugendliche mit Problemen bezogen auf alle in dieser Broschüre behandelten Förderschwerpunkte ist die Bedeutung besonders hervorzuheben, denn auch Therapiemaßnahmen beziehen das Pferd zur heilpädagogischen Förderung mit ein.

Ein Besuch auf dem Reiterhof kann das Beobachten, Füttern, Pflegen der Pferde sowie das Reiten und Voltigieren umfassen. Konkret ist dies natürlich von den territorialen Möglichkeiten abhängig. Das dies selbst nur 15 km vom Zentrum der Stadt Leipzig entfernt realisierbar ist, zeigt die bewegte Schule in Liebertwolkwitz, die auch inklusive Bildungsprozesse umsetzt. Die Zusammenarbeit mit einem Reiterhof ist fest in das Sportschulzentrum integriert und die Voltigiergruppe erreichte sogar beachtenswerte Erfolge im sächsischen Schulwettbewerb. (http://www.sportgrundschule.de/index.php?id=51)

Zusammenarbeit mit einer Kampfsportschule

Bereits an anderer Stelle wurde in der Broschüre darauf hingewiesen, dass die Ausprägung von Gefühls- und Verhaltensauffälligkeiten in zwei Richtungen gehen kann – in Richtung enthemmter oder gehemmter Schüler. Die gehemmten Schüler können charakterisiert werden mit Merkmalen wie Depression, Unsicherheit, Rückzug u. a. Für diese Kinder bietet die Schule für Erziehungshilfe in Weißwasser ein Selbstbehauptungstraining mit einer Kampfsportschule an. Dies soll den entsprechenden Schülern helfen, aus der „Opferrolle" herauszutreten und dann auch als Multiplikatoren zu wirken.

Bildungsnetzwerk Bewegung und Sport für ALLE
Für eine nachhaltige Entwicklung ist die Zusammenführung vielfältiger Kompetenzen und Erfahrungen erforderlich. Deshalb sollte in den Städten/Stadtteilen und Gemeinden ein Bildungsnetzwerk Bewegung und Sport für ALLE etabliert werden. Die Schulen, Horte und Vereine könnten den Kern eines solchen Netzwerkes bilden. Sie sollten offen gegenüber weiteren Interessenten sein, in erster Linie bezogen auf andere pädagogische Einrichtungen, besonders im Vorschulbereich. Es sollten aber alle angesprochen werden, denen Bewegung und Sport der heranwachsenden Generation am Herzen liegen und die dafür Verantwortung tragen (s. oben). Dies ermöglicht Ressourcen zu bündeln und neben den Kindern und Jugendlichen die gesamte Gemeinde/den Stadtteil einzuladen.

Das nachfolgende Beispiel veranschaulicht abschließend, wie im Rahmen eines Projektes eine freizeitrelevante Aktivität in unterschiedliche Bereiche der bewegten Schule eingegliedert und dabei Kooperationen mit Familien, anderen Schulen und Organisationen des Gemeinwesens realisiert werden können.

Wir laufen durch Deutschland, Europa und die Welt
(nach Sowa, 2008, S. 97–99)

In diesem langfristig angelegten Projekt wurde angestrebt, Schüler mit sonderpädagogischem Förderbedarf der Förderschwerpunkte geistige Entwicklung und Sprache durch das Laufen (alternativ: Walking) auf sehr unterschiedliche Weise an den Ausdauersport heranzuführen. Dafür fanden u. a. folgende Aktionen statt:
- Die Schüler und das Personal der beteiligten Schulen laufen im Sportunterricht und extra durchgeführten Freizeitstunden Runden auf Sportplätzen. Die Runden/Entfernungen werden festgehalten und sukzessive zu einem Gesamtergebnis addiert, um somit nach und nach zusammen „um die Welt" zu laufen.
- An einer Landkarte in den Schulen wird begleitend veranschaulicht, wie weit die Teilnehmer zusammen gelaufen sind. Die Landkarte wird von den Schülern mit Bildern und Informationen zu erreichten

Städten und Ländern gestaltet. Es werden persönliche Lauftagebücher geführt, Läufer der Woche und des Monats ausgezeichnet und kleine Präsente nach dem Erreichen bestimmter Strecken an einzelne Schüler verteilt. Beim gemeinsamen kilometermäßigen Erreichen der französischen Grenze beispielsweise erhalten alle Schüler der Schule ein Croissant.
- Zusätzlich zum Rundenlaufen in den Schulen werden gemeinsam besondere Läufe organisiert (Ostereierlauf, Nikolauslauf) und die Schulen beteiligen sich an allen Menschen offen stehenden Volksläufen. Hierbei handelt es sich sowohl um reguläre von Vereinen organisierte Volksläufe als auch von den Schulen in Kooperation mit Partnern initiierte Veranstaltungen, bei denen die Bedürfnisse von Menschen mit Behinderungen, z. B. durch besondere Kurzstrecken, Berücksichtigung finden.
- Am Tag der offenen Tür findet ein „Generationenlauf" mit Familien, Verwandten und Freunden statt. Bei einem „Integrationsmarathon" soll die Strecke eines Marathons durch Mannschaften zusammengesetzt aus Schülern und Lehrern von Förderschulen und allgemeinbildenden Schulen möglichst schnell erlaufen werden (es laufen jeweils mehrere Starter einer Mannschaft gleichzeitig). Die zurückgelegten Strecken fließen ebenfalls in den „Lauf um die Welt" ein.

Bildnachweis

Fotos:

Förderschulzentrum, Flöha (3.5.1, 4.1, 5.3, 6)
Lindenhofschule, Leipzig (4.2, 6.2)
Erich Kästner Schule, Aue (5.1)
120.Grundschule,Leipzig(Sozialkurs,Impulse-LeipzigErlebnisvereine.V.).(3.1.4)
Forschungsgruppe „Bewegte Schule", Leipzig (3.2.4, 4.1)
Christian Andrä, Leipzig (3.2.6)
Grit Richter, Chemnitz (3.2.6)
Robert Leibiger & Melanie Gerber, Leipzig (3.5.5)
Ralf Schlöffel, Leipzig (3.5.1)
Änne Walter, Rietschen (3.1.4, 3.5.4)

Zeichnungen:

Martin Veit, Leipzig (Titelseite)
Phillip Eipel, Leipzig (3.5.4, 4., 4.4, 4.5, Anhang 3)
Theresa Lehnert, Leipzig (3.3.2, 3.3.3, 3.5.4, Anhang 4)
René Burkhardt, Leipzig (4.4)
Annika Huber, Leipzig (Anhang 2)
Silvia Rietz, Leipzig (Anhang 7)

Gestaltung und Bildbearbeitung:

Markus Riedeberger, Leipzig

Layout:

Christina Müller, Leipzig

Literatur

Adler, Y. (2006). *Sprachförderung in der Kindertagesstätte.* Handbuch mit großem Spieleteil. Leipzig: Stadt Leipzig, Hauptamt, Zentrale Vervielfältigung.

Albersmeier, B. (2006). Ein wachsender Riese: Von Drachen, Riesen und anderen Fabelwesen (und vom Zauberer der Masken). *Lernen konkret, 25*(4), 19–21.

Andrä, Chr. (2013). *Der Segler auf der Suche nach dem Sonnenstrahl.* Manuskript. Leipzig: Sportwissenschaftliche Fakultät.

Arl, Chr. (2007). *Beispiele für Bewegung im Gruppenraum.* Manuskript. Leipzig: Sportwissenschaftliche Fakultät.

Arnold, Chr. E. (2010). *Integration in der Ganztagsschule am Beispiel der Sportgrundschule Liebertwolkwitz.* Vortrag auf der Tagung „All inclusive" am 4.9. 2010 in Dresden.

Ayvazoglu, N. R., Oh, H.-K. & Kozub, F. M. (2006). Explaining Physical Activity in Children with Visual Impairments: A Family System Approach. *Exceptional Children, 72*(2), 235–248.

Bauer, P. & Reuhl, B. (2008). Sport Stacking – Die Kunst des Becherstapelns. *Sportpraxis 49*(1), S. 33–35.

Bechheim, Y. (2013). *Erfolgreiche Kooperationsspiele. Soziales Lernen durch Spiel und Sport.* (4. Aufl.). Wiebelsheim: Limpert.

Bellingrath, J., Iskenius-Emmler, H., Haberl, B. & Nußbeck, S. (2009). Aspekte des Belastungserlebens von Eltern mit behinderten Kindern. *Heilpädagogische Forschung, 35*(1), 146–154.

Bieligk, M. (2011). *Erlebnissport im Freien.* Wiebelsheim: Limpert.

Bieligk, M. (2013). *160 Spiel- und Übungsideen zur Förderung der Sinneswahrnehmung.* Wiebelsheim: Limpert.

Borde-Klein, I., Arndt, M. & Singer, W.(1986). *Spaß und Spiel.* Berlin: Volk und Wissen.

Brammer, L. (2011). *Bewegte Schule – Ein geeignetes Konzept für die Schule mit dem Förderschwerpunkt körperliche und motorische Entwicklung?!* Bachelorarbeit. Leipzig: Sportwissenschaftliche Fakultät.

Braun, U. (1996). Unterstützende Kommunikation – ein Weg aus der Isolation nichtsprechender Menschen. In Chr. Leydecker & T. Horstmann (Hrsg.), *Frühförderung und Frühbehandlung.* Heidelberg: Winter.

Brodtmann, D. (1985). Schulsportfeste. *Sportpädagogik, 10*(3), 11–14.

Literatur

Bundesvereinigung Lebenshilfe für Menschen mit geistiger Behinderung e. V. (2000). *Bewegung, Spiel und Sport: Eine Empfehlung der Bundesvereinigung Lebenshilfe*. Marburg: Lebenshilfe-Verlag.

Bunk, H.-D. (1990). *Zehn Projekte zum Sachunterricht*. Frankfurt: Cornelsen Scriptor.

Buschbeck, M. (2013). *Bewegung unterstützt die Sprachentwicklung*. Manuskript. Leipzig: Sportwissenschaftliche Fakultät.

Cornell, J. (2006). *Naturerfahrungsspiele für Kinder und Jugendliche*. Mülheim a. d. Ruhr: Verlag an der Ruhr.

Deister, M. & Horn, R. (2011). *Streichelwiese: Ganzheitliche Körpererfahrung für Kinder. Geschichten, die mit den Fingern erzählt werden* (28. Aufl.). Lippstadt: Kontakte Musikverlag.

Dennison, P.E. & Dennison, G. (1991). *Lehrhandbuch Brain Gym*. Freiburg: Verlag für Angewandte Kinesiologie.

Derecik, A. (2013). Das Potential des Schulhofs für die Entwicklung von Heranwachsenden. *Sportwissenschaft 42*(1), 34–46.

Derksen, L. (2003a). Der Rollstuhlführerschein. *Lernen konkret, 22*(4), 15–16.

Derksen, K.-H. (2003b). Rhythmus ist in uns …: Die integrative Trommel-AG als soziales Lernfeld für behinderte und nicht behinderte SchülerInnen. *Lernen konkret, 22*(4), 26–28.

Deutsche Gesetzliche Unfallversicherung (2009). *Lehrerbriefe zur Sicherheits- und Gesundheitsförderung (Primarbereich)*. DGUV 57.2.423.

Deutsche Olympische Akademie (Hrsg.). (2012). *Olympia ruft!* Donauwörth: Auer.

Deutsches Institut für Normung (DIN). (2003–09). *DIN EN 957–2. Stationäre Trainingsgeräte – Teil 2: Kraft-Trainingsgeräte, zusätzliche besondere sicherheitstechnische Anforderungen und Prüfverfahren*; Deutsche Fassung EN 951–2:2003. Berlin: Beuth.

Deutsches Institut für Normung (DIN). (2005–11). *DIN EN 957–1. Stationäre Trainingsgeräte – Teil 1: Allgemeine sicherheitstechnische Anforderungen und Prüfverfahren*; Deutsche Fassung EN 951–1:2005. Berlin: Beuth.

Deutsches Institut für Normung (DIN). (2012–02). *DIN 79400: Slacklinesysteme – Allgemeine und sicherheitstechnische Anforderungen und Prüfverfahren*. Berlin: Beuth.

Dickreiter, B. (1997). Bewegung und Gehirn. In Chr. Müller (Hrsg.), *Symposium Bewegte Grundschule*. Konferenzbericht. Dresden: TU Dresden.

Dickreiter, B. (2000). Bewegung zur Förderung der geistigen Entwicklung im Kindes- und Jugendalter mit dem Ziel des stressfreien Lernens. In Chr. Müller (Hrsg.), *Symposium; Von bewegten Grundschulen zu bewegten Schulen*. Konferenzbericht (S. 14–17). Dresden: TU Dresden.

Literatur

Dinold, M. (2010). Ansätze und Projekte zu Special Olympics und Bewegungsangebote für Menschen mit mentaler Behinderung in Österreich. In M. Wegner & H.-J. Schulke (Hrsg.), *Behinderung, Bewegung, Befreiung. Ressourcen und Kompetenzen von Menschen mit geistiger Behinderung* (S. 90–100). Kiel: Christian-Albrechts-Universität zu Kiel/Eigenverlag.

Dinter, A. (2011). Didaktisch-methodische Aspekte und Modifikationen eines Konzeptes der bewegten Schule für Schülerinnen und Schüler mit sonderpädagogischem Förderbedarf der geistigen Entwicklung. In K. Hottenrott, O. Stoll & R. Wollny (Hrsg.), *Kreativität – Innovation – Leistung. Wissenschaft bewegt SPORT bewegt Wissenschaft* (S. 34). Hamburg: Feldhaus.

Dinter, A. (2012). *Auswertung der quantitativen Befragung von Lehrern und Pädagogischen Unterrichtshilfen im Rahmen der Dissertation „Didaktische Aspekte und Modifikationen eines Konzeptes der bewegten Schule für Schülerinnen und Schüler mit sonderpädagogischem Förderbedarf der geistigen Entwicklung"*. Manuskript (Dissertation). Leipzig: Sportwissenschaftliche Fakultät.

Dinter, A. (2013). *Didaktisch-methodische Aspekte und Modifikationen eines Konzeptes der bewegten Schule für Schülerinnen und Schüler mit sonderpädagogischem Förderbedarf der geistigen Entwicklung*. Manuskript (Dissertation). Leipzig: Sportwissenschaftliche Fakultät. Fassung vom 21.6.2013.

Dinter, A. & Müller, C. (2008). *Bewegte Schule gestalten – Ideen aus „Bewegten und sicheren Schulen"*. Meißen: Unfallkasse Sachsen.

Dinter, A. & Müller, C. (2011). *Bewegungsräume für Kindertageseinrichtungen*. Meißen: Unfallkasse Sachsen.

Dinter, A. & Müller, Chr. (2012). Bewegte Förderschule. In I. Hunger & R. Zimmer (Hrsg.), *Frühe Kindheit in Bewegung. Entwicklungspotenziale nutzen* (S. 240–243). Schorndorf: Hofmann.

Döbler, H. & Döbler, E. (2003). *Kleine Spiele* (22. Aufl.). München: Südwest Verlag.

Dobslaff, O. (2007). Unterrichtsimmanente Förderung von Sprachbehinderten in der Sekundarstufe unter den Bedingungen des gemeinsamen Unterrichts von Schülern mit und ohne Sprachbehinderung. In T. Kolberg (Hrsg.), *Sprachtherapeutische Förderung im Unterricht*. Stuttgart: Kohlhammer.

Doetsch, C. J. (2010). *Yoga für Menschen mit einer geistigen Behinderung: Umsetzungsmöglichkeiten im Unterrichtsalltag*. München: AVM.

Döhring, V. & Lange, A. (2013). *Kleine Pausen- und Freizeitspiele für drinnen und draußen*. Wiebelsheim: Limpert.

Dürrfeld, T. & Kant, C. (2006). Akrobaten im Zirkus. *Lernen konkret, 25*(4), 15–18.

Literatur

Dworschak, W. & Kragl, K. (2011). Freizeit als Unterrichtsthema im Förderschwerpunkt geistige Entwicklung. In C. Ratz (Hrsg.), *Unterricht im Förderschwerpunkt geistige Entwicklung. Fachorientierung und Inklusion als didaktische Herausforderungen* (S. 407–428). Oberhausen: ATHENA.

Ebert, H., Ratz, C. & Vogel, H. (2004). Stadtführung für Menschen mit geistiger Behinderung. *Lernen konkret, 23*(1), 2–3.

Ehrlich, K. (2011). *Stimmbildung und Sprecherziehung.* Ein Lehr- und Übungsbuch. Böhlau: UTB.

Engel, A. & Hehemann, C. (2009). *Fördern erleichtern mit Ritualen* (3. Aufl.). Offenburg: Mildenberger Verlag.

Erhorn, J. & Bähr, I. (2012). *Generierung von Handlungswissen zur integrierten Sprach- und Bewegungsförderung.* Vortrag am 30.11.2012 in Osnabrück.

Erkert, A. (2010). *Alle Straßenschilder hüpfen fröhlich in die Höh': Spiele, Lieder und Aktionen zur Förderung von Wahrnehmungs-, Koordinations- und Reaktionsfähigkeit rund um Lieder von Volker Rosin.* Münster: Ökotopia.

Farnkopf, R. (2002). *ADS und Schule. Tipps für Unterricht und Hausaufgaben.* Weinheim und Basel: Beltz.

Fediuk, F. (2008). *Sport in heterogenen Gruppen: Integrative Prozesse in Sportgruppen mit behinderten und benachteiligten Menschen.* Aachen: Meyer & Meyer.

Feth, C. (2013). Gumboot Dance: Der Gruppentanz aus Afrika. *SportPraxis, 54*(3+4), 12–16.

Madeira Firmino, N.; Menke, R.; Ruploh, B. & Zimmer, R. (2014). Bewegte Sprache im Kindergarten. Überprüfung der Effektivität einer alltagsorientierten Sprachförderung. *Forschung Sprache, 2*(1), S. 34–47.

Fischer, E. (2008). *Bildung im Förderschwerpunkt geistige Entwicklung.* Bad Heilbrunn: Klinkhardt.

Fornefeld, B. (Hrsg.). (2011a). *Mehr-sinnliches Geschichtenerzählen. Multi-sensory Storytelling.* Berlin: Dr. W. Hopf.

Fornefeld, B. (2011b). mehr-Sinn® Geschichten – Geschichten erzählen, Geschichten lauschen, Geschichten erleben und mehr... In B. Fornefeld (Hrsg.), *Mehr-sinnliches Geschichtenerzählen. Multi-sensory Storytelling* (S. 41–62). Berlin: Dr. W. Hopf.

Fox, A. (2005). *Kindliche Aussprachstörungen* (3. Aufl.). Idenstein: Schulz-Kirchner Verlag.

Franke, P. (2005). „Move" – Bewegungstheater mit Schülerinnen und Schülern einer Schule für Geistigbehinderte (ein Projektbericht). *Motorik, 28*(4), 189–195.

Frormann, S. & Krimhove, S. (2011). *Bewegter Unterricht – bewegte Pause. Übungen und Spiele für eine bewegte Grundschule.* Buxtehude: AOL Verlag

Größing, S. (Hrsg.). (1981). *Bewegungs- und Sportunterricht mit geistig behinderten Kindern und Jugendlichen.* Bad Homburg: Limpert.

Grohnfeldt, M. (1999). *Störungen der Sprachentwicklung* (7. Aufl.). Berlin: Ed. Marhold im Wiss.-Verl. Spiess.

Grove, N. (2011). Odyssey NOW: Not Only Words – Literary Stories for All. In B. Fornefeld (Hrsg.), *Mehr-sinnliches Geschichtenerzählen. Multi-sensory Storytelling* (S. 123–140). Berlin: Dr. W. Hopf.

Grupe, O. (1982). *Bewegung, Spiel und Leistung im Sport.* Schorndorf: Hofmann.

Grupe, O. (1992). Zur Bedeutung von Körper-, Bewegungs- und Spiel-Erfahrungen für die kindliche Entwicklung. In H. Altenberger & F. Maurer (Hrsg.), *Kindliche Welterfahrungen in Spiel und Bewegung* (S. 9–38). Bad Heilbrunn: Klinkhardt.

Gündel, W. (1999). Wahrnehmungs- und handlungsorientierter Unterricht – eine Förderschule in Bewegung. *Körpererziehung, 49*(1), 3–9.

Haas, P. (1987). *Fördern durch Fordern: Eine leistungsorientierte Bewegungs- und Sporterziehung mit Geistigbehinderten.* Dortmund: Verlag modernes Lernen.

Hackfort, D. (1986). *Theorie und Analyse sportbezogener Ängstlichkeit.* Schorndorf: Hofmann.

Hackl, S., Hofmann, A. & Seidl, F. (2004). Hier geht's lang! *Lernen konkret, 23*(1), 6–8.

Häfele, A. (2007). *„Trau ich mich?". Abenteuersport in der Turnhalle – Erlebnispädagogische Persönlichkeitsförderung mit Schülern der Schule für Geistigbehinderte.* Dortmund: Verlag modernes Lernen.

Harrison, K., Layton, J. & Morris, M. (1991). *Tolle Ideen: Tanz und Bewegung.* Mülheim a. d. Ruhr: Verlag an der Ruhr.

Hedderich. I. (2006). *Einführung in die Körperbehindertenpädagogik* (2. völlig überarb. und erw. Aufl.). München: Ernst-Reinhardt Verlag.

Hennig, F. (2009). *Modifizierung ausgewählter Teilbereiche des pädagogischen Konzeptes der bewegten Schule für Schulen mit dem Förderschwerpunkt geistige Entwicklung.* Manuskript. Leipzig: Universität Leipzig.

Hemming, A. (2011). *Sternstunden im Wald: Den Wald von Frühling bis Winter mit Kindern fantasievoll erleben und erkunden* (2. Aufl.). Münster: Ökotopia.

Hildebrandt-Stramann, R. (2008). Bewegung als Prinzip. *Sportpädagogik, 32*(3), 34–37.

Hoefs, H., Götzenberg, M & Loss, H. (o. J.). *Vom Frühstückssong zum Abschiedsgong.* Audio-CD. Mühlheim: Verlag an der Ruhr.

Hollmann, W. et al. (2005). Gehirn und körperliche Aktivität. *Sportwissenschaft, 35*(1), 3–14.

Literatur

Horn, R., Mölders, R. & Schröder, D. (Hrsg.). (o. J.). *Klassenhits – das Original.* CD-Paket. Lippstadt: Kontakte-Musikverlag.

Horn, R. & Zimmer, R. (o. J.). *Singen und Bewegen mit Kindern.* Fortbildungs-DVD. Lippstadt: Kontakte-Musikverlag.

Huber, A. (2013). *Die Potenzen des Bewegten Lernens für die Therapie der Lese-Rechtschreib-Störung.* Bachelorarbeit. Leipzig: Sportwissenschaftliche Fakultät.

Innenmoser, J. (2002). Bewegung, Spiel und Sport der Körperbehinderten – Breiten-, Freizeit-, Leistungs- und Rehabilitationssport in angeleiteter, selbstverantwortlicher Gestaltung. In V. Scheid (Hrsg.), *Facetten des Sports behinderter Menschen. Pädagogische und didaktische Grundlagen* (S. 11–83). Aachen: Meyer & Meyer.

Joachimmeyer, H. (2013). *Bewegungs- und Entspannungsgeschichten für den Förderschwerpunkt körperliche und motorische Entwicklung.* Manuskript. Leipzig: Sportwissenschaftliche Fakultät.

John, B. & Theis, E. (2003). *Sitztänze zu Melodien aus aller Welt: Klassiker, Schlager und Folklore.* Boppard/Rhein: Fidula.

Kächele, W. (2005). Boule für jedermann! *Deutsche Behinderten-Zeitschrift, 42*(2), 21.

Kahn, M. (2002). *Poi-Schwingen.* London: Jonglerie Diffusion.

Kant, C. (2006). Projektunterricht in der Schule für geistig Behinderte. *Lernen konkret, 25*(4), 2–4.

Kapustin, P. & Kapustin-Lauffer, T. (2009). *Ich will auch ... wie Du!: Sport, Spiel und Spaß zusammen mit beeinträchtigten Kindern.* Wiebelsheim: Limpert.

Kesper, G. & Hottinger, C. (2002). *Mototherapie bei Sensorischen Integrationsstörungen: eine Anleitung zur Praxis* (6. Aufl.). München: Ernst Reinhardt.

Kiphard, E. J. & Huppertz, H. (1987). *Erziehung durch Bewegung. Sportunterricht mit motorisch schwachen und lernbehinderten Kindern* (7. unveränd. Aufl.). Dortmund: Verlag modernes Lernen.

Kiphard, E. J. (1993). Psychomotorische Erziehung. In H. Bach, U. Bleidik, G. Kanter, H. Goetze & H. Neukäter, *Handbuch der Sonderpädagogik. Band 6. Pädagogik bei Verhaltensstörungen* (2., unveränd. Aufl.), (S. 693–694), Berlin: Marhold.

Kiphard, E. J. (1994). *Motopädagogik* (4., unveränd. Aufl.). Dortmund: Verlag modernes Lernen.

Kiphard, E. J. (1997). Psychomotorik bei Teilleistungsschwächen: Möglichkeiten und Grenzen ganzheitlicher Förderinterventionen. Eine Analyse. *Praxis der Psychomotorik, 22*(3), 171–181.

Kiphard, E. J. (1998). *Motopädagogik* (8., verb. und erw. Aufl.). Dortmund: Verlag modernes Lernen.

Klein, P. (2002). Wir bauen unser Hallengebirge: Eine Bewegungs- und Erlebnislandschaft in der Sporthalle. *Sportpraxis, 43*(3), 16–18.

Köckenberger, H. (2005). *Bewegtes Lernen: Lesen, schreiben, rechnen lernen mit dem ganzen Körper* (6. Aufl.). Dortmund: borgmann publishing.

Kohtz, J. (2013). *Geschickt, gezielt, genau – spielerische Angebote für die Handgeschicklichkeit.* Vortrag Kongress „Bewegte Kindheit" am 01.03.2013 in Osnabrück.

König, C. (2000). Klettern als Pausensport. *Sportpädagogik. Sammelband: Bewegte Schule, 24*(Sonderheft), 87–90.

Kranzin, F. (2008). Bewegte Schule. *Eine Modifikation des pädagogischen Konzepts für Schulen mit Förderschwerpunkt körperliche und motorische Entwicklung.* Wissenschaftliche Arbeit. Leipzig: Sportwissenschaftliche Fakultät.

Kröber, C. & Lange, S. (2012). *Das Konzept der bewegten Schule in Bezug auf den Förderschwerpunkt geistige Entwicklung.* Manuskript. Leipzig: Erziehungswissenschaftliche Fakultät.

Kuckuck, R. (2002). Praxiskonzepte zur Förderung und Erziehung schwerstbehinderter Menschen. In P. Kapustin, R. Kuckuck & V. Scheid (Hrsg.), *Bewegung und Sport bei schwer- und mehrfachbehinderten Menschen* (S. 17–66). Aachen: Meyer & Meyer.

KMK (Kultusministerkonferenz). (1998). *Empfehlungen zum Förderschwerpunkt körperliche und motorische Entwicklung.* Zugriff am 7. August 2019 unter https://www.kmk.org/fileadmin/Dateien/veroeffentlichungen_beschluesse/1998/1998_03_20-Empfehlung-koerperliche-Entwicklung.pdf

Kultusministerkonferenz & Deutscher Olympischer Sportbund (2008). *Gemeinsame Handlungsempfehlungen der Kultusministerkonferenz und des Deutschen Olympischen Sportbundes – Sport für Kinder und Jugendliche mit Behinderung.* Zugriff am 5. August 2019 unter https://www.schulsport.sachsen.de

Kunz, T. (1993). *Spielerische Bewegungsförderung – ein optimales Mittel der Unfallverhütung und gesundheitlichen Prävention im Grundschulalter.* Manuskript. Münster: GUVV Westfalen Lippe.

Lambe, L. & Hogg, J. (2011). Multi-sensory Storytelling: PAMIS' Practice, Experience and Research Findings. In B. Fornefeld (Hrsg.), *Mehr-sinnliches Geschichtenerzählen. Multi-sensory Storytelling* (S. 15–40). Berlin: Dr. W. Hopf.

Lehmkuhle, J. (2007). *Förderung von Menschen mit geistiger Behinderung durch Bewegung und Tanz.* Münster: Waxmann Verlag.

Leibiger, R. & Gerber, M. (2012). *Bewegung für Schüler mit Förderbedarf.* Manuskript. Leipzig: Sportwissenschaftliche Fakultät.

Leibiger, R. (2016). *Hinweise zur bewegten Schule für ALLE.* Manuskript. Leipzig: Sportwissenschaftliche Fakultät.

Literatur

Lelgemann, R. (2010). *Körperbehindertenpädagogik. Didaktik und Unterricht.* Stuttgart: Kohlhammer.

Lentes, S. & Thiesen, P. (Hrsg.). (2004). *Ganzheitliche Sprachförderung.* Ein Praxisbuch für Kindergarten, Schule und Frühförderung. Weinheim: Beltz.

Lernen konkret (2003). Themenheft: Lernwelten in Bewegung setzen ... *Lernen konkret, 22*(4).

Leyendecker, Chr. (2005). *Motorische Behinderung. Grundlagen, Zusammenhänge und Förderungsmöglichkeiten.* Stuttgart: Kohlhammer.

Lippert, P. (2012). *Bewegte Schule im Förderbereich der sozialen und emotionalen Entwicklung.* Manuskript. Leipzig: Sportwissenschaftliche Fakultät.

Lippert, P. (2013). *Bewegte Schule im Förderbereich der sozialen und emotionalen Entwicklung. Modifizierungen des Bewegten Lernens.* Wissenschaftliche Arbeit. Leipzig: Sportwissenschaftliche Fakultät.

LISUM (Landesinstitut für Schule und Medien Berlin-Brandenburg). (2011). *Quick-Guides für Inklusion* [nach Giangreco, M.F. (2007). Quick-Guides to Inklusion]. Teil 1. Zugriff am 7. August 2019 unter www.lisum.berlin.brandenburg.de

Lohmann, M. (2003). Über Bewegung miteinander in Kontakt kommen – Behinderte und nicht behinderte Schüler bauen und nutzen gemeinsam Bewegungsangebote. *Praxis der Psychomotorik, 28*(2), 93–97.

Losch, G. (1957). *Komm, spiel mit mir.* Bad Godesberg: Bertelmanns Lesering.

Mätzig, R. (2006). Organisation und Projektsteuerung. *Lernen konkret, 25*(4), 5–8.

Mertens, K. & Verheul, A. (2004). Snoezelen – viele Länder – viele Konzepte: 2. Internationales Symposium der „International Snoezelen Association" (ISNA) an der „Wiege" des Snoezelens in Ede (NL). *Praxis der Psychomotorik, 29*(3), 191–195.

Mertens, K. (2006). Bedeutung und Wirkung von Snoezelen – Theoretische Überlegungen und empirische Befunde. *Sonderpädagogische Förderung, 51*(4), 422–438.

Mertens, K., Tag, F. & Buntrock, M. (2008). *Snoezelen: Eintauchen in eine andere Welt.* Dortmund: Verlag modernes Lernen.

Meseck, U. & Lochny, M. (2010). Golfsport für Menschen mit Behinderungen – eine empirische Untersuchung zu Wirkungen und Potentialen des KidSwing Programms. In M. Wegner & H.-J. Schulke (Hrsg.), *Behinderung, Bewegung, Befreiung. Rechtlicher Anspruch und individuelle Möglichkeiten im Sport von Menschen mit geistiger Behinderung* (S. 83–95). Kiel: Christian-Albrechts-Universität zu Kiel/ Eigenverlag.

Meyer, M. (2009). *Das Konzept der Bewegten Schule – Modifizierungsaspekte für sprach- und lernbehinderte Schule.* Wissenschaftliche Arbeit. Leipzig: Sportwissenschaftliche Fakultät.

Mühl, H. (2006). Schulische Didaktik und Methodik. In E. Wüllenweber, G. Theunissen & H. Mühl (Hrsg.), *Pädagogik bei geistigen Behinderungen. Ein Handbuch für Studium und Praxis* (S. 362–374). Stuttgart: Kohlhammer.

Müller, Chr. et al. (2003–2009). *Karteikartensammlungen zum bewegten Lernen.* St. Augustin: Academia. (ausführlich aufgeführt im Anhang 1).

Müller, Chr. (2006). Untersuchungsergebnisse aus bewegten Schulen zur Lernförderung. *Leipziger Sportwissenschaftliche Beiträge, 47*(1), 132–145.

Müller, Chr. (2009). *Bewegter Hort.* Meißen: Unfallkasse Sachsen.

Müller, Chr. (2010). *Bewegte Grundschule* (3. Aufl.). St. Augustin: Academia.

Müller, Chr. (2015). *Bewegter Kindergarten* (2. neu bearb. und erweit. Aufl.). Meißen: Unfallkasse Sachsen.

Müller, Chr. & Petzold, R. (2002). *Längsschnittstudie bewegte Grundschule.* St. Augustin: Academia.

Müller, Chr. & Petzold, R. (2013). *Bewegte Schule.* Manuskript. Leipzig: Sportwissenschaftliche Fakultät.

Müller, Chr. & Petzold, R. (2014). *Bewegte Schule. Aspekte einer Didaktik der Bewegungserziehung in den Klassen 5 bis 10/12* (2. neu bearb. und erweitere Aufl.). St. Augustin: Academia.

Müller, Chr. & Richter, F. (2007). Bewegte Schule – Modifizierungen für Schulen zur Lernförderung (Förderschulen L). In I. Hunger & R. Zimmer (Hrsg.), *Bewegte Kindheit. Bewegung – Bildung – Gesundheit: Entwicklung fördern von Anfang an* (S. 245–249). Schorndorf: Hofmann.

Mutzeck, W. (2000). *Verhaltensgestörtenpädagogik und Erziehungshilfe.* Bad Heilbrunn/Obb: Klinkhardt.

Neukäter, H. (1993). Projektunterricht. In H. Bach, U. Bleidik, G. Kanter, H. Goetze & H. Neukäter, *Handbuch der Sonderpädagogik. Band 6. Pädagogik bei Verhaltensstörungen* (2., unveränd. Aufl.). (S. 618–619), Berlin: Marhold.

Niehoff, U. (2010). Inklusion durch Sport – Inklusion im Sport: Folgerungen des Inklusionsgedankens und der Behindertenrechtskonvention auf den Sport von Menschen mit kognitiven Beeinträchtigungen. In M. Wegner & H.-J. Schulke (Hrsg.), *Behinderung, Bewegung, Befreiung. Ressourcen und Kompetenzen von Menschen mit geistiger Behinderung* (S. 30–46). Kiel: Christian-Albrechts-Universität zu Kiel/ Eigenverlag.

Penne, A. & Maes, B. (2011). Multi-sensory Storytelling: Current Research Results in Flanders. In B. Fornefeld (Hrsg.), *Mehr-sinnliches Geschichtenerzählen. Multi-sensory Storytelling* (S. 63–92). Berlin: Dr. W. Hopf.

Literatur

Petermann, U. & Menzel, S. (1997). Kindangemessene Entspannungsverfahren. *Praxis der Psychomotorik, 22*, 242–249.

Petillon, H. (1993). *Soziales Lernen in der Grundschule. Anspruch und Wirklichkeit.* Frankfurt: Diesterweg.

Petzold, R. (1994). *Schulhofspiele.* Bautzen: Lausitzer Druck- und Verlagshaus.

Petzold, R. (2006). *Spiele vor der Haustür.* Zugriff am 7. August 2019 unter https://publikationen.sachsen.de/bdb/artikel/11338

Pietsch, S. & Sommer, S. (2009). Paralympics für alle: Die Chancen eines integrativen Sportfestes nutzen, um Barrieren zu überwinden und das Miteinander zu fördern. Regelschulen und Behinderteneinrichtungen organisieren gemeinsam einen olympischen Wettkampf. *Sportpädagogik, 33*(3/4), 50–58.

Probst, W. & Vogel-Steinmann, B. (1983). *Musik, Tanz und Rhythmik mit Behinderten* (2., korr. Aufl.). Regensburg: Bosse.

Ratz, C. (2004). Förderung des räumlichen Vorstellungsvermögens in einer Stadtführung: Probleme und Lösungsversuche. *Lernen konkret, 23*(1), 4–5.

Reber, K. & Schönauer-Schneider, W. (2011). *Bausteine sprachheilpädagogischen Unterrichts* (2. Aufl.). München, Basel: Ernst Reinhardt Verlag.

Redenyi, R., Obendorfer T. und D. & Müller, Chr. (2005). *Klettern in der Pause.* GUV-SI 8465. Meißen: Unfallkasse Sachsen.

Rheker, U. (1995). *Spiel und Sport für alle: Integrationssport für Familie, Verein und Freizeit* (2. unveränd. Aufl.). *Behinderte machen Sport.* Aachen: Meyer & Meyer.

Rheker, U. (2002). Integrationssport, Sport ohne Aussonderung – Pädagogische Konzeption für einen „Sport für alle". In H. Ohlert & J. Beckmann (Hrsg.), *Sport ohne Barrieren* (S. 47–81). Schorndorf: Hofmann.

Riedlinger, A. (2000). Von der Mini-Playback-Show zum Musical: Die Pausen-Tanz-AG. In M. Sowa (Hrsg.), *„Das reißt uns vom Hocker!". Lernwelten in Bewegung* (S. 251–267). Dortmund: Verlag modernes Lernen.

Richter, G. (2018). *Zuabeiten zum Förderschwerpunkt Hören.* Manuskript. Chemnitz: Gerg-Götz-Schule.

Richter, L. (2014). *Modifizierungen des Konzeptes der Bewegten Schule für den Förderschwerpunkt Hören.* Bachelorarbeit. Leipzig: Sportwissenschaftliche Fakultät.

Rischmüller, A. & Schmitt, B. (1996). Lagerungsmöglichkeiten im Schulalltag – nicht nur ein Erfahrungsbericht. In M. Sowa & A. Rischmüller (Hrsg.), *Schule in Bewegung. Zusammenarbeit von Therapie (KG/BT) und Pädagogik an Schulen für Körper- und Geistigbehinderte* (S. 67–89). Dortmund: Verlag modernes Lernen.

Rischmüller, A. & Sowa, M. (1996a). Pädagogik und Therapie an der Schule für Körperbehinderte/Geistigbehinderte. Gemeinsamkeiten und differenzierte Schwerpunktsetzung. In M. Sowa & A. Rischmüller (Hrsg.), *Schule in Bewegung. Zusammenarbeit von Therapie (KG/BT) und Pädagogik an Schulen für Körper- und Geistigbehinderte* (S. 47–65). Dortmund: Verlag modernes Lernen.

Rischmüller, A. & Sowa, M. (1996b). Unterrichtsideen und Alternativen für einen pädagogisch/ therapeutischen Unterricht. Dargestellt am Beispiel: „Mensch ärgere Dich nicht". In M. Sowa & A. Rischmüller (Hrsg.), *Schule in Bewegung. Zusammenarbeit von Therapie (KG/BT) und Pädagogik an Schulen für Körper- und Geistigbehinderte* (S. 91–99). Dortmund: Verlag modernes Lernen.

Rogg, M. (2008). *Eine Modifikation des Konzeptes der „Bewegten Schule" für Schulen für Körperbehinderte*. Hausarbeit. Leipzig: Sportwissenschaftliche Fakultät.

v. Roschinsky, S. (2017). *Die Relevanz von Freizeiterziehung und Freizeitlernen in der Schule, insbesondere für die (sonder-)pädagogische Förderung von Schlerinnen und Schüler des Förderschwerpunktes Lernen*. Wissenschaftliche Arbeit. Leipzig: Institut für Förderpädagogik.

Rudolph, J. (2007). Schüler mit Epilepsie, Muskelschwund, Halbseitenlähmung erleben eine Schulsportwoche Skifahren. *Sportunterricht, 56*(12), 1–3.

Sächsischen Staatsministeriums für Soziales (Hrsg.). (2003). *Lebenswelten behinderter Kinder und Jugendlicher in Sachsen: Eine Studie des Instituts für Arbeitsmedizin und Sozialmedizin der Universität Leipzig*. Dresden: Poly-Druck Dresden GmbH.

Sächsisches Staatsinstitut für Bildung und Schulentwicklung (2004). *Handreichung/ Übungssammlung für den Lernbereich Sport an Schulen für geistig Behinderte*. Radebeul: Sächsisches Staatsministerium für Kultus.

Sächsisches Staatsministerium für Kultus (1998). *Lehrplan: Schule für geistig Behinderte*. Dresden: Sächsisches Druck- und Verlagshaus AG.

SBI (Sächsisches Bildungsinstitut). (2014). *Gestaltung von schulischen Lehr- und Lernbedingungen für Schülerinnen und Schüler mit dem Förderschwerpunkt Hören. Handreichung für Lehrkräfte an allgemeinbildenden Schulen im Freistaat Sachsen*. Radebeul: SBI.

SBV (2019) *Ausschreibung Jugend Länder Cup 2019* Zugriff am 7. August 2019 unter https://www.behindertensport-sachsen.de/

SMK (Sächsisches Staatsministerium für Kultus). (2019). *Schulsport im Sportland Sachsen*. Zugriff am 7. August 2019 unter www.schulsport.sachsen.de

SMK (2017). *Lehrplan der Schule mit dem Förderschwerpunkt geistige Entwicklung*. Zugriff am 7. August 2019 unter https://www.schule.sachsen.de

Schäfer, M. (1976). *Musiktherapie als Heilpädagogik bei verhaltensauffälligen Kindern*. Frankfurt a. M.: Fachbuchhandlung für Psychologie.

Literatur

Scheid, V. (Hrsg.). (2002). *Facetten des Sports behinderter Menschen: Pädagogische und didaktische Grundlagen.* Aachen: Meyer & Meyer.

Schilling, F., Kiphard, E. J., Müller, H.-J., Irmischer, T. & Fischer, K. (Hrsg.). (1982). *Bewegungserziehung und Sport an Schulen für Lernbehinderte.* Schorndorf: Hofmann.

Schneider, K. (2008). *Besonderheiten bei der Gestaltung von Lehr- und Lernprozessen mit AD(H)S-Kindern in einer bewegten Grundschule.* Staatsexamensarbeit. TU Dresden: Fakultät Erziehungswissenschaft.

Schoo, M. (1999). *Sport- und Bewegungsspiele für körperbehinderte Kinder und Jugendliche.* München: Ernst Reinhardt Verlag.

Schoo, M. (2010). Bewegungsförderung in Schule, Werkstatt und Verein. In M. Schoo (Hrsg.), *Sport für Menschen mit motorischen Beeinträchtigungen* (S. 15–52). München: Ernst Reinhardt Verlag.

Schulze, J. (1994). Dysphonien im Kindesalter. In M. Grohnfeldt (Hrsg.), *Handbuch der Sprachtherapie,* Band 7 (S. 273–293), Stimmstörungen. Berlin: Spiess.

Schwarz, E. (2000). Das Klassenzimmer als Grundlage und Ausgangspunkt für einen bewegungsorientierten Unterricht. In M. Sowa (Hrsg.), *„Das reißt uns vom Hocker!". Lernwelten in Bewegung* (S. 47–64). Dortmund: Verlag modernes Lernen.

Seewald, J. (2009). *Aktuelle Themen in Psychomotorik und Motologie. Zwischen Forschungsauftrag und Praxisbezug.* Dortmund: Verlag modernes Lernen.

Sowa, M. & Rischmüller, A. (Hrsg.). (1996). *Schule in Bewegung: Zusammenarbeit von Therapie (KG/BT) und Pädagogik an Schulen für Körper- und Geistigbehinderte.* Dortmund: Verlag modernes Lernen.

Sowa, M. (1997). *Sport – Spiel – Spannung – Spaß: Praxishandbuch zum Sport für alle in Schule und Verein.* Dortmund: Verlag modernes Lernen.

Sowa, M. (Hrsg.). (2000a). *„Das reißt uns vom Hocker!": Lernwelten in Bewegung.* Dortmund: Verlag modernes Lernen.

Sowa, M. (2000b). Maximilian und die Hosenfalte. Die lautlosen Kommunikationsversuche eines 20-jährigen schwerbehinderten Schülers: Möglichkeiten der Zusammenarbeit von Pädagogik und Therapie. In M. Sowa (Hrsg.), *„Das reißt uns vom Hocker!". Lernwelten in Bewegung* (S. 338–352). Dortmund: Verlag modernes Lernen.

Sowa, M. (2000c). Mit dem Bauch auf dem Boden und den Händen an der Decke: Schule und Schulhof als Lernfeld, Spielplatz für Wahrnehmungs- und Sinneserfahrungen. In M. Sowa (Ed.), *"Das reißt uns vom Hocker!". Lernwelten in Bewegung* (S. 65–111). Dortmund: Verlag modernes Lernen.

Sowa, M. (2000d). Sport ist mehr. Sport-Spiel-Spannung-Spaß in der Schule für Geistigbehinderte. *Praxis der Psychomotorik, 25*(2), 77–87.

Sowa, M. (2006). Ich kann es auch! Förderung der Lebensqualität für Menschen mit schweren und schwersten Behinderungen durch ihnen angepasste Sportangebote. *Praxis der Psychomotorik, 31*(2), 117–123.

Sowa, M. (2007). „Zieh dir den Schuh an …!" Integration von Menschen mit Behinderung in Volkslaufwettbewerbe. *Praxis der Psychomotorik, 32*(1), 35–43.

Sowa, M. (2008). Und sie bewegt sich doch! Schule für Menschen mit geistiger Behinderung als Bewegungsschule. *Praxis der Psychomotorik, 33*(2), 95–102.

Statistisches Bundesamt (2012). *Bildung und Kultur: Allgemeinbildende Schulen* (Schuljahr 2011/12). Wiesbaden: Statistisches Bundesamt.

Stöppler, R. & Butterweck, J. (2002). Move it! Mehr Bewegung für alle: Ein Beitrag zur Vernetzung von Bewegungs- und Verkehrserziehung. *Lernen konkret, 21*(4), 13–16.

Stöppler, R. & Koos, A. (2002). „Winni, die Wirbelsäule": Prävention von Haltungsschäden bei Kindern und Jugendlichen mit kognitiven Beeinträchtigungen. *Praxis der Psychomotorik, 27*(4), 225–231.

Stöppler, R. & Zacharias, M. (2005). „Roll on!": Inline-Skating bei Jugendlichen mit geistiger Behinderung. *Praxis der Psychomotorik, 30*(2), 104–112.

Theunissen, G. (2005). *Pädagogik bei geistiger Behinderung und Verhaltensauffälligkeiten* (4., neu bearb. u. stark erw. Aufl.). Bad Heilbrunn: Klinkhardt.

Tietz, K. (Hrsg.). (2008). *Oben drüber & unten durch: bewegte Sprachförderung*. Aachen: Meyer & Meyer.

Unfallkasse Sachsen (UKS) und Sächsisches Staatsministerium für Kultus (SMK). (Hrsg.). (2012). *Sicherer Schulsport. Eine Handreichung für Sportlehrkräfte*. GUV-SI 8451. Meißen: Unfallkasse Sachsen. Zugriff am 11.08.2019 unter https://www.schulsport.sachsen.de/download/download_sport/Endversion2018.pdf

Wagner, K. (2004). Mit Kindern auf dem Weg zur Stille. *Grundschulunterricht. Themenheft: Bewegte Schule, 1*, 27–31.

Walter, A. (2017). *Hinweise zum Förderschwerpunkt emotionale und soziale Entwicklung*. Manuskript. Leipzig: Sportwissenschaftliche Fakultät.

Weinreich, M. & Zehner, H. (2005). *Phonetische und phonologische Störungen bei Kindern* (2. Aufl.). Heidelberg: Springer.

Weizsäcker, R. v. (1950). *Der Gestaltkreis*. Stuttgart: Hirzel Verlag.

Winnick, J. P. (Hrsg.). (1995). *Adapted Physical Education and Sport* (2. Aufl.). Champaign: Human Kinetics.

Woll, J. (1988). *Alte Kinderspiele*. Stuttgart: Ulmer.

Literatur

Wurzel, B. (2008). Mehrperspektivischer Sportunterricht in heterogenen Gruppen von nichtbehinderten und behinderten Schülern – Was über „erstbeste Lösungen" hinaus geht. In F. Fediuk (Hrsg.), *Inklusion als bewegungspädagogische Aufgabe. Menschen mit und ohne Behinderungen gemeinsam im Sport* (S. 123–141). Baltmannsweiler: Schneider Hohengehren.

Zimmer, R. & Cicurs, H. (1993). *Psychomotorik*. Schorndorf: Hofmann.

Zimmer, R. (1995). Leben braucht Bewegung. *Haltung und Bewegung, 15*(3), 4–14.

Zimmer, R. (2006). *Alles über den Bewegungskindergarten*. Freiberg, Basel, Wien: Herder.

Zimmer, R. (2009). *Handbuch Sprachförderung durch Bewegung*. Freiburg, Basel, Wien: Herder.

Zimmer, R. (2010): Wie kommt das Kind zur Sprache? Zur Bedeutung der Bewegung beim Erwerb sprachlicher Kompetenzen. *Motorik,* 4, 142–149.

Zimmer, R. (2012). Mit dem Körper die Sprache entdecken – Lustvolle Zugänge zu Sprache und Literatur. In I. Hunger & R. Zimmer (Hrsg.), *Frühe Kindheit in Bewegung* (S. 92–104). Schorndorf: Hofmann.

Zimmer, R. (2013): *Handbuch Sprachförderung durch Bewegung* (6. Aufl.). Freiburg: Herder.

Zimmermann, J. (2000). *Juba. Die Welt der Körperpercussion* (2. Aufl.). Boppard/Rhein: Fidula.

Zuckrigl, H. A. & Helbling, H. (1994). *Rhythmik hilft behinderten Kindern. Ziele und Realisierungsbeispiele aus der Praxis psychomotorischer Erziehung* (3. völlig neubearb. Aufl.). München: Reinhardt.

Weitere Internetadressen:

Jugend trainiert für Paralympics. Zugriff am 5. August 2019 unter http://www.jtfp.de

Leitergolf. Zugriff am 5. August 2019 unter http://www.bauanleitung.org/selbstbau/leitergolf-bauanleitung

Klatschspiele. Zugriff am 5. August 2019 unter https://www.youtube.com/watch?v=ShlhMIIGl5M

Sitzball. Zugriff am 5. August 2019 unter https://www.schulsport.sachsen.de/16382.htm

Special Olympics. Zugriff am 5. August 2019 unter http://www.specialolympics.de

Special Olympics Sachsen. Zugriff am 5. August 2019 unter http://www.specialolympics.de/sachsen

Sportabzeichen für Menschen mit Behinderungen. Zugriff am 5. August 2019 unter https://www.dbs-npc.de/sportentwicklung-breitensport-deutsches-sportabzeichen.html

Vogtlandspiele. Zugriff am 5. August 2019 unter http://www.vogtlandspiele.com

Wasserwandern. Zugriff am 5. August 2019 unter http://www.fsz-floeha.de/wasserwandern.htm

Winterlager/Skicamp. Zugriff am 5. August 2019 unter http://www.fsz-floeha.de/winterlager.htm

Anhang

1 Literatur zum Projekt „Bewegte Schule"
2 Beispiele für ansatzverbindende Übungen bei LRS (Abschnitt 3.1.5)
3 Zeichnungen zu Bewegungsgeschichten (Abschnitt 3.3.5)
4 Bewegen nach aktuellen Songs (Abschnitt 3.3.4)
  Tanzfolge zu Head Shoulders Knees and Toes (Abschnitt 4.4)
5 Übersichten zur Sprachförderung
6 Becherstapeln (Abschnitt 4.3)
7 Bildkarten zu Reimspielen (Abschnitt 3.1.5)
8 Hörbeeinträchtigungen: Auffälligkeiten und Hilfen im Überblick
9 Gummitwist

Anhang 1: Literatur zum Projekt „Bewegte Schule"

Müller, Chr. (2010). *Bewegte Grundschule* (3.neu bearb. Aufl.). St. Augustin: Academia. ISBN 978-3-89665-512

Müller, Chr. & Petzold, R. (2014). *Bewegte Schule* (2. neu bearb. und erweit. Aufl.). St. Augustin: Academia.ISBN 978-3-89665-667-4

http://www.bewegt-schule-und-kita.de

Karteikartensammlungen zum bewegten Lernen (alle erschienen bei: St. Augustin: Academia)

Klassen 1 bis 4	Klassen 5 bis 10/12
Müller, Chr. (Hrsg.). (2006). Bewegtes Lernen in Klasse I. Fächer Mathematik, Deutsch und Sachunterricht (3. erweit. und überarb. Aufl.). ISBN 978-3-89665-384-0	Müller, Chr. & Bodenhausen, F. (2020). Bewegtes Lernen im Fach Gemeinschaftskunde/Recht/Wirtschaft. ISBN 978-3-89665-303-2
Müller, Chr. (Hrsg.). (2003). Bewegtes Lernen in Klasse II. Fächer Mathematik, Deutsch und Sachunterricht (3. erweit. und überarb. Aufl.). ISBN 978-3-89665-409-0	Müller, Chr. & Ziermann, Chr. (2014). Bewegtes Lernen im Fach Mathematik (2. neu bearb. und erweit. Aufl.). ISBN 978-3-89665-644-5
	Müller, Chr. & Rochelt, A. (2015). Bewegtes Lernen im Fach Biologie (2.

Klassen 1 bis 4	Klassen 5 bis 10/12
Müller, Chr. (Hrsg.). (2003). Bewegtes Lernen in Klasse III/IV. Fächer Mathematik, Deutsch und Sachunterricht (3. erweit. und überarb. Aufl.). ISBN 978-3-89665-408-3 Müller, Chr. (2003). Bewegtes Lernen in Ethik. ISBN 978-3-89665-285-0 Müller, Chr., Ciecinsky, A. & Schlöffel, R. (2016). Bewegtes Lernen im Fach Englisch – Anfangsunterricht in der Grundschule (2. neu bearb. und erweit. Aufl.). ISBN 978-3-89665-688-9 Müller, Chr. & Engemann, M. (2003). Bewegtes Lernen im Fach Kunst. ISBN 978-3-89665-284-3 Müller, Chr. & Mende, J. (2009). Bewegtes Lernen im Fach Musik. ISBN 978-3-89665-482-3	neu bearb. und erweit. Aufl.).. ISBN 978-3-89665-661-2 Müller, Chr. & Kösser, F. Hirsch, S,. (2014). Bewegtes Lernen im Fach Geschichte. ISBN 978-3-89665-642-1 Müller, Chr. & Schlöffel, R. (2014). Bewegtes Lernen in modernen Fremdsprachen – dargestellt am Beispiel des Faches Englisch (2. neu bearb. und erweit. Aufl.). ISBN 978-3-89665-658-2 Müller, Chr. & Adam, M. (2004). Bewegtes Lernen im Fach Evangelische Religion. ISBN 978-3-89665-304-8 Müller, Chr. & Ende, U. (2017). Bewegtes Lernen im Fach Geografie (2. Aufl.). ISBN 978-3-89665-720-6 Müller, Chr. & Kschamer, J. (2016). Bewegtes Lernen im Fach Deutsch (2. neu bearb. und erweit. Aufl.). ISBN 978-3-89665-690-2 Müller, Chr. & Melzer, Th. (2016). Bewegtes Lernen im Fach Ethik (2. neu bearb. und erweit. Aufl.). ISBN 978-3-89665-689-6 Müller, Chr., Kern, B. & Lange, J. (2005). Bewegtes Lernen im Fach Kunst. ISBN 978-3-89665-344-4 Müller, Chr. & Cyriax, Chr. (2018). Bewegtes Lernen im Fach Physik (2. neu bearb. und erweit. Aufl.). ISBN 978-3-89665-740-4 Müller, Chr. & Härtwig, S. (2005). Bewegtes Lernen im Fach Musik. ISBN 3-89665-345-1 Müller, Chr. & Müller, S. (2014). Bewegtes Lernen im Fach Chemie. ISBN 978-3-89665-638-4

Anhang 2: Beispiele für ansatzverbindende Übungen bei LRS (Abschnitt 3.1.5)
(Huber, 2013)

Übungsbeispiel für Reimerkennung:

Zu Gast beim Froschkönig

Die Kinder sind auf das Schloss des Froschkönigs zu einem strahlenden Fest eingeladen. Voller Vorfreude betreten sie den Ballsaal und bestaunen die vielen anderen geladenen Gäste, kosten von den Speisen der prächtig gedeckten Tafel und tanzen zu der lieblichen Musik. Doch dann erhebt der Froschkönig auf einmal das Wort und bittet die Anwesenden, an einem Spiel teilzunehmen:

„Dieses habe ich mir zu Ehren der Königin, die so gern mit güldenen Kugeln spielt, erdacht. Lasst uns alle der Königin zeigen, wie gern wir sie haben und es gemeinsam spielen!"

Material:
Luftballons (entsprechend der Anzahl an Mitspieler), große Folie/Schwungtuch, CD-Player

Gruppengröße:
ca. 8 bis 12 Kinder (wichtig: gerade Anzahl – Lehrkraft spielt bei Bedarf mit)

Verlauf:
Alle Kinder versammeln sich um die große Folie/das Schwungtuch. Auf dieser liegen viele Kugeln (Luftballons) verteilt. Auf jeder dieser Kugeln befindet sich ein bestimmtes Symbol. Das Besondere an den Symbolen ist, dass je zwei von ihnen zusammenpassen – denn ihre Namen reimen sich aufeinander. Dann beginnt das Spiel: Musik ertönt und die Kugeln werden durch das Schwingen zum Tanzen und Fliegen gebracht. Dabei darf jedoch keine Kugel verloren gehen! Sobald die Musik verstummt, darf sich jedes Kind eine Kugel nehmen und das entsprechende Symbol darauf genau betrachten. Im Anschluss daran haben sie die Aufgabe, jenes Kind mit der passenden Kugel zu finden. Dazu müssen sich die

Anhang

Schüler im Raum bewegen, miteinander sprechen und vergleichen, ob sich die Namen ihrer Symbole reimen. Sobald alle Kinder ihren Partner mit der passenden Kugel gefunden haben, werden die Kugeln zurück in das Schwungtuch gelegt und das Spiel kann von neuem beginnen. Die Kinder sollten in den folgenden Runden aber dazu angehalten werden, immer wieder eine andere Kugel zu nehmen.

Hinweis:
Es sollte sichergestellt werden, dass die Kinder mit den dargestellten Symbolen auch die für die Reimpaare nötigen Begriffe verbinden.
(Huber, 2013, S. 30)

Übungsbeispiel für Silbensegmentierung:

Ein tierischer Weitsprung-Wettbewerb
Heute Nacht hatte ich einen merkwürdigen Traum: Ich konnte es selbst kaum glauben, aber ich war zu Gast bei den Olympischen Spielen der Tiere! Aus den entlegensten Winkeln der Erde kamen sie zusammen, um die Sportlichsten aller Tiere zu ermitteln. Ich wollte unbedingt wissen, welches Tier wohl am weitesten springt. Deshalb schaute ich mir den Weitsprung-Wettbewerb an und war überrascht: Jene Tiere, denen ich einen Sieg zugetraut hatte, waren gar nicht da! Stattdessen gingen ein Kakadu, ein Mops, eine Anakonda und ein Eisbär an den Start. Und dann gewann auch noch jenes Tier mit dem längsten Namen!
Was meint ihr: Welches Tier war das wohl?

Material:
Kreide, Kreppband oder ähnliches zum Markieren der Absprunglinie
Bilder der einzelnen Tiere
Gruppengröße:
4 Spieler (pro Tier ein Kind)

Verlauf:
Zur Lösung des Rätsels müssen die Kinder herausfinden, welches Tier den längsten Namen trägt. Dazu stellen sie sich an der Absprunglinie auf und hüpfen die genaue Silbenanzahl der jeweiligen Tierbezeichnung ab. Dies erfolgt in der Form eines Rollenspiels, bei dem jedes Kind in die Rolle eines konkreten Tieres schlüpft und wie bei einem realen Wettbewerb gegen die anderen Mitspieler bzw. Tiere antritt.
Nach dem letzten Sprung eines jeden Kindes wird ein Bild des verkörperten Tieres an die finale Position gelegt. Somit können die Sprungweiten am Ende gut miteinander verglichen werden. Zudem wird auf diese Weise sichergestellt, dass alle Kinder wissen, um welche Tiere es im Speziellen geht.

Hinweis:
Durch Hinzunahme weiterer ein-, zwei- oder dreisilbiger Tiernamen können noch mehr Kinder mitspielen und es wird spannender. Um Eindeutigkeit zu gewährleisten, sollte das Sieger-Tier jedoch ganz allein den Namen mit den meisten Silben tragen.
(Huber, 2013, S. 32)

Übungsbeispiel für Anlautidentifikation in Kombination mit Graphemen:

Mahlzeit!

Die Buchstabenmonster haben Hunger! Ihre Essgewohnheiten sind jedoch sehr eigenartig, denn sie ernähren sich ausschließlich von Buchstaben. Außerdem hat jedes Monster ganz persönliche Lieblingsbuchstaben, die ihm besonders gut schmecken. Und nur diese Buchstaben isst es auch, andere spuckt es sofort wieder aus!

Material:
mit einzelnen Buchstaben beschriftete Luftballons
Gruppengröße:
ca. 6–30 Spielerinnen

Anhang

Verlauf:

Drei Spieler übernehmen die Rolle der Buchstabenmonster und verteilen sich im Raum. Die restlichen Kinder sollen ihnen dabei helfen, satt zu werden. Dazu erhält jedes von ihnen einen Futter-Luftballon, auf dem je ein bestimmter Buchstabe aufgezeichnet ist. Doch welches Monster möchte welchen Buchstaben essen? Um das herauszufinden, müssen die Kinder die Ohren spitzen. Denn die Buchstabenmonster geben ihnen einen Tipp: Jedes von ihnen flüstert immer wieder ein bestimmtes Wort. Dessen Anfangslaut verrät den Kindern den Lieblingsbuchstaben des jeweiligen Monsters. Die Spieler müssen also zuerst überlegen, welcher Buchstabe sich auf ihrem Futter-Luftballon befindet, und überlegen, welcher Laut durch diesen Buchstaben repräsentiert wird. Dann begeben sie sich auf den Weg zu den einzelnen Buchstabenmonstern – die Luftballons sollen sie dabei jedoch in der Luft balancieren. Bei einem Monster angekommen, hören sie genau hin, welches Wort geflüstert wird und denken darüber nach, ob der eigene Futter-Luftballon zu dem Anfangslaut dieses Wortes passt. Ist dies der Fall, dürfen sie bei dem Monster stehen bleiben und ihm den Luftballon überreichen. Muss dies hingegen verneint werden oder weist das Buchstabenmonster den Luftballon angewidert zurück, muss ein anderes Monster aufgesucht werden. Das Spiel endet, sobald alle Kinder ihren Futter-Luftballon verfüttern konnten.

Hinweis:

Die Buchstaben auf den Luftballons müssen sich natürlich in den Anfangslauten derjenigen Wörter wiederfinden, die den Buchstabenmonster-Kindern zuvor von der Lehrkraft zugeflüstert wurden. (Huber, 2013, S. 36)

Übungsbeispiel für die Differenzierung von Vokallängen:

Das lebendige Vokal-Memory

Oh nein! Ein Herbststurm hat alle Vokale durcheinander geweht! Nun sind sie alle noch ganz benommen und suchen vergeblich nach ihren Brüdern und Schwestern. Dabei laufen sie doch direkt nebeneinander

Anhang

her! Aber sie sind leider noch zu verwirrt, um sich gegenseitig zu erkennen. Kannst du ihnen vielleicht dabei helfen, sich wiederzufinden?
Tipp: Geschwister erkennst du daran, dass sie nicht nur den gleichen Selbstlaut teilen, sondern zusammen auch kurz oder lang klingen!

Gruppengröße:
ca. 9–21 Spieler
(wichtig: ungerade Anzahl – Lehrkraft spielt bei Bedarf mit)

Verlauf:
Bevor das Spiel beginnt, verlässt ein Kind der Raum. Der Rest der Gruppe findet sich daraufhin in Paaren zusammen. Nun wird jedem einzelnen Paar vorgegeben, welcher Vokal die beiden Partner miteinander verbindet und sie zu Geschwistern macht. Dabei muss nicht jeder der fünf Vokale verwendet werden, jedoch sollten die gewählten Vokale sowohl in ihrer Lang- als auch Kurzversion verteilt werden. So bekommt beispielsweise ein Paar das *kurze A* zugeordnet, ein anderes hingegen das *lange A*. Sobald alle Paare einen Vokal erhalten haben, dürfen sie sich durchmischen und kreuz und quer im Raum herumgehen. Nun darf auch jenes Kind wieder den Raum betreten, das zuvor herausgeschickt wurde. Es hat nun die Aufgabe, zusammengehörige Paare zu finden. Dazu tippt es einem anderen Kind auf die Schulter. Dieses bleibt stehen und lässt beispielsweise ein *kurzes A* ertönen. Insofern das nächste angetippte Kind auch ein *kurzes A* verlauten lässt, hat das suchende Kind das erste Paar gefunden und schickt dieses aus dem Spielfeld. Gibt es jedoch ein *langes A* oder einen ganz anderen Vokal von sich, so muss weitergesucht werden. Da sich die anderen Kinder jedoch während des gesamten Spiels durch den gesamten Raum bewegen, ist dieses Vorhaben gar nicht so einfach!

Hinweis:
Um die Länge des Vokals zu verdeutlichen, können die Kinder unterstützend zum alleinigen Nennen des jeweiligen Vokals diesen auch mit einer Bewegung unterstützen (z. B. bei einem kurzen Vokal kurz hüpfen, bei einem langen Vokal einen langen Schritt).
(Huber, 2013, S. 44)

Anhang

Anhang 3: Zeichnungen zu Bewegungsgeschichten (Abschnitt 3.3.5)

Anhang

Anhang 4: Bewegen nach aktuellen Songs (Abschnitt 3.3.4), (Gründling, 2013)

Bewegungsideen (für Anfänger)

Fortbewegen am Ort zur Musik:
- Klatschen im Takt (Variationen: vor Brustkorb, über Kopf rechts oben und links oben im Wechsel, in Kniehöhe: rechts unten und links unten im Wechsel)
- Kopfnicken
- Fußtap nur re, nur li nach vorn und ran oder zur Seite und ran
- Rollerfahren
- Fußtap im Wechsel
- Jumps am Ort, Jumps am Ort mit wechselnder Fußbelastung
- Arme vor Körper kreuzen und öffnen
- Tap vor und rück nur rechts
- Tap vor und rück nur links
- Tap vor – rück – vor ran rechts, dito links
- Freeze (immer auf die 4. Zählzeit Bewegung einfrieren – Standbild)
- Punching Ball (vor Bauch, über Kopf oben rechts, oben links)
- Knees Up im Wechsel
- Kicks im Wechsel nach vorn
- Beine federn, Füße geschlossen
- Step Touch

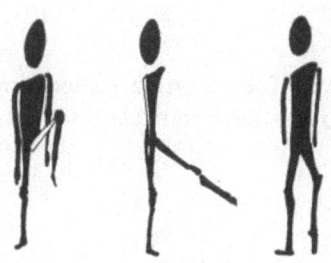

Anhang

Bewegungsideen (für Fortgeschrittene)

Fortbewegung durch den Raum oder Bewegung am Ort zur Musik:
- Gewichtsverlagerung re – li im Stehen „Hose anziehen" (Peter Fox – Stadtaffe), (Kl. 7,8)
- Boxen in verschiedenen Varianten (Rocky Theme Song) (Klasse 7, 8)
- im Wechsel: zur Mitte laufen, zur rechten Wand, zum eigenen Platz, zur linken Wand (jeweils 8 Zählzeiten) (Alex Ferrari – Bara Bara Berê Berê) (Klasse 5, 6)
- Polonaise: Lehrerin führt Polonaise das erste Mal an und gibt eine Bewegung vor (Klasse 1–4):
  - Gehen; ein Arm schwingt über Kopf von rechts nach links; Step tap in Vorwärts bewegung; rechter oder linker Arm puscht nach oben im Takt
  - Musikbeispiele: Culcha Candela – Meine Oma fährt im Hühnerstall Motorrad, Icona Pop – I love it, Robbie Williams – Candy, Tacabro – Tacatá (Klasse 1–4)
- zu Trommeln oder zu Percussionklängen in der Musik sich passend am Ort bewegen
  Musikbeispiele: K'naan – Waving Flag Anfang, Timbaland – Bounce, Alex Boye' meets Michael Jackson – (Africanized Style) – They Dont Care About Us (Klasse 5–8)
- Bewegung zu einer Musik zeigen lassen und alle machen nach (Klasse 5, 6)

Tanzfolge zu Head Shoulders Knees and Toes
(Abschnitt 4.4), (Gründling, 2013)

Musikbeispiel: Head Shoulders Knees and Toes; Zumba Fitness Song: Dance, dance, dance; Cupid Shuffle; Pitbull – Back in time; Will I am & Britney Spears – Scream & Shout

Song/Textzeilen	ZZ	Bewegungen
	2x8	Auftakt
Head, shoulders, knees and toes; Every you see dance across the floor; Head, shoulders, knees and toes; Every you see dance across the floor;	4 4 4 4	Stand am Ort: Arme berühren Kopf, Schultern, Knie und Zehen; Laufen nach rechts Stand am Ort: Arme berühren Kopf, Schultern, Knie und Zehen; Laufen nach links s. o.
4 x make the knees wobble	2x8	am Ort: Knie wackeln lassen
What is this wish, wish; everybody doin' that wish, wish; Now what is this wish, wish; everybody doin' that wish, wish;	4 4 4 4	am Ort: 4 x Kopf rechts – links, Arme gebeugt, erst rechter und dann linker Arm hoch
Now raise the roof, raise the roof, raise the roof, raise the roof;	2x8	Arme in U-Halte nach oben drücken
Doin' the hula hoop, go round and round, doin' the hula hoop, bring it on down; Doin' the hula hoop, go round and round, doin' the hula hoop, bring it on down;	4 4 4 4	Hula Hoop Bewegungen (Hüfte kreisen, Arme gegengleich)
2 x Wax on, everybody wax off	2x8	eine Hand in die Hüfte stützen, die andere Hand poliert in Bauch/Brusthöhe die Luft → Wechsel mit anderer Hand
Head, shoulders, knees and toes; Every you see dance across the floor; Head, shoulders, knees and toes; Every you see dance across the floor;	4 4 4 4	Stand am Ort: Arme berühren Kopf, Schultern, Knie und Zehen; Laufen nach rechts Stand am Ort: Arme berühren Kopf, Schultern, Knie und Zehen; Laufen nach links
Now 4 x make the knees wobble;	2x8	am Ort: Knie wackeln lassen
Grab your baseball bat, goin' up, now knockin' out the ball; Grab your baseball bat, goin' up, now knockin' out the ball;	4 4 4 4	am Ort: gedachten Baseballschläger fassen, Ball hochwerfen und zuschlagen;
Watch it go, watch it go, watch it go – Jump! Watch it go, watch it go, watch it go – Jump!	8 8	nach rechts laufen, rechte Hand an Stirn: „dem Ball nachschauen" – Stehen – Springen nach links laufen, linke Hand an Stirn: „dem Ball nachschauen" – Stehen – Springen
Now run, take it for a run, now run, take it for a run, now run, take it for a run, now run, take it for a run,	4 4 4 4	nach rechts rennen, nach links rennen

Anhang

Song/Textzeilen	ZZ	Bewegungen
to the right side, to slide, would be	4	Slide nach rechts, links, vor und rück
left side, to slide, would be front, to	4	
slide,	4	
would be back, to slide;	4	
Head, shoulders, knees and toes;	4	Stand am Ort: Arme berühren Kopf, Schultern, Knie und Zehen;
Every you see dance across the floor;	4	
Head, shoulders, knees and toes;	4	Laufen nach rechts
Every you see dance across the floor;	4	Stand am Ort: Arme berühren Kopf, Schultern, Knie und Zehen; Laufen nach links am Ort: Knie wackeln lassen Freestyle
Now 4 x make the knees wobble;	2x8	am Ort: Knie wackeln lassen
	4x8	Freestyle

Anhang

Anhang 5: Übersichten zur Sprachförderung (Leibiger & Gerber, 2012)

Anmerkung: bei leeren Feldern ist keine eindeutige Zuordnung möglich

Spielname	Sprachebene	Bereiche der Förderung	Anwendungsbereich
Bewegtes Lernen			
Synthese von Lauten	– Phonetik/Phonologie (phonologische Bewusstheit) – Semantik/Lexik (wenn die Variation beachtet wird)	– auditive Wahrnehmung – Wortschatz	– Einführung Laute/Lautverbindung – Festigung neuer Wörter
Silbenspiel	Phonetik/Phonologie (phonologische Bewusstheit)	– auditive Wahrnehmung – Koordination – Wortschatz – Prosodie	Wortschatzerweiterung in einem neuen Themengebiet
Rhythmische Reime	Phonetik/Phonologie (phonologische Bewusstheit)	– Merkfähigkeit – Differenzierungsfähigkeit – Koordination	Einführung Reim
Auflockerungsminuten			
Kannst du das?		myofunktionell	Mundmotorik
Korkensprechen		myofunktionell	Mundmotorik
Strohhalm und Erbse		Atemregulation	
Bewegungsgeschichten	Semantik/Lexik	– Sprachverständnis – myofunktionell – Wortschatzfindung – Konzentration	
Klatschen und Schnipsen		– Rhythmisierung – Überkreuz-Bewegungen	Zahleneinführung im Grundschulbereich

Anhang

Spielname	Sprachebene	Bereiche der Förderung	Anwendungsbereich
Klatschspiele	– Phonetik/Phonologie (phonologische Bewusstheit) – Prosodie	– Konzentration – Koordination – auditive Wahrnehmung	
Liegende Acht		– Rhythmisierung – Überkreuz-Bewegungen	
Singspiele		– Rhythmisierung – sprachbegleitendes Handeln – Sprachverständnis	
Kinderlieder, Bsp.: Auf der Mauer auf der Lauer	Phonetik/Phonologie (phonologische Bewusstheit)	– Phonemsegmentierung – Rhythmisierung	
Bewegungslieder, Tanzspiele und Tänze	Semantik/Lexik	– Sprachverständnis – sprachbegleitendes Handeln – Wortschatzerweiterung – Ryhthmisierung	
Ferngesteuerte Fahrzeuge		– auditive Wahrnehmung – kinästethische Wahrnehmung – Koordination – Teamfähigkeit – Prosodie – Atmung	
Lachinsel		– auditive Wahrnehmung – visuelle Wahrnehmung – Mundmotorik – Koordination	

Anhang

Spielname	Sprachebene	Bereiche der Förderung	Anwendungsbereich
Entspannungsphasen			
Geräuschmemory	Phonetik/Phonologie (phonologische Bewusstheit)	auditive Wahrnehmung	zur Einführung neuer Begriffe
Leuchtturmspiel	Phonetik/Phonologie (phonologische Bewusstheit)	– auditive Wahrnehmung – Orientierung im Raum	Stundenabschluss
Stille Post	– Phonetik/Phonologie – Prosodie	auditive Wahrnehmung	zur Einführung neuer Begriffe
Fühlsack	– Syntax/Morphologie – Wortschatz	– taktile Wahrnehmung – Konzentration – Koordination	zur Einführung neuer Begriffe
Auf Laute ausatmen		bewusste Atmung	
Massieren und Sprechen		sensomotorische Wahrnehmung	
Bewegungsorientierte Projekte			
Körperbuchstaben		– koordinative Fähigkeiten – Festigung Alphabet	Buchstabeneinführung
Schul- bzw. Begrüßungsrap	Phonetik/Phonologie	– Rhythmisierungsfähigkeit – Artikulation – Reimerkennung	Stundeneinführung/ Ritual
Geschichten zur bewegten Schule	– Syntax/Morphologie – Wortschatz	Schreibförderung	
TV	– Syntax/Morphologie – Wortschatz – Kommunikation	– Kreativität – Teamfähigkeit – Rollenspiel	
Bewegte Pause			
Wie spät ist es, Herr Fuchs	Semantik/Lexik (Wortverständnis)	Aufmerksamkeitsförderung	nach anstrengenden Unterrichtsphasen

Anhang

Spielname	Sprachebene	Bereiche der Förderung	Anwendungsbereich
Herr Fischer	Semantik/Lexik (Wortverständnis)	– motorische Förderung – Wortschatz	nach anstrengenden Unterrichtsphasen
Ich bin König	Semantik/Lexik (Wortverständnis)	– Wortschatz – Festigung der Satzstruktur	nach anstrengenden Unterrichtsphasen

Anhang 6: Becherstapeln

Die 3er Pyramide (Der Einstieg)

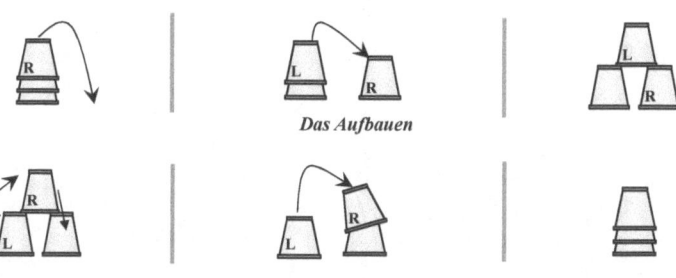

Das Aufbauen

Das Abbauen

Der 3 – 3 – 3 Stack

Aufbauen

Die Sets aufbauen.
Beginne mit dem linken Set.

Abbauen

Sets wieder abbauen.
Beginne erneut mit der linken Pyramide.

Der 3 -3 - 3 Stack ist fertig.

Die 6er Pyramide

3 – 2 – 1-Methode

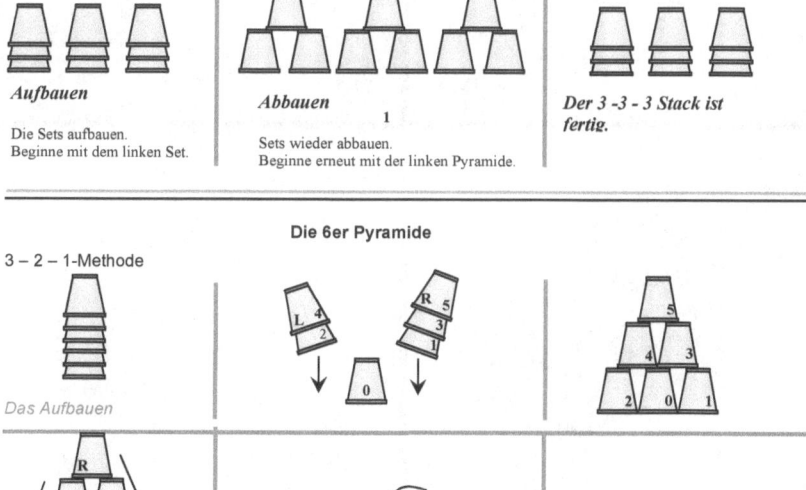

Das Aufbauen

Das Abbauen

Anhang

Anhang 7: Bildkarten: Die Jahreszeiten

Anhang 8: Hörbeeinträchtigungen: Auffälligkeiten und Hilfen im Überblick
(G. Richter, 2018)

Bei Schülern mit dem Förderschwerpunkt Hören treten unterschiedliche Hörschädigungen auf. Man unterscheidet:
- peripher Hörgeschädigte (Schallleitungsstörung, Schallempfindungsstörung, Kombination aus beiden – Hörgeräteträger, CI-Träger)
- Gehörlose
- Kinder und Jugendliche mit AVWS (auditive Wahrnehmungs- und Verarbeitungsstörung)

Hörgeschädigte Schüler zeigen aufgrund ihrer Hörschädigung meistens Auffälligkeiten in Artikulation, Grammatik, Wortschatz, Sprachverständnis, sinnverstehendes Lesen und haben oftmals Probleme im rechtschreiblichen Bereich. Auch Konzentration, Merkfähigkeit, Gleichgewicht und Rhythmus können beeinträchtigt sein.

Ausgewählte Auffälligkeiten und Hilfen für hörgeschädigte Schüler im Überblick:

Schallleitungsschwerhörigkeit/Schallempfindungsschwerhörigkeit/ Kombination beider:

Auffälligkeiten	Hilfen
- lautes Sprechen - Auffälligkeiten in der Artikulation - Gleichgewichtsstörung - eingeschränkter Wortschatz	- klar strukturierte Arbeitsanweisung - Visualisierung - langsames Sprechen - Hörpausen

Anhang

Höraufmerksamkeit:

Auffälligkeiten	Hilfen
– kann nicht dauerhaft zuhören (max. 20 min) – ermüdet schnell, motorische Unruhe – Leistungsabfall im Tagesverlauf	– zuhören üben, Konzentrationstraining – Hörpausen

Hörgedächtnis:

Auffälligkeiten	Hilfen
– kann längere sprachliche Informationen nicht behalten – kann längeren Sätzen keinen Sinn entnehmen – Leistungsabfall im Tagesverlauf	– Visualisierung – Widergabe der Aufgabenstellung mit eigenen Worten – Nutzung aller Sinne

Hören im Störschall:

Auffälligkeiten	Hilfen
– versteht im Gruppengespräch schlecht	– ruhiges Arbeitsklima – so wenig wie möglich Geräuschquellen

Beidohriges (dichotisches) Hören:

Auffälligkeiten	Hilfen
– versteht nicht, wenn mehr als eine Person spricht	– Gesprächskultur beachten (Nur einer spricht!)

Richtungshören:

Auffälligkeiten	Hilfen
– verliert in Gruppengesprächen den roten Faden – Orientierungsschwierigkeiten im Mannschaftssport	– der Sprecher bleibt immer an seinem Platz (läuft nicht beim Sprechen im Raum herum)

Lautunterscheidung:

Auffälligkeiten	Hilfen
– unsicher im Sprachgebrauch und im Sprachverständnis – spricht verwaschen	– Visualisierung – Gebärde, Daktylsystem

Auditive Synthese:

Auffälligkeiten	Hilfen
– keine Sinnentnahme aus längeren Wörtern	– Lautieren, nicht buchstabieren

Lautheitsempfinden:

Auffälligkeiten	Hilfen
– meidet laute Umgebung – zieht sich zurück – reagiert aggressiv	– Rücksichtnahme

Hinweisen zur Kommunikation mit hörgeschädigten Schülern (SBI, 2014 S. 16–17)
- Ich spreche dem Hörer zugewandt von einem festen Standort aus.
- Ich achte auf einen günstigen Sprechabstand (1,5 bis 3 m).
- Ich unterstütze meine Aussagen mit Gestik und Mimik.
- Ich spreche deutlich und in angemessener Lautstärke.
- Wenn ich schreibe, spreche ich nicht.

Anhang

- Mein Mundbild ist beim Sprechen immer zu erkennen.
- Ich achte darauf, dass immer nur einer spricht.
- Ich mache deutlich, wenn ich spreche.
- Bei Missverständnissen frage ich sofort nach.
- Ich schaue meinen Gesprächspartner an und achte darauf, dass mein Gesicht gut beleuchtet ist.
- Ich zeige an, wenn ich nicht mehr zuhören kann.
- Störgeräusche versuche ich zu vermeiden. (SBI, 2014 S. 16–17)
- Lehrerecho von Schülerantworten

Diese vorgeschlagenen Kommunikationsregeln können das Zuhören und Verstehen für die hörgeschädigten Schüler erheblich erleichtern. Außerdem führen sie dazu, dass auch die normalhörenden Kinder in der Klasse Verantwortung für das richtige und vollständige Verstehen verbaler Kommunikation für die Hörgeschädigten übernehmen.
(L. Richter, 2014, S. 19)

Anhang 9: Gummitwist

Einfache Gummitwist-Hüpfmuster

1. Hau ruck

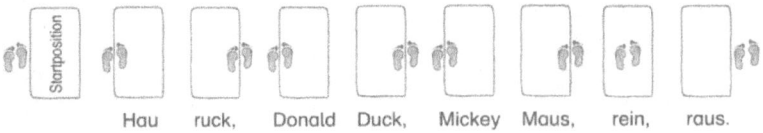

Hau   ruck,   Donald   Duck,   Mickey   Maus,   rein,   raus.

2. Herr und Frau Dracula

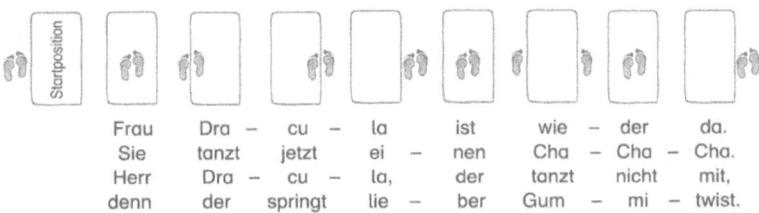

Frau	Dra	–	cu	–	la	ist	wie	–	der	da.
Sie	tanzt		jetzt		ei	–	nen	Cha	–	Cha – Cha.
Herr	Dra	–	cu	–	la,	der	tanzt		nicht	mit,
denn	der		springt		lie	–	ber	Gum	–	mi – twist.

Schwierigere Gummitwist-Hüpfmuster

1. Hexenschätze

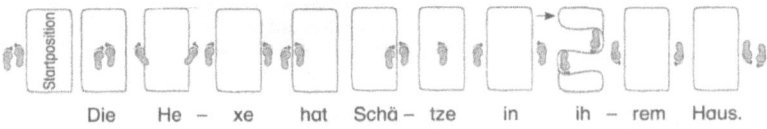

Die   He – xe   hat   Schä – tze   in   ih – rem   Haus.

2. Eis im Sommer

Heut   ist   es   heiß,   drum   will   ich   ein   Eis!

Abb.: Gummitwist-Hüpfmuster (Frormann & Krimhove, 2011, S. 23–24)